세법 노트북

2025

소득세법

주민규

머리말

세법노트북은 세법개론, 객관식세법, 세무회계를 강의할 때 사용하는 서브노트 및 강의노트입니다.

본서의 특징은 다음과 같습니다.

1. 창의적인 틀(도해)로 풀이방법을 제시한 세법노트북

    저자가 연구하여 만든 세법의 창의적인 계산구조(틀, 도해법)를 제시하고 있습니다. 예를 들면, 수험생들이 특히 어려워하는 감가상각비, 대손충당금, 퇴직급여충당금 및 퇴직연금충당금, 최저한세, 자본거래, 금융소득 종합과세, 신용카드소득공제 등은 저자가 그 동안 다년간 강의를 해오면서 연구한 계산구조들입니다.

2. 쉽게 이해하고 기억하기 좋은 세법노트북

    세법의 각종 어려운 법조문을 그림으로 설명·풀이하고 있습니다. 법조문의 해석이 어렵거나 수험생들이 명확하게 세법 조문을 이해하기 어려운 내용을 쉽게 이해하고 기억할 수 있도록 세심한 배려를 하였습니다.

3. 수험목적 최적의 사례와 정리의 세법노트북

    수험목적에 적합한 다양한 사례와 정리를 통해 1차 시험은 물론 2차 시험까지 충실히 대비할 수 있도록 하였습니다.

4. 서브노트 다운 세법노트북

    회계사·세무사 1차 준비생을 위하여 **세법개론**의 이론정리 내용을 충실하게 반영하여 정리하고 있고, 2차 준비생을 위하여 **세무회계연습 Ⅰ·Ⅱ**의 이론 및 해설의 내용을 거의 모두 담고 있습니다. 따라서 1차 수험생과 2차 수험생 모두에게 가장 목적적합한 세법서브노트가 될 것이라 믿어 의심치 않습니다.

언제나 아낌없이 격려해주시는 김동환이사장님, 정찬우회계사님, 민대동회계사님, 최태규회계사님께 깊은 감사를 드립니다. 또한, (주)세경북스 이은경사장님과 매일같이 원고를 받으러 오시고 까다로운 요구에도 세심하게 잘 편집해주신 세경의 편집부 여러분께도 감사의 말씀을 드립니다. 마지막으로 촉박한 일정에도 불구하고 교정작업에 도움을 준 이현우 회계사님께 감사드립니다.

바쁘다는 핑계로 제대로 못 챙겨준 아내 영주와 아연이, 미가에게 미안한 마음으로 본서의 출간을 빌어 사랑을 전합니다.

2025년 2월 26일
저자드림

- 교재표시

    [개정] ☞ 법률개정   [개정] ☞ 법률개정과 시행령 개정

    [개정] ☞ 시행령 개정과 시행규칙 개정(안)

Contents

01. 총칙 _ 4

02. 금융소득(이자소득과 배당소득) _ 12

03. 사업소득 _ 28

04. 근로소득, 연금소득과 기타소득 _ 50

05. 소득금액계산의 특례 _ 84

06. 종합소득 과세표준의 계산 _ 94

07. 종합소득세액의 계산 _ 110

08. 퇴직소득세 _ 134

09. 양도소득세 _ 140

10. 납세절차 _ 172

소 득 세 법

총칙

구 분	내 용
소득세의 특징	소득세 : 개인의 소득을 과세대상으로 하는 조세 1. 과세단위 : 개인단위과세 (단, 조세회피목적 공동사업장의 소득은 세대단위로 합산과세) 2. 과세방법 : 종합과세(이자소득, 배당소득, 사업소득, 근로소득, 연금소득, 기타소득), 분류과세(퇴직소득, 양도소득), 분리과세 개정 (금융투자소득 폐지) 3. 소득개념 : 소득원천설 근간, 순자산증가설 일부 채택(기타소득, 퇴직소득, 양도소득) 4. 세율 : 누진세율(기본세율) 5. 인적공제 : 인적사정에 담세력 고려(종합소득공제, 퇴직소득공제, 양도소득기본공제) 6. 신고납세제도 : 다음연도 5월에 확정신고(납세의무 확정) 7. 원천징수제도 : 완납적원천징수(분리과세), 예납적원천징수(기납부세액) 8. 주소지 과세
과세기간	(원칙) 1.1.~12.31. (예외) ① 사망시 : 1.1.~사망일 ② 출국시 : 1.1.~출국일
납세의무자	1. 거주자 또는 비거주자 (아래 표 참조) 2. 법인 아닌 단체 (아래 표 참조)

1. 거주자 또는 비거주자

구 분	구별기준	납세의무
거주자	국내에 주소 또는 183일 이상 거소를 둔 개인	전세계 소득(무제한납세의무자)*
비거주자	거주자가 아닌 개인	국내원천소득(제한납세의무자)

* 외국인 단기거주자(그 과세기간 종료일 10년 전부터 국내에 주소나 거소를 둔 기간의 합계가 5년 이하인 외국인거주자)의 국외원천소득은 국내에서 지급되거나 국내로 송금된 것만 과세한다.

2. 법인 아닌 단체

법인으로 보는 단체 외의 법인 아닌 단체는 국내에 주사무소 또는 사업의 실질적 관리장소를 둔 경우에는 1거주자로, 그 밖의 경우에는 1비거주자로 보아 소득세법을 적용한다.

구 분		납세의무
(1) 다음 중 어느 하나에 해당하는 경우 ① 구성원 간 이익의 분배비율이 정하여져 있고 해당 구성원별로 이익의 분배비율이 확인되는 경우 ② 구성원 간 이익의 분배비율이 정하여져 있지 아니하나 사실상 구성원별로 이익이 분배되는 것으로 확인되는 경우		소득구분에 따라 해당 단체의 각 구성원별로 소득세 또는 법인세*에 대한 납세의무 부담(∴ 공동사업의제) * 해당 구성원이 법인세법에 따른 법인(법인으로 보는 단체 포함)인 경우로 한정함
(2) 해당 단체의 전체 구성원 중 일부 구성원의 분배비율만 확인되거나 일부 구성원에게만 이익이 분배되는 것으로 확인되는 경우	① 확인되는 부분	
	② 확인되지 아니하는 부분	해당 단체를 1거주자 또는 1비거주자로 보아 소득세에 대한 납세의무 부담(∴ 그 단체의 소득을 대표자의 소득과 합산하지 않음)

◀세부내용1▶ 법인 아닌 단체인 국외투자기구를 국내원천소득의 실질귀속자로 보는 경우

비거주자가 국외투자기구를 통하여 국내원천소득을 지급받는 경우에는 그 국외투자기구를 통하여 국내원천소득을 지급받는 비거주자를 국내원천소득의 실질귀속자로 본다. 다만, 법인으로 보는 단체 외의 법인 아닌 단체에 해당하는 국외투자기구를 국내원천소득의 실질귀속자로 보는 경우* 그 국외투자기구는 1비거주자로서 소득세를 납부할 의무를 진다.

* 국외투자기구를 국내원천소득의 실질귀속자로 보는 경우 : 국외투자기구가 조세조약에서 국내원천소득의 수익적 소유자로 취급되는 것으로 규정되고 국내원천소득에 대하여 조세조약이 정하는 비과세·면제 또는 제한세율을 적용받을 수 있는 요건을 갖추고 있는 경우

정리1 소득개념과 규정방법

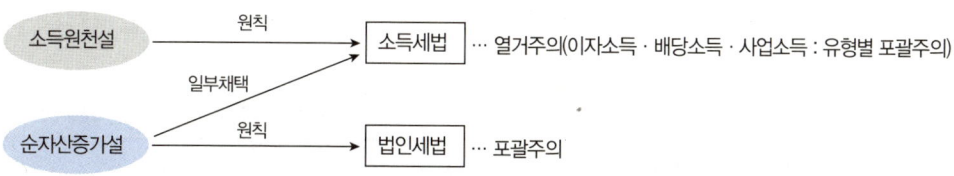

- 소득원천설 : 소득 발생의 근원을 파악하여 이 원천으로부터 계속적이고 경상적인 것만을 과세대상 소득에 포함하고, 일시적·우발적인 것은 과세대상 소득에서 제외하여야 한다는 설
- 순자산증가설 : 세법에서 열거하지 아니한 경우에도 순자산을 증가시키는 거래는 모두 과세대상인소득으로 하여야 한다는 설

사례 원천징수세액 … 예금이자 1백만원

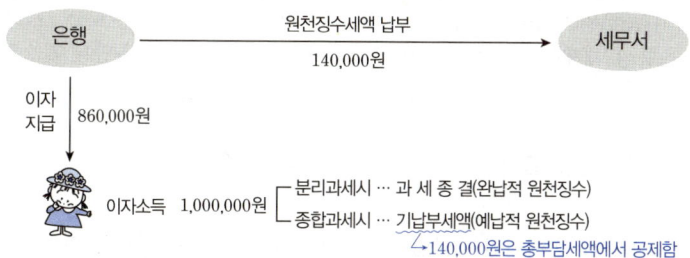

정리2 외국인 단기거주자의 납세의무

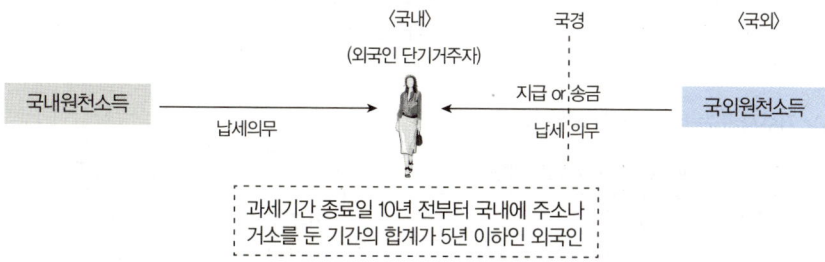

정리3 법인 아닌 단체

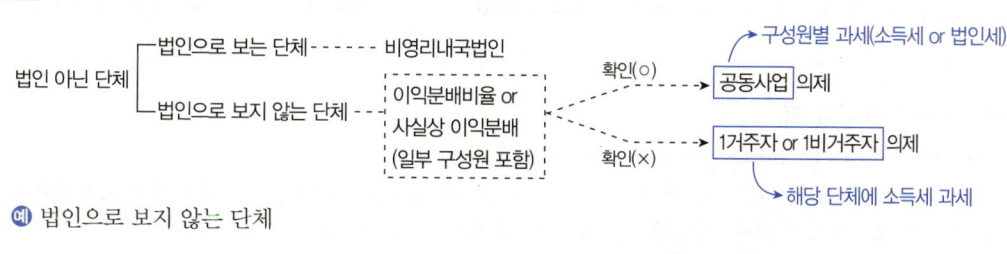

예 법인으로 보지 않는 단체

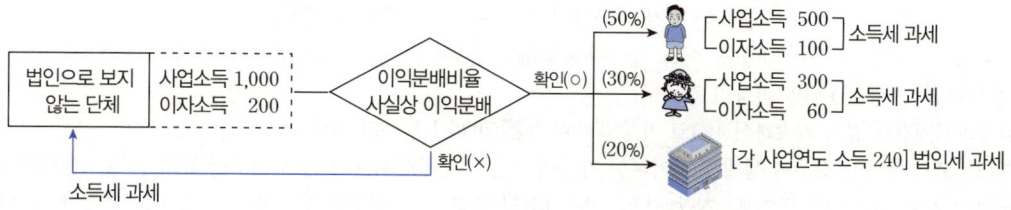

◀세부내용2▶ 동업기업의 동업자(출자자인 거주자·비거주자) 납세의무

동업기업과세특례를 적용하는 동업기업의 동업자에게는 동업자간의 손익분배비율에 따라 배분받은 소득 및 분배받은 자산의 시가 중 분배일의 지분가액을 초과하여 발생하는 소득에 대하여 과세한다.

✓ 주소 의제사유

구 분	국내에 주소를 가진 것으로 보는 경우	국내에 주소가 없는 것으로 보는 경우
직업관계	계속하여 183일 이상 국내에 거주할 것을 통상 필요로 하는 직업을 가진 때	
생활관계	국내에 생계를 같이하는 가족이 있고, 그 직업 및 자산상태에 비추어 계속하여 183일 이상 국내에 거주할 것으로 인정되는 때	국외에 거주 또는 근무하는 자가 외국국적을 가졌거나 외국법령에 의하여 그 외국의 영주권을 얻은 자로서 국내에 생계를 같이하는 가족이 없고 그 직업 및 자산상태에 비추어 다시 입국하여 주로 국내에 거주하리라고 인정되지 아니하는 때
외항선박·항공기 승무원	외항선박 또는 항공기의 승무원의 경우 생계를 같이하는 가족이 거주하는 장소 또는 그 승무원이 근무기간 외의 기간 중 통상 체재하는 장소가 국내에 있는 때는 주소가 국내에 있는 것으로 보고, 그 장소가 국외에 있는 때에는 주소가 국외에 있는 것으로 봄	

📖 해외 파견 임직원과 주한외교관 등의 거주자 판정기준

① 국외에서 근무하는 공무원 : 거주자 의제
② 거주자나 내국법인의 국외사업장 또는 해외현지법인(내국법인이 발행주식총수 또는 출자지분의 100%를 직접 또는 간접출자한 경우에 한정함) 등에 파견된 임직원 : 거주자 의제
③ 주한외교관과 그들의 가족 : 비거주자 의제(다만, 대한민국 국민 제외)
④ 주한미군·군무원 및 그들의 가족 : 비거주자 의제(다만, 미국의 소득세를 회피할 목적으로 국내에 주소가 있다고 신고한 경우 제외)

◀세부내용3▶ 거주자 또는 비거주자가 되는 시기

구 분	비거주자가 거주자로 되는 시기	거주자가 비거주자로 되는 시기
주 소	국내에 주소를 둔 날	거주자가 주소 또는 거소의 국외이전을 위하여 출국하는 날의 다음 날
거 소	국내에 거소를 둔 기간이 183일이 되는 날	
주소의제	국내에 주소가 있는 것으로 보는 사유가 발생한 날	국내에 주소가 없는 것으로 보는 사유가 발생한 날의 다음 날

◀세부내용4▶ 거주기간의 계산

① 국내에 거소를 둔 기간 : 입국하는 날의 다음 날부터 출국하는 날까지
② 국내에 거소를 두고 있던 개인이 출국 후 다시 입국한 경우에 생계를 같이하는 가족의 거주지나 자산소재지 등에 비추어 그 출국목적이 관광, 질병의 치료 등 기획재정부령으로 정하는 사유에 해당하여 명백하게 일시적인 것으로 인정되는 경우 : 그 출국한 기간도 국내에 거소를 둔 기간으로 봄. 개정
③ 국내에 거소를 둔 기간이 다음 중 어느 하나에 해당하는 경우에는 국내에 183일 이상 거소를 둔 것으로 봄
　(가) 1과세기간 동안 183일 이상인 경우
　(나) 2과세기간에 걸쳐 계속하여 183일 이상인 경우 개정 (2026.1.1.부터 시행)
④ 재외동포가 입국한 경우에 생계를 같이하는 가족의 거주지나 자산소재지 등에 비추어 그 입국목적이 단기 관광, 질병의 치료, 병역의무의 이행, 친족 경조사 등 사업의 경영 또는 업무와 무관한 것으로서 그 입국한 기간이 명백하게 일시적인 것으로 인정되는 경우 : 그 입국한 기간은 국내에 거소를 둔 기간으로 보지 아니함.

> [정리] **거주자** 또는 비거주자 판정
> → 국내외 모든소득   → 국내원천소득

1. 주소

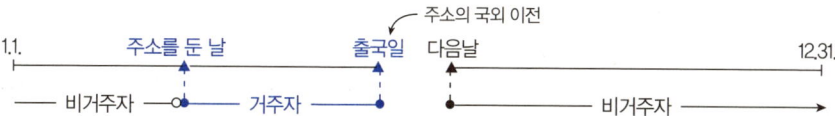

2. 거소

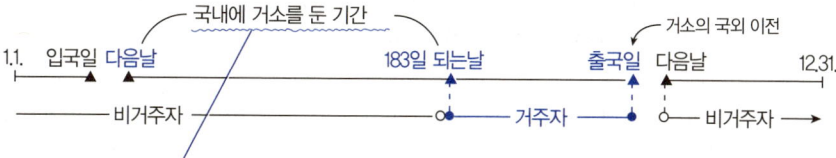

- 포함 : 출국 목적이 관광, 질병치료 등으로서 명백히 일시적인 경우 그 출국한 기간
- 제외 : 재외 동포의 입국목적이 단기관광, 질병치료 등 비사업목적으로서 명백히 일시적인 경우 그 입국한 기간

3. 주소의제

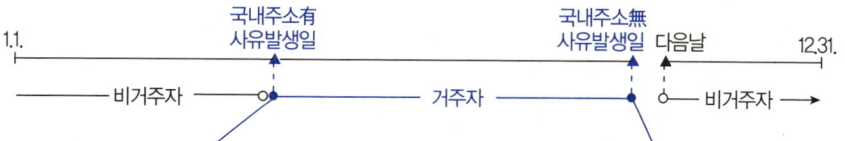

① 직업(계속 183일 이상 국내 거주가 통상 필요한 직업을 가진 때)
② 생활(국내 생계 가족 & 직업·자산 상태로 보아 계속 183일 이상 국내 거주할 것으로 인정되는 때)
③ 외항선박·항공기 승무원(생계가족의 거주장소 or 근무기간 외 기간 중 통상체제장소가 국내에 있는 때)

① -
② 국외 거주자·근무자가 외국국적 or 외국영주권○ & 국내 생계가족× & 직업·자산 상태로 보아 다시 입국하여 주로 국내 거주하리라고 인정×
③ 그 장소가 국외에 있는 때

구분		내 용
납세의무의 특례		(1) 공동사업에 대한 납세의무 [원칙] 공동사업에 관한 소득금액을 계산하는 경우에는 해당 공동사업자별로 납세의무를 진다. [예외] 공동사업합산과세에 따라 주된 공동사업자에게 합산과세되는 경우 그 합산과세되는 소득금액에 대해서는 주된 공동사업자의 특수관계인은 손익분배비율에 해당하는 그의 소득금액을 한도로 주된 공동사업자와 연대하여 납세의무를 진다.
		(2) 상속의 경우 상속인은 국세기본법에 따라 상속받은 재산을 한도로 피상속인의 소득세에 대한 납세의무를 승계한다. ① 납세의무를 승계하는 경우에도 피상속인의 소득금액에 대한 소득세로서 상속인에게 과세할 것과 상속인의 소득금액에 대한 소득세는 구분하여 계산하여야 한다. ② 연금계좌의 가입자가 사망하였으나 그 배우자가 연금외수령 없이 해당 연금계좌를 상속으로 승계하는 경우에는 ①에도 불구하고 해당 연금계좌에 있는 피상속인의 소득금액은 상속인의 소득금액으로 보아 소득세를 계산한다.
		(3) 분리과세소득 원천징수되는 소득으로서 종합소득에 합산되지 아니하는 소득이 있는 자는 그 원천징수되는 소득세에 대해서 납세의무를 진다.
		(4) 우회양도에 대한 부당행위계산의 부인 시 연대납세의무 거주자가 특수관계인에게 자산을 증여한 후 그 자산을 증여받은 자가 그 증여일부터 10년 (2022.12.31. 이전 증여분은 5년) 이내에 다시 타인에게 양도하여 증여자가 자산을 직접 양도한 것으로 보는 경우, 그 양도소득에 대해서는 증여자와 증여받은 자가 연대하여 납세의무를 진다.
		(5) 공동소유자산에 대한 양도소득 공동으로 소유한 자산에 대한 양도소득금액을 계산하는 경우에는 해당 자산을 공동으로 소유하는 각 거주자가 납세의무를 진다.
		(6) 신탁재산 귀속 소득에 대한 납세의무의 범위 [원칙] 신탁재산에 귀속되는 소득은 그 신탁의 이익을 받을 수익자(수익자가 사망하는 경우에는 그 상속인)에게 귀속되는 것으로 본다. [예외] 다음 중 어느 하나에 해당하는 신탁의 경우에는 그 신탁재산에 귀속되는 소득은 위탁자에게 귀속되는 것으로 본다. ① 위탁자가 신탁을 해지할 수 있는 권리, 수익자를 지정하거나 변경할 수 있는 권리, 신탁 종료 후 잔여재산을 귀속 받을 권리를 보유하는 등 신탁재산을 실질적으로 지배·통제할 것 ② 신탁재산 원본을 받을 권리에 대한 수익자는 위탁자로, 수익을 받을 권리에 대한 수익자는 그 배우자 또는 같은 주소 또는 거소에서 생계를 같이 하는 직계존비속(배우자의 직계존비속을 포함한다)으로 설정했을 것
납세지	거주자	• 주소지(→ 둘 이상인 경우 주민등록법에 의하여 등록된 곳) • 주소지가 없는 경우 : 거소지(→ 둘 이상인 경우 생활관계가 보다 밀접한 곳) ※거주자가 취학, 질병의 요양, 근무상 또는 사업상의 형편 등으로 본래의 주소지 또는 거소지를 일시퇴거한 경우 : 본래의 주소지 또는 거소지 • 국내에 주소가 없는 공무원·해외파견 임직원(거주자로 보는 경우) : 그 가족의 생활근거지 또는 소속기관의 소재지

Check

정리1 공동사업에 대한 납세의무

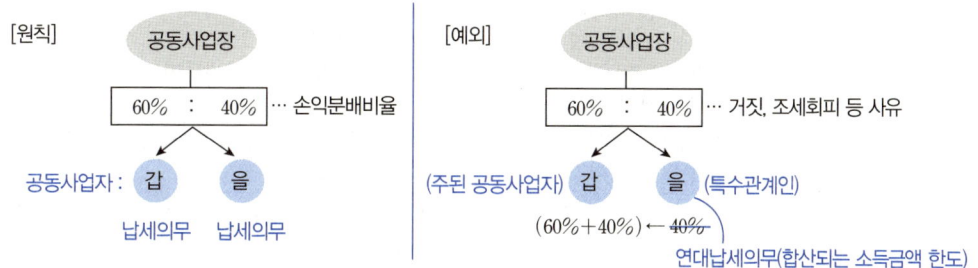

정리2 상속의 경우

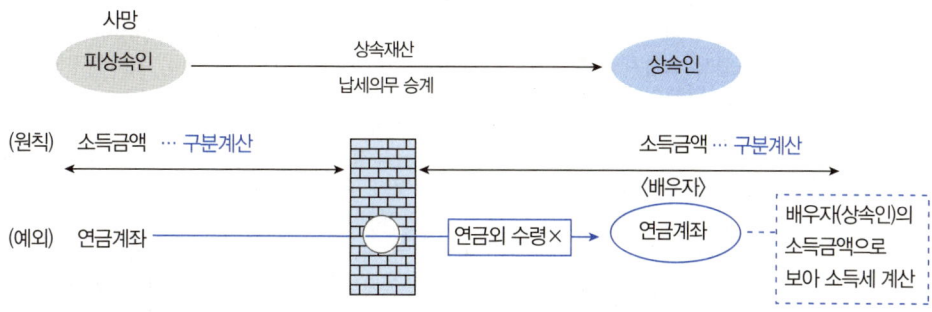

정리3 신탁재산 귀속 소득에 대한 납세의무자

[원칙] 수익자

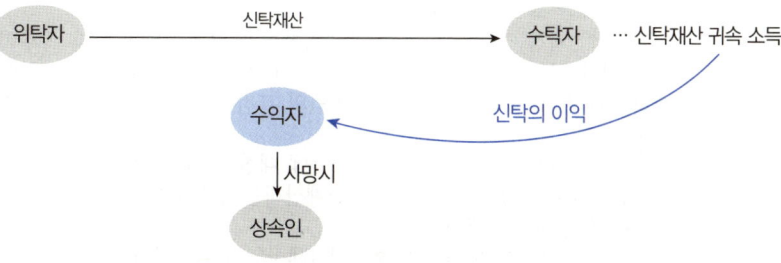

[예외] 위탁자

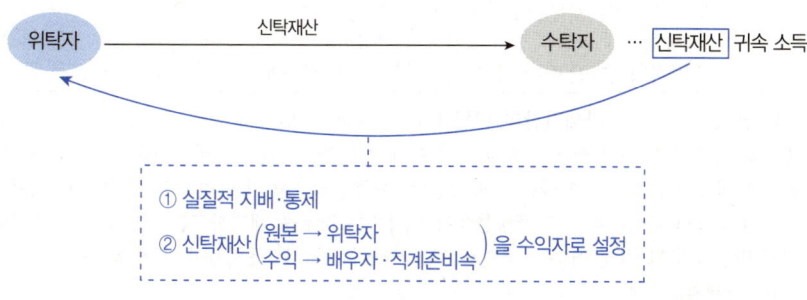

구 분		내 용
납세지	비거주자	• 국내사업장 소재지(→ 둘 이상인 경우 주된 국내사업장 소재지) 　※ 국내에 2 이상의 사업장이 있는 비거주자의 경우 그 주된 사업장을 판단하기가 곤란한 때에는 해당 비거주자가 납세지로 신고한 장소를 납세지로 한다. • 국내사업장이 없는 경우 : 국내원천소득이 발생하는 장소 • 납세관리인을 둔 경우 : 국내사업장의 소재지 또는 그 납세관리인의 주소지나 거소지 중 납세관리인이 관할 세무서장에게 납세지로서 신고하는 장소
	피상속인	피상속인·상속인 또는 납세관리인의 주소지나 거소지 중 상속인 또는 납세관리인이 관할 세무서장에게 납세지로서 신고하는 장소
	납세지 지 정	① 납세지의 지정 사유 : 국세청장 또는 관할 지방국세청장은 다음 중 어느 하나에 해당하는 경우에는 납세지를 따로 지정할 수 있다. 　㈎ 사업소득이 있는 거주자가 사업장 소재지를 납세지로 신청한 경우[*1](신청에 의한 지정) 　㈏ ㈎ 외의 거주자 또는 비거주자로서 납세지가 납세의무자의 소득 상황으로 보아 부적당하거나 납세의무를 이행하기에 불편하다고 인정되는 경우[*2](직권에 의한 지정) ② 납세지 지정거부 및 통지 : 납세지를 지정하거나 납세지 지정신청이 있는 경우로서 사업장 소재지를 납세지로 지정하는 것이 세무관리상 부적절하다고 인정되어 그 신청대로 납세지 지정을 하지 아니한 경우에는 그 뜻을 납세의무자 또는 그 상속인, 납세관리인이나 납세조합에 서면으로 각각 통지해야 한다. ③ 납세지의 지정 사유가 소멸한 경우 국세청장 또는 관할 지방국세청장은 납세지의 지정을 취소하여야 한다. 납세지의 지정이 취소된 경우에도 그 취소 전에 한 소득세에 관한 신고, 신청, 청구, 납부, 그 밖의 행위의 효력에는 영향을 미치지 아니한다.
	원천징수한 소득세	① 원천징수하는 자가 거주자인 경우 : 그 거주자의 주된 사업장 소재지(단, 주된 사업장 외의 사업장에서 원천징수를 하는 경우에는 그 사업장의 소재지, 사업장이 없는 경우에는 그 거주자의 주소지 또는 거소지) ② 원천징수하는 자가 비거주자인 경우 : 그 비거주자의 주된 국내사업장 소재지.(단, 주된 국내사업장 외의 국내사업장에서 원천징수를 하는 경우에는 그 국내사업장의 소재지, 국내사업장이 없는 경우에는 그 비거주자의 거류지 또는 체류지) ③ 원천징수하는 자가 법인인 경우 　• 그 법인의 본점 또는 주사무소의 소재지 　• 그 법인의 지점, 영업소, 그 밖의 사업장이 독립채산제에 따라 독자적으로 회계사무를 처리하는 경우 : 그 사업장의 소재지(그 사업장의 소재지가 국외에 있는 경우 제외). 다만, 다음의 경우에는 그 법인의 본점 또는 주사무소의 소재지를 납세지로 할 수 있다. 　　㈎ 법인이 지점 등에서 지급하는 소득에 대한 원천징수세액을 본점 또는 주사무소에서 전자적 방법 등을 통해 일괄계산하는 경우로서 본점 또는 주사무소의 관할 세무서장에게 신고한 경우 　　㈏ 부가가치세법에 따라 사업자단위과세사업자로 등록한 경우 ④ 납세조합이 원천징수하는 소득세의 납세지 : 그 납세조합의 소재지
	납세지 변 경	① 거주자나 비거주자는 납세지가 변경된 경우 변경된 날부터 15일 이내에 그 변경 후의 납세지 관할 세무서장에게 신고하여야 한다. 　※ 개인이 주소를 이전하고 납세지 변경신고를 하지 않아도 납세지는 자동 변경됨 ② 부가가치세법에 따라 사업자등록정정을 한 경우에는 납세지의 변경신고를 한 것으로 본다.

[*1] 납세지 지정신청을 하려는 자는 해당 과세기간의 10월 1일부터 12월 31일까지 납세지지정신청서를 사업장 관할 세무서장에게 제출(국세정보통신망에 의한 제출 포함)하여야 한다. 이 경우 관할 지방국세청장(새로 지정할 납세지와 종전의 납세지의 관할 지방국세청장이 다를 때에는 국세청장)은 사업장의 이동이 빈번하거나 기타의 사유로 사업장을 납세지로 지정하는 것이 적당하지 아니하다고 국세청장이 인정하는 경우를 제외하고는 사업장을 납세지로 지정하여야 하며 다음 연도 2월 말일까지 그 지정 여부를 서면으로 통지하여야 한다. 통지기한 내에 통지를 하지 아니한 때에는 지정신청한 납세지를 납세지로 한다.

[*2] 납세지를 지정한 때에는 해당 과세기간의 과세표준 확정신고 또는 납부기간 개시일 전(중간예납 또는 수시부과의 사유가 있는 때에는 그 납기개시 15일 전)에 이를 서면으로 통지하여야 한다.

[정리1] 소득세 계산구조

종합소득	퇴직소득	양도소득
총 수 입 금 액 … 비과세·분리과세 소득제외	퇴 직 급 여 … 비과세소득제외	양 도 가 액 … 비과세소득 제외
(−) 필 요 경 비	−	(−) 필 요 경 비 … 취득가액 + 기타필요경비
		(−) 장기보유특별공제
종합소득금액	(퇴직소득금액	양도소득금액
(−) 종합소득공제	− 근속연수공제)	(−) 양도소득기본공제
	÷ 근속연수×12	
	환 산 급 여	
	(−) 환산급여공제	
과 세 표 준	과 세 표 준	과 세 표 준
(×) 기 본 세 율	(×) 기 본 세 율	(×) 양도소득세율
산 출 세 액	산 출 세 액	산 출 세 액
(−) 감면공제세액	(−) 세 액 공 제	(−) 감면공제세액
결 정 세 액	결 정 세 액	결 정 세 액
(+) 가 산 세	(+) 가 산 세	(+) 가 산 세
총 결 정 세 액	총 결 정 세 액	총 결 정 세 액
(−) 기 납 부 세 액	(−) 기 납 부 세 액	(−) 기 납 부 세 액
차감납부세액	차감납부세액	차감납부세액

종합소득금액 → 퇴직소득금액 : 동일
근속연수공제 / 환산급여공제 : 퇴직소득공제

[정리2] 종합소득금액 계산구조

이자소득	총수입금액 = 이자소득금액
배당소득	총수입금액 + 배당가산액 = 배당소득금액
사업소득	총수입금액 − 필 요 경 비 = 사업소득금액
근로소득	총 급 여 액 − 근로소득공제 = 근로소득금액
연금소득	총 연 금 액 − 연금소득공제 = 연금소득금액
기타소득	총수입금액 − 필 요 경 비 = 기타소득금액

종합소득금액 − 소득공제 = 과세표준
(×) 기본세율
산출세액

① 총수입금액에는 비과세소득, 분리과세소득과 과세최저한은 포함하지 않는다.
② 이자소득과 배당소득은 필요경비를 인정하지 않으며, 근로소득과 연금소득은 실제필요경비 대신 필요경비 개산공제(근로소득공제와 연금소득공제)를 공제한다. 사업소득과 기타소득은 실제 필요경비를 공제한다.
③ 배당소득은 이중과세를 조정하기 위하여 배당가산액(Gross-up 금액)을 배당소득 총수입금액에 더한다.
④ 소득과 소득금액은 다르다. 소득은 총수입금액을 말하나, 소득금액은 필요경비를 차감하고 배당가산액을 더한 금액을 말한다. (예 배당소득은 총수입금액을 말하나, 배당소득금액은 총수입금액에 배당가산액을 더한 금액을 말함)
⑤ 비과세소득 : 해당 소득이지만 법에 명시적으로 규정하여 과세하지 않는 소득(예 논·밭대여소득)
과세제외(비열거)소득 : 과세소득에서 제외시키거나, 법에 열거하지 않은 소득(예 채권처분이익)

 금융소득(이자소득과 배당소득)

Ⅰ. 금융소득의 범위

1. 이자소득

(1) 예금의 이자 … 국내·외 예금(적금, 부금, 예탁금, 우편대체 포함)의 이자, 신용계·신용부금이익
(2) 채권·증권의 이자와 할인액 … 채권·증권의 발행 주체(국가·지방자치단체, 내국법인, 외국법인, 외국법인의 국내지점 또는 국내영업소)와 관계없음
(3) 환매조건부 채권·증권의 매매차익
(4) 저축성보험의 보험차익 … 장기저축성보험의 보험차익 과세 제외
(5) 직장공제회 초과반환금 … 1999.1.1. 이후 직장공제회에 최초 가입분
(6) 비영업대금의 이익
(7) 유형별 포괄주의 이자[(1)~(6)과 유사한 소득](채권대차거래 보상액[*1], 채권의 환매조건부 매매거래 시 보상액[*2]) 개정
(8) 파생금융상품의 이자(이자소득을 발생시키는 거래 또는 행위와 결합된 파생상품의 이익)

[*1] 채권대차거래 보상액 : 거주자가 일정기간 후에 같은 종류로서 같은 양의 채권을 반환받는 조건으로 채권을 대여하고 해당 채권의 차입자로부터 지급받는 해당 채권에서 발생하는 이자 상당액
[*2] 채권의 환매조건부 매매거래 시 보상액 : 거주자가 환매기간에 따른 사전약정이율을 적용하여 환매수하는 조건으로 채권 또는 채권에 준하는 증권(이하 '채권등')을 매도하고 환매수하는 날까지 해당 채권등의 매수인으로부터 지급받는 해당 채권등에서 발생하는 이자에 상당하는 금액 개정

(1) 채권·증권 관련 소득의 과세 구분

① 채권의 이자와 할인액
  ┌ 국채(원금·이자분리국채 포함), 지방채, 회사채 등 …… 이자소득(보유기간이자 포함)
  └ 국채 등*의 공개시장 통합발행시 할인액(매각가액과 액면가액과의 차액) …… 과세제외소득
  * 국채 등 : 국채, 산업금융채권, 예금보험기금채권(상환기금채권), 한국은행통화안정증권

② 물가연동국고채의 원금증가분
  ┌ 2014.12.31. 이전 발행분 …… 과세 제외
  └ 2015.1.1. 이후 발행분 …… 이자소득

③ 채권·증권의 매매차익
  ┌ 일반적인 경우 …… 비열거소득
  └ 환매조건부 채권·증권의 매매차익* …… 이자소득
  * 순수매매차익과 보유기간이자 상당액을 구분하지 아니하고 전부 이자소득으로 과세

(2) 보험차익의 과세 구분

구 분	내 용		소득구분(× : 과세제외)
저축성보험의 보험차익	① 보험기간[*1] 10년 이상인 다음의 저축성보험[*3] 　(가) 일시납 저축성보험 : 계약자 1명당 납입보험료의 합계액(월적립식 저축성보험과 종신형 연금보험 제외)이 1억원 이하인 것 　(나) 월적립식 저축성보험 : 계약자 1명당 매월 납입보험료의 합계액이 150만원 이하인 것 ② 종신형 연금보험[*3]		×
	위 외의 보험		이자소득[*2]
보장성보험의 보험차익	피보험자의 사망·질병·부상·그 밖의 신체상 상해		×
	자산의 멸실·손괴	사업 무관	×
		사업 관련	사업소득

사례1 채권의 이자와 할인액 ··· 1년 만기 채권(액면가액 100, 발행금액 95, 표면이자율 연 3%)

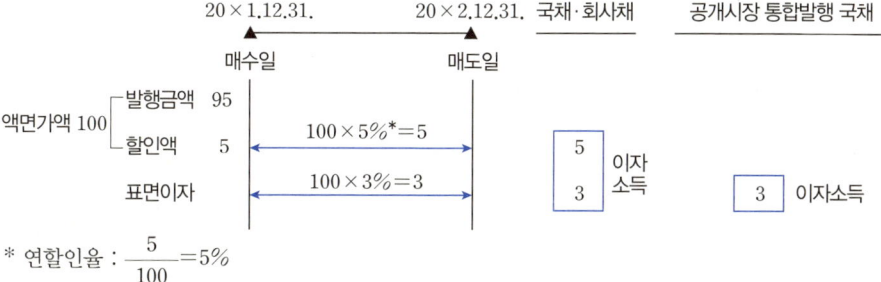

* 연할인율 : $\frac{5}{100}=5\%$

사례2 물가연동국고채

액면가액 10,000(표면이자율 연 1%), 물가연동계수(발행일 : 1.00000, 1년 후 매도일 : 1.02000)

계 산	2014.12.31. 이전 발행분	2015.1.1. 이후 발행분
① 원금증가분 : $10,000 \times 0.02^* = 200$	-(과세제외)	이자소득 200
② 액면이자 : $10,200 \times 1\% = 102$	이자소득 102	이자소득 102

* 물가연동계수 증가분 : 1.02000(매도일) − 1.00000(발행일) = 0.02

사례3 채권의 보유기간 이자상당액 [2차]

$$채권가액(액면가액) \times 이자율 \times 보유일수 \times \frac{1}{365(6)} = 보유기간\ 이자$$

- 국채 등 공개시장 통합발행 : 표면이자율
- 그 밖의 채권 : (표면이자율+할인율) or (표면이자율−할증율)

- 발행일 또는 직전 원천징수일('매수일')의 다음날 ~ 매도일 또는 이자지급일

5년 만기채권[액면금액 10,000,000원, 발행금액 8,000,000원, 표면이자율 연 2%(매년 6.30. 지급)]
20×1.6.30.(발행일) 매입금액 8,000,000원, 20×1.12.31.(매도일) 매도금액 8,500,000원(1년은 365일로 간주함)

[경우 1] 회사채인 경우

$10,000,000 \times (2\% + 4\%^{*1)}) \times 184^{*2)} \times \frac{1}{365} = 302,465$(보유기간 이자)

*1) 연할인율 : $\frac{10,000,000 - 8,000,000}{10,000,000} \times \frac{1년}{5년} = 4\%$

*2) 보유기간 : 매수일의 다음 날(7.1.)~매도일(12.31.)

☞ 채권매매차익(비열거소득) : (8,500,000 − 8,000,000) − 302,465 = 197,535

[경우 2] 공개시장에서 통합발행한 국채인 경우

$10,000,000 \times 2\%$(표면이자율) $\times 184 \times \frac{1}{365} = 100,821$(보유기간 이자)

☞ 채권매매차익과 할인액(비열거소득) : (8,500,000 − 8,000,000) − 100,821 = 399,179

정리 만기에 환급되는 금액이 납입보험료를 초과하지 않는 보험 : 보장성보험(예 생명보험, 손해보험)
그 외의 보험 : 저축성보험

*1) 보험기간 : 최초로 보험료를 납입한 날부터 만기일 또는 중도해지일까지의 기간
2) 보험차익(이자소득)＝보험금－(납입 보험료－보험계약기간 중에 받은 배당금)
 * 그 배당금으로 납입할 보험료를 상계한 경우 배당금을 받아 보험료를 납입한 것으로 봄.
*3) 과세제외 저축성보험이 아닌 것 : 생명보험계약·손해보험계약 등과 유사한 계약으로서 위험보장을 목적으로 우연한 사건 발생에 관하여 금전 및 그 밖의 급여를 지급할 것을 약정하고 대가를 수수하는 계약, 국내에서 보험업 허가를 받지 않은 외국보험회사와의 보험계약 개정

☑ 장기저축성보험의 보험차익 과세제외

구분 \ 가입연도	2013.2.14. 이전	2013.2.15.~ 2017.3.31.	2017.4.1. 이후
① 보험기간 10년 이상	10년 이상 (납입보험료 및 납입 방식의 제한 없음)	10년 이상	10년 이상
㈎ 일시납(납입보험료 합계액)		2억원 이하	1억원 이하
㈏ 월적립식(월납입보험료 합계액)		한도 없음	150만원 이하
② 종신형 연금보험(사망시까지 연금수령)		종신형 연금보험	종신형 연금보험

(3) 비영업대금의 이익

```
금전의 대여행위 ┌ 사업적인 것이 아닌 경우 … 이자소득(비영업대금의 이익) : 필요경비 불공제
              └ 사업적인 것인 경우 ……… 사업소득(금융업) : 필요경비 공제
```

☞ 상업어음할인료(비영업대금의 이익) : 금융업을 경영하는 사업자 외의 자가 어음을 할인하고 할인료를 받는 경우

☑ 비영업대금 이익의 계산 특례 … (원칙적인 수입시기 : 약정일과 실제지급일 중 빠른 날)

내 용	처리방법
① 해당 과세기간에 발생한 비영업대금의 이익에 대하여 과세표준 확정신고 전에 해당 비영업대금이 채무자의 파산, 강제집행, 형의 집행, 사업의 폐지, 사망, 실종 또는 행방불명으로 회수할 수 없는 채권에 해당하여 채무자 또는 제3자로부터 원금 및 이자의 전부 또는 일부를 회수할 수 없는 경우	회수한 금액에서 원금을 먼저 차감하여 총수입금액 계산 ※ 회수한 금액이 원금에 미달하는 때에는 총수입금액은 없는 것으로 함
② 회수불능으로 총수입금액에서 제외되었던 이자를 받는 경우	실제 이자지급일 귀속

◁세부내용▷ 소기업·소상공인 공제부금에서 발생하는 소득(조특법 86조의3)

구 분		소득 구분
폐업, 법인해산, 공제가입자 사망, 천재지변, 해외이주 등 사유로 해지	2015.12.31.이전 가입자	이자소득＝환급금－납부액(소득공제 불문)
	2016.1.1.이후 가입자	퇴직소득＝환급금－소득공제받지 못한 납부액
위 외의 사유로 해지		기타소득＝환급금－소득공제받지 못한 납부액

☑ 이자소득으로 보지 않는 소득

구 분			소득구분(× : 과세제외)
할부이자 등	외상판매·할부판매시 현금판매가격보다 더 받은 금액, 매입에누리, 매입할인		사업소득
채권의 연체이자	채권을 소비대차로 전환한 경우		이자소득(비영업대금의 이익)
	위 외의 경우	사업과 관련	사업소득
		사업과 무관(예 토지의 양도대금)	기타소득
손해배상금과 그 법정이자	재산권에 관한 계약의 위약·해약이 원인		기타소득
	위 외의 경우(물리적·신체적·정신적 피해가 원인)		×

> **사례1** 보험기간 10년 미만의 저축성보험의 보험차익
>
> 만기 환급받은 보험금 1천만원, 납입보험료 8백만원, 보험계약기간 중 보험계약에 의해 받은 배당금 1백만원
>
> - 보험차익 : $10,000,000 - (8,000,000 - 1,000,000) = 3,000,000$(이자소득)
>
> **사례2** 회수불능한 비영업대금의 이익
>
> 〈1〉 과세표준 확정신고 전 회수불능
>
>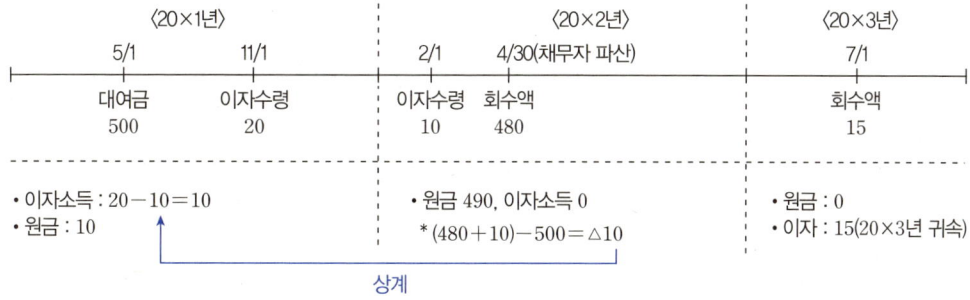
>
> 〈2〉 과세표준 확정신고 후 회수불능
>
>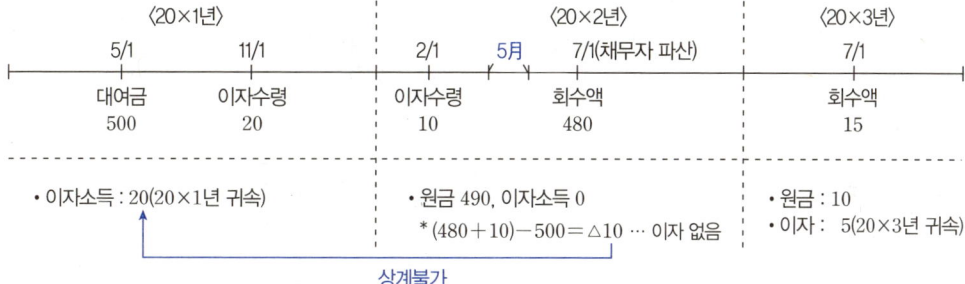
>
> ◁ 세부내용 ▷
>
> ① 동일한 과세기간에 다수의 채무자로부터 이자소득에 해당하는 비영업대금의 이익을 지급받은 거주자는 일부 채권의 원금회수가 불가능한 경우에도 해당 회수불능 원금을 대손금으로 다른 비영업대금의 이익에서 공제할 수 없다(소집행 16-0-4 ②).
> ② 사업소득이 있는 거주자가 사업과 관련한 운영자금을 은행에 예입하여 받는 이자는 사업소득이 아닌 이자소득에 해당한다(소집행 16-0-3).
>
> **사례3** 소기업·소상공인 공제부금에서 발생하는 소득
>
> 환급금 900, 공제부금 납부액 800(이 중 소득공제받은 납부액 600)
>
> ① 법정사유 해지 ─ 2015.12.31.이전 가입자 : $900 - 800 = 100$(이자소득)
>   　　　　　　　 └ 2016. 1. 1.이후 가입자 : $900 - (800 - 600) = 700$(퇴직소득)
> ② 위 외의 사유로 해지 : $900 - (800 - 600) = 700$(기타소득)

2. 배당소득

(1) 실지배당 … 내국법인, 외국법인, 법인으로 보는 단체, 내국법인으로 보는 신탁재산('법인과세 신탁재산')으로부터 받는 이익이나 잉여금의 배당 또는 분배금
(2) 의제배당 … 법인세와 동일함(단, 아래의 차이* 제외)
(3) 인정배당 … 법인세법에 따라 배당으로 소득처분된 금액
(4) 배당간주금액 … 「국제조세조정에 관한 법률」상 특정외국법인의 유보소득 중 배당받은 것으로 간주된 금액
(5) 집합투자기구로부터의 이익 … 국내·국외에서 받는 집합투자기구로부터의 이익
(6) 국내·국외에서 받는 파생결합증권 또는 파생결합사채로부터의 이익… 예 주가연계증권(ELS), 기타파생결합증권(DLS), 상장지수증권(ETN), 골드뱅킹, 실버뱅킹, 파생결합사채(ELB, DLB)
  ※ ┌ 국내주식형 ETN(증권시장에서 거래되는 상장주식의 가격만을 기반으로 한 상장지수증권) : 과세제외
     └ 주식워런트증권(ELW) : 양도소득
(7) 조각투자상품(비금전신탁 수익증권, 투자계약증권)으로부터의 이익 개정 (2025.7.1.부터 시행)
(8) 유형별 포괄주의 배당[(1) ~ (7)과 유사한 소득] … 예 주식대차거래 보상액, 증권의 환매조건부 매매거래 시 보상액 개정
(9) 출자공동사업자의 배당 … 공동사업 소득금액 중 출자공동사업자의 손익분배비율 상당액
(10) 파생금융상품의 배당(배당소득을 발생시키는 거래 또는 행위와 결합된 파생상품의 이익)

* 소득세법과 법인세법의 의제배당 차이

구 분		소득세법	법인세법
① 주식발행초과금의 자본전입으로 인한 무상주의 단기소각주식 규정		적용하지 않음	적용함
② 감자등·해산·합병·분할로 인한 의제배당 계산 시	종전주식의 취득가액이 불분명한 경우의 취득가액	액면가액	규정 없음
	벤처기업 주식매수선택권 행사(비과세 및 납부특례 적용)로 취득한 벤처기업 주식의 취득가액 개정	행사 당시의 시가	규정 없음

(1) 신탁의 이익에 대한 소득구분

구 분	과세구분
① 집합투자기구로부터의 이익	배당소득(보수·수수료를 뺀 금액)[상장주식(이와 관련된 장내파생상품증권 포함)과 벤처기업주식의 매매차익(평가차익 포함)은 제외함]
② 법인과세 신탁재산으로부터의 이익	배당소득
③ 조각투자상품(비금전신탁 수익증권)으로부터의 이익(2025.7.1.부터 시행)	배당소득(보수·수수료등을 뺀 금액)
④ 위 외의 신탁의 이익	내용별로 소득을 구분 예 채권·주식·부동산 신탁에서 발생한 소득의 경우 각각 이자소득·배당소득·양도소득)

(2) 출자공동사업자의 배당소득

구 분	공동사업에서 발생한 소득*1)	
	사업소득 분배액	그 외의 소득 분배액
업무집행공동사업자	사업소득	실제 발생된 소득별로 구분
출자공동사업자*2)	배당소득	실제 발생된 소득별로 구분

*1) 약정된 손익분배비율(약정된 손익분배비율이 없으면 지분비율)에 따라 공동사업자에게 분배함
*2) 출자공동사업자 : 다음 중 어느 하나에 해당하지 아니하는 자로서 공동사업의 경영에 참여하지 아니하고 출자만 하는 자
  ① 공동사업에 성명 또는 상호를 사용하게 한 자
  ② 공동사업에서 발생한 채무에 대해서 무한책임을 부담하기로 약정한 자

📝 상법에 따라 자본준비금을 감액하여 받은 배당[재평가세율 3% 적용분 재평가적립금(적격합병·분할 시 승계한 금액 포함)과 의제배당 재원인 자본준비금을 감액하여 받은 배당은 제외함] : 배당소득에 포함하지 아니함 개정

> **정리1** 파생결합증권과 파생결합사채
>
> 1. 파생결합증권 : 유가증권과 파생금융상품이 결합된 증권으로 주식·이자율·환율·실물 등의 기초자산의 가치변동과 연계한 증권[예 주식 또는 주가지수를 기초자산으로 하는 주가연계증권(ELS : Equity Linked Securities), 채권·통화·일반상품·신용위험 등을 기초자산으로 하는 기타파생결합증권(DLS : Derivative Linked Securities), 상장지수증권(ETN : Exchange-Traded Note), 골드뱅킹(gold banking), 실버뱅킹(silver banking), 주식워런트증권(ELW : Equity-Linked Warrant)* 등]
>   * 주식워런트증권 : 당사자 일방의 의사표시에 따라 국내·외 증권시장에서 매매거래되는 특정 주권의 가격이나 주가지수 수치의 변동과 연계하여 미리 정해진 방법에 따라 주권의 매매나 금전을 수수하는 거래를 성립시킬 수 있는 권리를 표시하는 증권 또는 증서
> 2. 파생결합사채 : 파생결합증권 중에서 원금을 보장해주는 상품을 따로 분리한 것[예 주식·주가지수 등을 기초자산으로 하는 주가연계파생결합사채(ELB : Equity Linked Bond), 이자율·원자재·신용 등을 기초자산으로 하는 기타파생결합사채(DLB : Derivative Linked Bond)]

≪세부내용≫

> 주가연계증권(ELS)으로부터 발생한 배당소득이 있는 거주자가 다른 주가연계증권에서 원금 손실이 발생한 경우, 그 거주자의 배당소득 총수입금액을 계산함에 있어서 그 손실을 차감하지 않는다.(소집행 17-0-6 ②)

> **정리2** 집합투자기구 : 다음의 요건을 모두 갖춘 집합투자기구(국외에서 설정된 집합투자기구는 다음의 요건을 갖추지 않은 경우에도 집합투자기구로 봄)

> 「자본시장과 금융투자업에 관한 법률」에 따른 집합투자기구(보험회사의 특별계정은 제외하되, 금전의 신탁으로서 원본을 보전하는 것을 포함함)일 것 & 해당 집합투자기구의 설정일부터 매년 1회 이상 결산·분배할 것(단, 법령으로 정하는 이익금은 유보 가능) & 금전으로 위탁받아 금전으로 환급할 것(금전 외의 자산으로 위탁받아 환급하는 경우로서 해당 위탁가액과 환급가액이 모두 금전으로 표시된 것 포함)

사례1 집합투자기구로부터의 이익 … 배당소득

구 분	과세구분(과세○, 과세 제외×)	〈경우1〉	〈경우2〉
① 채권의 이자	○	10	10
② 주식(상장·비상장·벤처기업)의 배당	○	20	20
③ 채권의 매매차익	○(손실은 차감)	30	△30
④ 비상장주식의 매매차익	○(손실은 차감)	40	40
⑤ 상장주식(이와 관련된 장내파생상품증권 포함)의 매매차익(평가차익 포함)	×(손실도 차감하지 않음)	~~50~~	~~△50~~
⑥ 벤처기업주식의 매매차익(평가차익 포함)	×(손실도 차감하지 않음)	~~60~~	~~60~~
집합투자기구로부터의 이익	배당소득	100	40

사례2 출자공동사업자의 배당

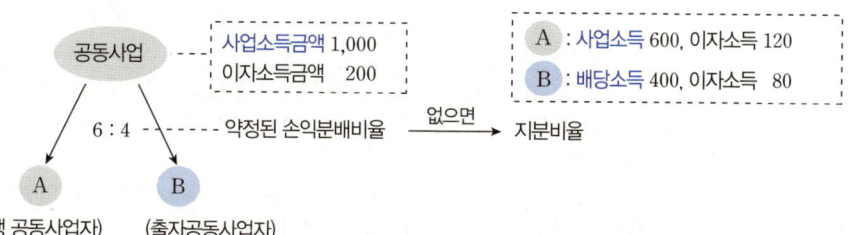

Ⅱ. 비과세 금융소득

(1) 소득세법상 비과세

① 「공익신탁법」에 따른 공익신탁의 이익
② 원천징수의 대상이 되는 비거주자의 국내원천 이자소득 중 국채, 통화안정증권 및 대통령령으로 정하는 채권에서 발생하는 소득(적격외국금융회사등을 통하여 취득·보유·양도하는 국채, 통화안정증권 등 포함)

(2) 조세특례제한법상 비과세

구 분	내 용
영농조합법인의 배당소득 (조특법 66조 ②)	영농조합법인의 조합원이 영농조합법인으로부터 2026.12.31.까지 받는 다음의 배당소득(비과세 금액을 제외한 배당소득은 5% 분리과세) <table><tr><th colspan="2">구 분</th><th>비과세</th></tr><tr><td colspan="2">식량작물재배업소득에서 발생한 배당소득</td><td>전액</td></tr><tr><td rowspan="2">위 외의 소득</td><td>법인세가 면제되는 소득에서 발생한 배당소득</td><td>전액</td></tr><tr><td>위 외의 소득에서 발생한 배당소득</td><td>연 1,200만원 이하 금액</td></tr></table>
영어조합법인의 배당소득(조특법 67조 ②)	영어조합법인의 조합원이 영어조합법인으로부터 2026.12.31.까지 받는 배당소득 중 연 1,200만원 이하의 금액(비과세 금액을 제외한 배당소득은 5% 분리과세)
농업회사법인의 배당소득 (조특법 68조 ④)	농업회사법인에 출자한 거주자가 2026.12.31.까지 받는 배당소득 중 식량작물재배업소득에서 발생한 배당소득(부대사업등 소득 및 식량작물재배업소득 외의 소득에서 발생한 배당소득은 14% 분리과세)
청년우대형주택청약 종합저축의 이자소득 (조특법 87조 ③)	청년우대형주택청약종합저축에 2025.12.31.까지 가입하는 경우 해당 저축에서 발생하는 500만원까지의 이자소득(이 경우 비과세를 적용받을 수 있는 납입금액은 모든 금융회사에 납입한 금액을 합하여 연 600만원을 한도로 함)^{주)}
농어가목돈마련저축의 이자소득등 (조특법 87조의2)	농어민이 농어가목돈마련저축에 2025.12.31.까지 가입한 경우 해당 농어민 또는 그 상속인이 저축계약기간이 만료되거나 가입일부터 1년 이후 사망, 해외이주, 천재지변 등 사유로 저축을 해지하여 받는 이자소득과 저축장려금^{주)} ☞ 소득세·증여세 또는 상속세를 부과하지 않음.
비과세종합저축의 이자소득·배당소득 (조특법 88조의2)	가입대상자(65세 이상인 거주자, 장애인, 독립유공자와 그 유족 또는 가족, 상이자, 기초생활수급자, 고엽제후유의증환자, 5·18민주화운동부상자)인 거주자가 1명당 저축원금이 5천만원 이하인 비과세종합저축에 2025.12.31.까지 가입하는 경우 해당 저축에서 발생하는 이자소득 또는 배당소득^{주)}
우리사주조합원의 우리사주 배당소득 (조특법 88조의4 ⑨)	소액주주인 우리사주조합원이 우리사주조합을 통하여 취득한 후 증권금융회사에 1년 이상 예탁한 우리사주의 배당소득(우리사주의 액면가액의 개인별 합계액이 1,800만원 이하일 것)^{주)}
농업협동조합등 자사지분의 배당소득 (조특법 88조의4⑩)	농업협동조합법과 수산업협동조합법에 따라 출자지분을 취득한 소액주주인 근로자가 보유하고 있는 자사지분(액면가액 합계액 1,800만원 이하인 경우)의 배당소득^{주)}(다만, 취득일부터 1년 이상 보유하지 아니하게 된 자사지분의 경우에는 그 사유가 발생하기 이전에 받은 배당소득에 대하여 그 사유가 발생한 날에 배당소득이 지급된 것으로 보아 소득세를 과세함)
조합 등 출자금의 배당소득 및 예탁금의 이자소득 (조특법 88조의5, 89조의3)	농업협동조합, 수산업협동조합, 산림조합, 신용협동조합, 새마을금고의 조합원·회원 등의 출자금(1인당 2천만원 이하인 것)에 대한 배당소득과 예탁금(1인당 3천만원 이하인 것)의 이자소득^{주)} ※ 2025.12.31.까지 비과세, 2026년은 5% 세율 분리과세, 2027.1.1. 이후 9% 세율 분리과세(조합등예탁금은 개인지방소득세 비과세)

구 분	내 용		
장병내일준비적금의 이자소득 (조특법 91조의19)	가입 당시 현역병 등이 장병내일준비적금에 2026.12.31.까지 가입하는 경우 가입일부터 병역법에 따른 복무기간 종료일까지 해당 적금(모든 금융회사에 납입한 금액의 합계액 기준으로 월 55만원을 한도로 함)에서 발생하는 이자소득(다만, 복무기간이 24개월을 초과하는 경우 비과세 적용기간은 24개월을 초과하지 못함)^{주)}		
청년도약계좌의 이자소득·배당소득 (조특법 91조의22)	대통령령으로 정하는 청년으로서 직전 과세기간의 총급여액이 7,500만원 이하이거나 종합소득금액이 6,300만원 이하인 거주자가 청년도약계좌에 2025.12.31.까지 가입하는 경우 해당 계좌에서 발생하는 이자소득과 배당소득^{주)}		
개인종합자산관리계좌 이자소득·배당소득 (조특법 91조의18)	개인종합자산관리계좌(ISA : individual savings account)에서 발생하는 이자소득과 배당소득의 합계액에 대해서는 다음의 비과세 한도금액까지는 소득세를 부과하지 아니하며, 비과세 한도금액을 초과하는 금액에 대해서는 9%의 세율로 분리과세함^{주)}		
	구 분		비과세 한도
	① 직전 과세기간의 총급여액이 5천만원 이하인 거주자(직전 과세기간에 근로소득만 있거나 근로소득 및 종합소득과세표준에 합산되지 아니하는 종합소득이 있는 자로 한정함) ② 직전 과세기간의 종합소득과세표준에 합산되는 종합소득금액이 3천8백만원 이하인 거주자(직전 과세기간의 총급여액이 5천만원을 초과하지 아니하는 자로 한정함) ③ 농업인·어업인(직전 과세기간의 종합소득 과세표준에 합산되는 종합소득금액이 3천8백만원을 초과하는 자 제외)		400만원
	④ 위에 해당하지 아니하는 자의 경우		200만원

주) 이자소득 또는 배당소득에 대한 과세특례를 적용받는 계좌의 가입일(제88조의4의 경우 우리사주조합을 통한 취득일) 또는 연장일이 속한 과세기간의 직전 3개 과세기간 중 1회 이상 금융소득종합과세 대상자는 해당 과세특례를 적용하지 아니한다(조특법 129조의2 ①).

Ⅲ. 금융소득금액의 계산

1. 이자소득금액 = 총수입금액(비과세소득, 분리과세소득 제외)
2. 배당소득금액 = 총수입금액(비과세소득, 분리과세소득 제외) + 배당가산액

Ⅳ. 금융소득의 원천징수

구 분	원천징수세율
① 일반이자소득·배당소득(Gross-up 하기 전의 금액)	14%
② 비실명이자·배당소득	45%(금융실명제 대상 90%)
③ 직장공제회 초과반환금	기본세율(연분연승법)
④ 비영업대금의 이익	25%(적격P2P금융*은 14%)
⑤ 출자공동사업자의 배당	25%
⑥ 법원보증금 및 경락대금의 이자(비실명의 경우 포함)	14%
⑦ 개인종합자산관리계좌(ISA)에서 발생하는 이자·배당소득 중 비과세 한도금액을 초과하는 금액	9%

* 적격P2P금융 : 금융위원회에 등록한 온라인투자연계금융업자를 통하여 지급받는 비영업대금의 이익

Ⅴ. 금융소득의 수입시기

1. 이자소득의 수입시기

구 분	수입시기(소령 45)
① 예금의 이자*1) ② 무기명채권의 이자와 할인액 ③ 소기업·소상공인 공제부금 발생소득	실제 지급일
④ 저축성보험의 보험차익	실제 지급일(단, 기일 전 해지시 그 해지일)
⑤ 기명채권의 이자와 할인액 ⑥ 직장공제회 초과반환금*2)	약정에 따른 지급일
⑦ 환매조건부 채권·증권의 매매차익	약정에 의한 환매수일(또는 환매도일)과 실제 환매수일(또는 환매도일) 중 빠른 날
⑧ 비영업대금의 이익	• 약정에 의한 지급일과 실제 지급일 중 빠른 날 • 약정이 없거나 회수불능으로 총수입금액에서 제외되었던 이자를 받는 경우 : 이자지급일
⑨ 채권보유기간의 이자상당액	채권의 매도일 또는 이자지급일
⑩ 유형별포괄주의이자·파생금융상품의 이자	약정에 의한 상환일과 실제 상환일 중 빠른 날
⑪ 이자소득이 발생하는 재산의 상속·증여	상속개시일·증여일

*1) 원본전입특약이 있는 경우 원본전입일, 해약하는 경우 해약일, 계약기간을 연장하는 경우 계약기간 연장일, 정기예금 연결정기적금의 정기예금이자의 경우 정기예금·정기적금 해약일 또는 정기적금 저축기간 만료일, 통지예금 이자의 경우 인출일
*2) 반환금을 분할지급하는 경우 원본에 전입하는 뜻의 특약이 있는 납입금 초과이익 : 특약에 따른 원본전입일

2. 배당소득의 수입시기

구 분	수입시기(소령 46)
① 실지배당	• 잉여금처분에 의한 배당 : 잉여금 처분결의일 • 무기명주식의 이익배당 : 실제 지급일
② 의제배당	• 잉여금의 자본전입 : 자본전입결의일 • 주식소각, 자본감소, 퇴사·탈퇴 : 주식소각결정일, 자본감소결정일, 퇴사·탈퇴일 • 해산 : 잔여재산가액 확정일 • 합병·분할 : 합병등기일·분할등기일
③ 인정배당(법인세법상 소득처분)	해당 법인의 해당 사업연도의 결산확정일
④ 배당간주금액(국조법 27)	특정외국법인의 해당 사업연도 종료일의 다음 날부터 60일이 되는 날(국조법 31)
⑤ 집합투자기구로부터의 이익, 파생결합증권 또는 파생결합사채로부터의 이익	이익을 지급받은 날. 다만, 원본에 전입하는 뜻의 특약이 있는 분배금은 그 특약에 따라 원본에 전입되는 날
⑥ 조각투자상품으로부터의 이익	이익을 지급받는 날 개정 (2025.7.1.부터 시행)
⑦ 출자공동사업자의 배당	과세기간 종료일
⑧ 유형별포괄주의배당·파생금융상품의 배당	실제 지급일

사례1 이자소득의 수입시기

이자지급약정일(만기일) 20×1.12.31. 실제지급일 20×2.1.3.

① 기 명 채 권 이 자 … 20×1년 귀속(약정일)
② 무 기 명 채 권 이 자 … 20×2년 귀속(실제지급일)
③ 정 기 예 금 이 자 … 20×2년 귀속(실제지급일)
④ 비영업대금의 이익 … 20×1년 귀속(약정일과 실제지급일 중 빠른날)

사례2 저축성보험의 보험차익

(1) 만기일 20×1.12.30.   실제수령일 20×2.1.30. → 20×2년 귀속(지급일)
(2) 중도해지일 20×1.12.30. 실제수령일 20×2.1.3. → 20×1년 귀속(중도해지일)

사례3 배당소득의 수입시기

잉여금처분결의일 20×1.12.30. 배당금수령일 20×2.1.19.

① 기 명 주 식 배 당 … 20×1년 귀속(잉여금처분결의일)
② 무기명주식 배당 … 20×2년 귀속(실제지급일)

사례4 인정배당 수입시기

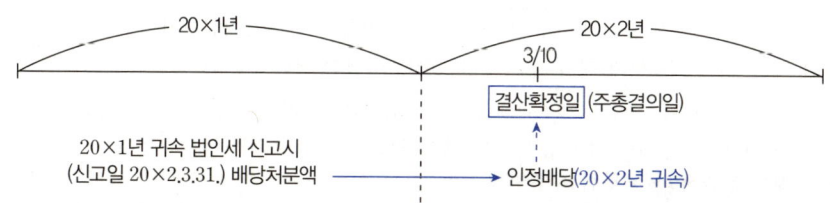

사례5 출자공동사업자의 배당 수입시기 … 손익분배비율 30%

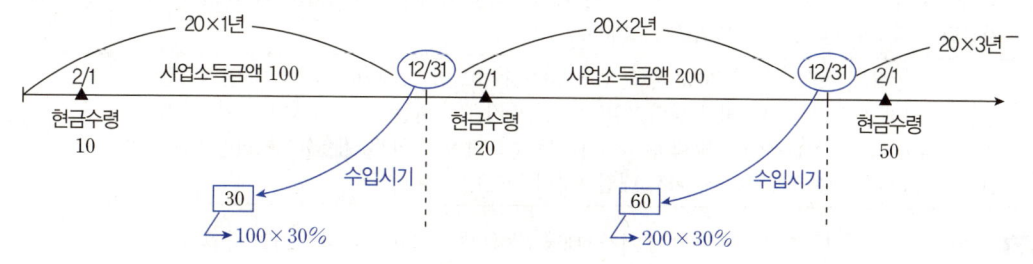

Ⅵ. 금융소득의 과세방법

1. 금융소득의 과세유형 구분

(1) 분리과세 금융소득(무조건)

구 분(소법 14③)	원천징수세율
① 비실명금융소득	45%(금융실명제 대상*1) 90%)
② 직장공제회 초과반환금	기본세율(연분연승법)
③ 법원에 납부한 보증금 및 경락대금에서 발생하는 이자소득	14%(비실명 포함)
④ 법인 아닌 단체*2)의 금융소득	14%

*1) 비실명금융자산에서 발생하는 이자 및 배당
*2) 법인으로 보는 단체 외의 법인 아닌 단체 중 수익을 구성원에게 배분하지 아니하는 단체로서 단체명을 표기하여 금융거래를 하는 단체(예 아파트자치관리기구, 동창회, 친목회, 종중, 등록되지 않은 종교기관)

☑ 상환기간이 10년 이상인 장기채권의 이자와 할인액

구분	2012.12.31. 이전 발행분	2013.1.1.~2017.12.31. 발행분	2018.1.1. 이후 발행분
과세 방법	보유기간에 관계없이 30% 세율로 분리과세 신청 가능*	장기채권을 3년 이상 계속하여 보유한 거주자가 매입한 날부터 3년이 지난 후에 발생하는 이자와 할인액에 대해서만 30% 세율로 분리과세 신청 가능*	14% 세율로 원천징수하고 조건부 종합과세대상

* 분리과세를 신청하지 않은 경우 : 14% 세율로 원천징수하고 조건부 과세대상

≪세부내용≫ 조세특례제한법상 분리과세(주요 내용)

구 분	원천징수세율
① 거주자가 2025.12.31.까지 전용계좌(납입한도 1억원 이하)에 가입하고 투융자집합투자기구(사모집합투자기구에 해당하는 것은 제외)에 투자하여 발생하는 배당소득(조특법 27조)	14%
② 거주자가 공모부동산집합투자기구의 집합투자증권에 2026.12.31.까지 투자하는 경우 거주자별 투자금액의 합계액이 5천만원을 초과하지 않는 범위에서 지급받는 배당소득(투자일부터 3년 이내에 지급받는 경우에 한정함)(조특법 87조의7) ※ 집합투자증권의 최초 보유일이 속한 과세기간의 직전 3개 과세기간 중 1회 이상 금융소득종합과세 대상자는 분리과세를 적용하지 않음(조특법 129조의2 ①).	9%
③ 거주자가 2026.12.31.까지 전용계좌(납입한도 3억원 이하)에 가입하고 기회발전특구집합투자기구에 투자하여 발생하는 이자소득 또는 배당소득(전용계좌의 가입일부터 10년 이내에 지급받는 경우로 한정함) (조특법 121조의35)	9%
④ 거주자가 전용계좌를 통하여 2023.5.12.부터 2027.12.31.까지 개인투자용국채(만기 5년 이상)를 매입하고 발행일부터 원금 상환기일(만기일)까지 보유하는 경우 발생하는 이자소득 중 총 2억원까지의 매입금액에서 발생하는 이자소득(조특법 91조의23) 개정 (3년 연장, 종전 10년 : 개정 5년 규정은 2025.2.28. 이후 매입분부터 적용)	14%

개정 고위험고수익채권투자신탁에서 받는 이자·배당소득(14%) : 2024.12.31. 일몰 종료

[정리] 직장공제회 초과반환금

구 분	내 용
(1) 의의	① 직장공제회 : 「민법」 제32조 또는 그 밖의 법률에 따라 설립된 공제회·공제조합(이와 유사한 단체 포함)으로서 동일직장이나 직종에 종사하는 근로자들의 생활안정, 복리증진 또는 상호부조 등을 목적으로 구성된 단체 **[예]** 군인공제회, 경찰공제회, 한국교직원공제회, 대한지방행정공제회, 대한소방공제회 ② 직장공제회 초과반환금 : 근로자가 퇴직하거나 탈퇴하여 그 규약에 따라 직장공제회로부터 받는 반환금에서 납입공제료를 뺀 금액('납입금 초과이익')과 반환금을 분할하여 지급하는 경우 그 지급하는 기간 동안 추가로 발생하는 이익('반환금 추가이익')
(2) 과세대상	1999.1.1. 이후 공제회에 가입하고 탈퇴한 경우(1998.12.31. 이전 가입자는 과세하지 않음)
(3) 세액계산	① 과세표준＝초과반환금－초과반환금×40%(2010년 이전분 50%)[*1]－납입연수공제[*2] ② 산출세액(원천징수세액)＝과세표준 × $\dfrac{1}{\text{납입연수}}$ × 기본세율 × 납입연수
(4) 분할지급받는 경우 세액계산	분할하여 지급받을 때마다의 반환금 추가이익에 대한 산출세액은 다음의 금액으로 함. 분할하여 지급받을 때마다 그 기간 동안 발생하는 반환금 추가이익 × $\dfrac{\text{납입금 초과이익 산출세액}^{*3}}{\text{납입금 초과이익}}$

[*1] 1999.1.1.부터 2010.12.31.까지 가입자의 공제액 : ①＋②

① 초과반환금 × $\dfrac{2010.12.31.\text{ 이전 공제료 납입월수}}{\text{총공제료 납입월수}}$ × 50%

② 초과반환금 × $\dfrac{2011.1.1.\text{ 이후 공제료 납입월수}}{\text{총공제료 납입월수}}$ × 40%

[*2] 납입연수공제(납입연수 계산시 1년 미만은 1년으로 함)

납입연수	공제액
5년 이하	30만원 × 납입연수
5년 초과 10년 이하	150만원 + 50만원 × (납입연수 - 5년)
10년 초과 20년 이하	400만원 + 80만원 × (납입연수 - 10년)
20년 초과	1천 200만원 + 120만원 × (납입연수 - 20년)

[*3] 납입금 초과이익 산출세액은 납입금 초과이익에 대하여 위 (3)에 따라 계산한 금액으로 한다.

[사례] 직장공제회 초과반환금의 원천징수세액

(1) 직장공제회에 2017.9.1. 가입하고 2025.6.30. 탈퇴시 40,000,000원의 반환금을 수령함
(2) 직장공제회의 가입기간 총 30,000,000원의 공제료를 납입함

① 초과반환금 : 40,000,000 - 30,000,000 = 10,000,000

② 원천징수세액 : (10,000,000 - 10,000,000 × 40% - 3,000,000*) × $\dfrac{1}{8년}$ × 기본t(6%) × 8년 = 180,000

  * 납입연수공제(납입연수 : 2025.6.30. - 2017.9.1. = 7년 9개월 29일 → 8년)

(2) 종합과세 금융소득(무조건)

구 분	내 용	원천징수세율
① 원천징수되지 않은 금융소득	국외금융소득(단, 국내 지급대리인이 원천징수한 것은 조건부과세*)	—
	국내금융소득 중 원천징수되지 않은 금융소득	—
② 출자공동사업자의 배당	출자공동사업자에 대한 공동사업장의 사업소득 분배액	25%

* 외국법인이 발행한 채권·증권에서 발생하는 이자·배당소득을 국내에서 지급하는 경우 그 지급을 대리하거나 위탁받은 자는 다음의 금액을 원천징수하여야 함

$$\text{국내대리인의 원천징수세액} = (\text{지급액} \times \text{원천징수세율}) - \text{외국소득세액}$$

✎ 국내에서 지급하는 이자·배당소득 : 비과세를 제외하고 전부 원천징수대상임

(3) 조건부과세 금융소득

분리과세와 종합과세 금융소득을 제외한 금융소득(조건부과세와 원천징수되지 않은 금융소득의 합계액이 2천만원을 초과하면 종합소득에 합산하여 과세하고, 2천만원이하인 경우에는 분리과세함)

2. 종합과세대상자의 판정과 과세방법 적용

거주자 갑의 금융소득 자료(제시된 금액은 원천징수하기 전의 금액이며, 원천징수는 적법하게 이루어졌음)
① 비영업대금의 이익(온라인투자연계금융업자를 통해 지급받지 않음) : 5,000,000원(조건부과세 이자소득)
② 국내예금이자 : 4,000,000원(조건부과세 이자소득)
③ 집합투자기구로부터의 이익 : 3,000,000원(조건부과세 배당소득, Gross-up 제외)
④ 외국법인으로부터 받은 배당(국내에서 원천징수되지 않음) : 2,000,000원(무조건 종합과세, Gross-up 제외)
⑤ 상장내국법인으로부터 받은 현금배당 : 15,000,000원(조건부과세 배당소득, Gross-up 대상)
⑥ 출자공동사업자의 사업소득 분배액 : 10,000,000원(무조건 종합과세, Gross-up 제외)

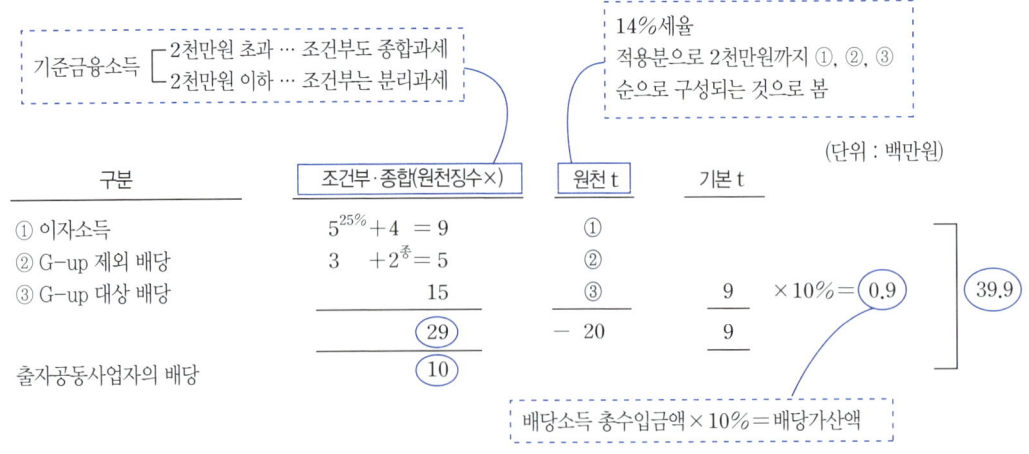

✎ Gross-up 요건 : 다음의 요건을 모두 충족할 경우
① 내국법인의 법인세가 과세된 잉여금을 재원으로 한 배당일 것
② 배당소득이 종합과세되어 기본세율을 적용받을 것(원천징수세율 적용 배당소득 ×)

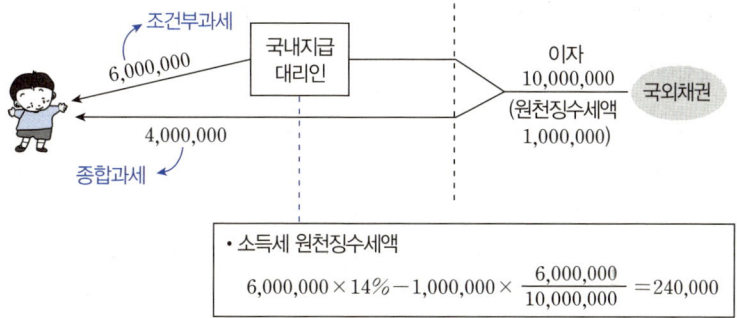

- 소득세 원천징수세액

$$6,000,000 \times 14\% - 1,000,000 \times \frac{6,000,000}{10,000,000} = 240,000$$

정리 Gross-up 방식에 의한 이중과세 조정

배당 이전 단계에서 과세된 법인세(귀속법인세, Gross-up금액, 배당가산액)를 주주가 부담한 세금으로 보아 동 배당가산액을 더한 금액을 배당소득금액으로 하여 소득세를 계산하고, 배당가산액을 소득세에서 세액공제함으로써 이중과세를 조정하는 방법

법인소득 1,000	−	법인세 90	=	배 당 소 득	910
				(+) 배 당 가 산 액	90
				배당소득금액	1,000
				(×) 세 율	20%
				산 출 세 액	200
				(−) 배당세액공제	90
				소 득 세	110

□ 배당가산율 : $\dfrac{\text{법인세율}}{1-\text{법인세율}} = \dfrac{9\%^*}{1-9\%^*} = 9.8901\cdots\% \Rightarrow 10\%$

* 법인이 전기에 발생된 소득에 대하여 9% 세율로 법인세를 납부하고 세후 소득을 배당한 것으로 보아 계산한 것임

📎 Gross-up제외 배당소득

구 분		내 용
분리과세 배당소득		같은 금융소득인 이자소득과의 과세형평을 유지하기 위함
법인세가 과세되지 아니한 원천으로부터의 배당소득	국외배당	① 외국법인으로부터 받는 배당소득(「국제조세조정에 관한 법률」에 따른 배당간주금액 포함)
	자산재평가법 위반한 배당	② 재평가세율 3% 적용분 재평가적립금(적격합병·분할에 따른 합병·분할차익 중 승계된 금액 포함)을 감액하여 받은 배당 개정
	의제배당	③ 다음의 무상주 의제배당 ㈎ 자기주식소각이익을 자본전입함으로 인한 의제배당 ㈏ 토지의 재평가적립금(재평가세율 1% 적용분)의 자본전입으로 인한 의제배당 ㈐ 법인이 자기주식을 보유한 상태에서 의제배당 재원이 아닌 자본잉여금을 자본전입함에 따라 그 법인 외의 주주의 지분비율이 증가한 경우 증가한 지분비율에 상당하는 주식의 가액에 의한 의제배당 ④ 유상감자 시 의제배당(법인의 소득에 법인세가 과세되지 아니한 배당으로서 자본의 감소로 인한 경우로 한정함) 개정
	펀드등 수익	⑤ 집합투자기구로부터의 이익 ⑥ 조각투자상품(비금전신탁 수익증권, 투자계약증권)으로부터의 이익 개정 (2025.7.1.부터 시행)
	법인단계 이중과세조정	⑦ 법인과세 신탁재산으로부터 받는 배당금 또는 분배금 ⑧ 배당소득공제를 적용받은 법인(유동화전문회사 등, 프로젝트금융투자회사)으로부터의 배당 ⑨ 동업기업 과세특례를 적용받는 법인으로부터의 배당(수동적동업자의 소득 포함)
	최저한세배제 감면법인배당	⑩ 최저한세 적용 제외대상인 다음의 감면을 받은 법인으로부터의 배당소득 중 감면비율 상당액* ㈎ 수도권 밖으로 본사를 이전하는 법인에 대한 세액감면 등(조특법 63조의2) ㈏ 제주첨단과학기술단지·제주투자진흥지구·제주자유무역지역 입주기업에 대한 법인세 등 감면(조특법 121조의8, 121조의9)
	법인의 배당이 아닌 것	⑪ 파생결합증권 또는 파생결합사채로부터의 이익 ⑫ 출자공동사업자의 배당 ⑬ 유사배당소득 ⑭ 파생금융상품의 배당
원천징수세율 적용 배당소득		일반산출세액 계산시 원천징수세율이 적용되는 배당소득은 종합과세하되 그 세부담액을 분리과세하는 경우와 동일하게 하기 위함

* 감면비율 상당액 : 다음 계산식에 의하여 계산한 금액(감면기간이 1개 사업연도인 경우 그 사업연도의 소득금액을 기준으로 계산함)

$$\text{Gross-up 제외 배당소득} = \text{배당금} \times \frac{(\text{직전 2개 사업연도 감면소득금액} \times \text{해당 감면비율})\text{의 합계액}}{\text{직전 2개 사업연도 소득금액의 합계액}}$$

사례1 수도권 밖으로 본사를 이전한 법인(세액감면 적용법인)으로부터의 배당소득

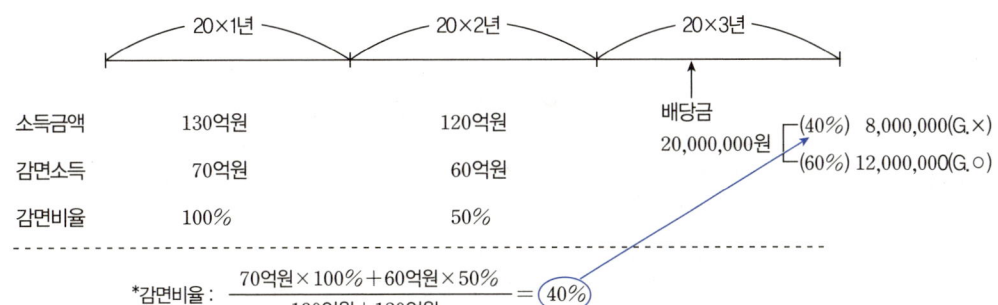

*감면비율: $\dfrac{70억원 \times 100\% + 60억원 \times 50\%}{130억원 + 120억원} = 40\%$

정리 Gross-up 대상 배당소득 : 국내에서 법인세가 과세된 잉여금을 재원으로 하는 배당소득이 종합과세되는 경우

① 내국법인(상장, 비상장)으로부터의 배당
② 법인으로 보는 단체로부터 받는 배당
③ 법인세법에 따라 배당으로 처분된 금액(인정배당)
④ 다음의 재원으로 수령한 무상주 의제배당
    ㈎ 특정주식발행초과금(채무출자전환시 채무면제이익)
    ㈏ 상환주식 주식발행초과금(이익잉여금으로 상환된 금액)
    ㈐ 자기주식처분이익
    ㈑ 이익잉여금
⑤ 기관전용 사모집합투자기구로부터 받는 배당소득(배당소득공제, 동업기업과세특례, 최저한세 배제대상 감면 규정을 적용 받는 법인 제외)

사례2 금융소득 종합과세

종합과세되는 금융소득금액은? 단, 제시된 금액은 원천징수하기 전의 금액이며, 별도의 언급이 없는 한 원천징수는 적법하게 이루어짐

구 분	[경우 1]	[경우 2]
① 비영업대금의 이익(적격P2P금융 아님)	5,000,000원	6,000,000원*
② 국내은행예금이자	3,000,000원	3,000,000원
③ 공익신탁의 이익	1,000,000원	11,000,000원
④ 주권상장법인 배당	7,000,000원	2,000,000원
⑤ 비상장법인 배당	10,000,000원	5,000,000원
⑥ 국외배당(국내에서 원천징수되지 않음)	13,000,000원	3,000,000원
⑦ 출자공동사업자 배당	6,000,000원	14,000,000원

* 비영업대금 이익 6,000,000원은 원천징수되지 않음.

[경우 1] (단위 : 백만원)

E $5^{25\%} + 3 = 8$
× $13^{종}$
○ $7 + 10 = 17$ $17 \times 10\% = 1.7$ 45.7
    $38 - 20 = 18$
출   6
⇒ 금융소득금액 : 45.7

[경우 2] (단위 : 백만원)

E $6^{종} + 3 = 9$ 6
× $3^{종}$ 3
○ $2 + 5 = 7$
     19   9
출   14
⇒ 금융소득금액 : 23

3 사업소득

Ⅰ. 사업소득의 범위

구 분	내 용
(1) 사업소득의 개념	개인이 영리를 목적으로 자기의 계산과 책임 하에 계속적·반복적으로 행하는 활동을 통해 얻는 소득
(2) 비열거소득(과세대상 제외)	① 작물재배업 중 곡물 및 기타 식량작물재배업 ② 연구개발(계약 등에 따라 대가를 받는 경우 과세) ③ 유치원·학교·직업능력개발훈련시설·노인학교 ④ 사회복지사업·장기요양사업 ⑤ 협회 및 단체(특정사업을 경영하는 경우에는 그 사업의 내용에 따라 분류함)

✎ 복식부기의무자가 사업용 유형자산(토지·건물 제외*)을 양도함으로써 발생하는 소득 : 사업소득
* 토지·건물을 양도함으로써 발생하는 소득은 양도소득으로 구분한다. 사업용 유형자산은 차량 및 운반구, 공구, 기구 및 비품, 기계장치 등의 감가상각자산을 말한다. 다만, 건설기계는 2018.1.1. 이후 취득한 경우로 한정한다.

✎ 부동산임대업 : 부동산임대업(주거용 건물 임대업 제외)의 결손금은 부동산임대업에서 발생한 소득에서만 공제함

부동산임대업의 범위	비 고
① 부동산과 부동산권리의 대여	• 공익사업 관련 지상권과 지역권의 설정·대여 → 기타소득 • 위 외의 경우 지상권과 지역권의 설정·대여 → 사업소득(부동산임대업)
② 공장재단과 광업재단의 대여	기계 등의 시설을 분리하여 대여 → 일반사업(임대업)
③ 채굴권의 대여	광업권자 등이 자본적 지출이나 수익적 지출을 부담하는 조건으로 대여하고 받는 분철료 → 일반사업(광업)

✎ 통신판매중개를 하는 자를 통하여 물품 또는 장소를 대여하고 연간 수입금액 500만원 이하의 사용료로서 받은 금품 : 기타소득으로 열거된 소득이며, 영리목적으로 계속적·반복적인 대여로 발생하는 소득(사업소득 성격)이더라도 기타소득으로 원천징수하거나 과세표준 확정신고를 한 경우에는 기타소득으로 구분함

Ⅱ. 비과세 사업소득

(1) 논·밭의 대여소득(작물 생산에 이용)
(2) 1개의 주택을 소유하는 자의 주택임대소득[*1](기준시가가 12억원을 초과하는 주택* 및 국외주택은 제외)
   * 기준시가가 12억원을 초과하는 주택은 과세기간 종료일 또는 해당 주택의 양도일을 기준으로 판단함
(3) 농어가부업소득[*2] : 다음의 소득
   ① 비과세 농가부업규모(소령 별표1)의 축산에서 발생하는 소득
   ② ① 외의 소득 : 소득금액의 합계액이 연 3천만원 이하인 소득(☞ 연 3천만원 초과시 3천만원까지 비과세)
(4) 전통주의 제조소득 : 수도권 밖의 읍·면지역에서 전통주를 제조함으로써 발생하는 소득으로서 소득금액의 합계액이 연 1,200만원 이하인 것(☞ 연 1,200만원 초과시 전액 과세)
(5) 조림기간이 5년 이상인 임목의 벌채·양도소득[*3] : 소득금액 연 600만원 한도(☞ 연 600만원 초과시 600만원까지 비과세)
(6) 작물재배업(곡물 및 기타 식량작물 재배업 제외)에서 발생하는 소득으로서 해당 과세기간의 수입금액의 합계액이 10억원 이하인 것(☞ 수입금액 10억원 초과시 수입금액 10억원분에 해당하는 소득금액까지 비과세)
(7) 어로어업(연근해어업, 내수면어업) 또는 양식어업에서 발생하는 소득으로서 해당 과세기간의 소득금액의 합계액이 5천만원 이하인 소득(☞ 연 5천만원 초과시 5천만원까지 비과세)

정리1 부동산임대업의 범위(소집행 19-0-5)

① 자기 소유의 부동산을 타인의 담보물로 사용하게 하고 그 사용대가를 받는 것(부동산상의 권리 대여임)
② 광고용으로 토지·가옥의 옥상 또는 측면 등을 사용하게 하고 받는 대가
③ 거주자가 자동판매기 설치운영업자에게 자동판매기 설치장소를 장기간 대여하고 받는 대가

정리2 주택임대소득

보유주택 수		주택임대수입금액	
		과세대상	과세방법
1주택	일반 국내주택	없음	비과세(금액 제한 없음)
	기준시가가 12억원을 초과하는 주택	임대료(월세)	• 2천만원 이하인 경우 : 분리과세(선택) • 2천만원 초과인 경우 : 종합과세(전액)
2주택		임대료(월세)	
3주택 이상		임대료 + 간주임대료(소형주택은 주택 수에서 제외하고 보증금 합계액이 3억원 초과 시 계산)	

사례1 농어가부업소득, 전통주 제조소득 및 어로·양식어업 소득

(1) 축산 : 소득금액 70,000,000원 (월평균 70마리 사육, 비과세 규모 50마리)
(2) 고공품(멍석, 짚신 등) 제조 : 소득금액 15,000,000원
(3) 전통주를 수도권 밖의 읍·면 지역에서 제조 : 소득금액 13,000,000원
(4) 어로어업 소득금액 40,000,000원과 양식어업 소득금액 30,000,000원

(1) 농어가부업소득 : $70,000,000 \times \dfrac{70마리 - 50마리}{70마리} + 15,000,000 = 35,000,000 \to 5,000,000$ 과세
  ↳ 연 3천만원까지 비과세
(2) 전통주 제조소득 : 13,000,000 ← 전액 과세 (∵ 1,200만원 초과)
(3) 어로어업·양식어업 소득 : $(40,000,000 + 30,000,000) - 50,000,000(비과세) = 20,000,000$ 과세

사례2 작물재배업의 소득

┌ 곡물 및 기타 식량작물 재배업 ·················· 과세제외
│   ↳ 벼, 보리, 밀, 수수, 감자, 고구마, 메밀, 옥수수, 콩, 녹두
└ 위 외 작물재배업 ········ ┌ 수입금액 10억원 이하분 ··· 비과세
    ↳ 채소, 화훼, 과실,   └ 수입금액 10억원 초과분 ··· 과세
      인삼등

(1) 화훼재배 수입금액 1,200,000,000원(필요경비 1,080,000,000원)
(2) 곡물재배 수입금액 100,000,000원(필요경비 60,000,000원)

$\underbrace{(1,200,000,000 - 1,080,000,000)}_{소득금액 120,000,000} \times \dfrac{12억원 - 10억원}{12억원} = \underbrace{20,000,000}_{사업소득금액(과세)}$

※ 곡물재배 수입금액 : 과세제외

*1) 주택 수 계산(주택부수토지와 겸용주택의 판단은 부가가치세법과 동일)

> ① 다가구주택 : 1개의 주택으로 보되, 구분등기된 경우 각각을 1주택으로 계산함
> ② 공동소유주택 : 지분이 가장 큰 사람의 소유로 계산(지분이 가장 큰 사람이 2명 이상인 경우로서 그들이 합의하여 그들 중 1명을 해당 주택 임대수입의 귀속자로 정한 경우에는 그의 소유로 계산함). 다만, 다음 중 어느 하나에 해당하는 사람은 본문에 따라 공동소유의 주택을 소유하는 것으로 계산되지 않는 경우라도 그의 소유로 계산한다.
>   ⑺ 해당 공동소유하는 주택의 임대업에서 발생한 총 수입금액(해당 공동소유자가 지분을 보유한 기간에 발생한 것에 한정하며, 간주임대료는 제외함)에 해당 공동소유자가 보유한 해당 주택의 지분율을 곱한 금액이 연간 6백만원 이상인 사람
>   ⑻ 해당 공동소유하는 주택의 기준시가가 12억원을 초과하는 경우로서 그 주택의 지분을 30% 초과 보유하는 사람(과세기간의 종료일 또는 해당 주택의 양도일을 기준으로 판단함)
> ③ 임차·전세 주택을 전대·전전세하는 경우 : 임차인·전세받은 자의 주택으로 봄
> ④ 본인과 배우자가 각각 주택을 소유하는 경우 : 주택 수를 합산. 다만, ②에 따라 공동소유의 주택 하나에 대해 본인과 배우자가 각각 소유하는 주택으로 계산되는 경우에는 다음에 따라 본인과 배우자 중 1명이 소유하는 주택으로 보아 합산한다. ☞ 배우자 외의 가족의 소유주택은 주택 수 계산시 제외
>   ⑺ 본인과 배우자 중 지분이 더 큰 사람의 소유로 계산
>   ⑻ 본인과 배우자의 지분이 같은 경우로서 그들 중 1명을 해당 주택 임대수입의 귀속자로 합의해 정하는 경우에는 그의 소유로 계산

*2) 농어가부업소득 : 농·어민이 경영하는 축산·고공품제조·민박(농어촌민박사업)·음식물판매·특산물(전통식품, 수산전통식품, 수산특산물)제조·전통차제조 및 그 밖에 이와 유사한 활동에서 발생한 소득

*3) 임목과 임지의 취득가액 또는 양도가액을 구분할 수 없는 때에는 다음과 같이 계산한다.

> 총 양도(취득)가액 − 임목의 지방세 시가표준액 = 임지의 가액(남은 금액이 없는 때는 없는 것으로 봄)

Ⅲ. 사업소득금액의 계산구조

직접법	총 수 입 금 액 (−) 필 요 경 비 사 업 소 득 금 액	간접법	당 기 순 이 익 (+) 총수입금액산입 및 필요경비불산입 (−) 필요경비산입 및 총수입금액불산입 사 업 소 득 금 액

※ 사업활동이란 영업거래를 말하므로 영업거래와 관련이 없는 것은 사업소득으로 보지 않는다. 따라서 유가증권처분이익, 사업자금의 운용으로 인한 이자소득·배당소득은 사업소득이 아니다.

1. 총수입금액산입과 총수입금액불산입

총수입금액산입	총수입금액불산입
① 매출액(매출환입·매출에누리·매출할인 제외)*1) ② 임직원 할인금액(자사제품등의 판매 또는 제공가액과 시가와의 차액) 개정 ③ 거래상대방으로부터 받는 장려금 등 ④ 필요경비에 산입된 금액의 환입액 ⑤ 사업과 관련된 자산수증이익과 채무면제이익 ⑥ 확정급여형퇴직연금제도의 보험차익과 신탁계약의 이익 또는 분배금 ⑦ 사업과 관련하여 해당 사업용 자산의 손실로 취득하는 보험차익 ⑧ 기타 해당 사업자에게 귀속되었거나 귀속될 금액	① 소득세·개인지방소득세의 환급액 또는 다른 세액에 충당액 ② 자산수증이익(복식부기의무자의 국고보조금 등은 제외*2)) 또는 채무면제이익 중 이월결손금의 보전에 충당된 금액 ③ 이월된 소득금액 ④ 생산한 제품 등을 원재료 등으로 사용한 금액 ⑤ 국세·지방세 기타 과오납금의 환급금 이자 ⑥ 부가가치세 매출세액·개별소비세·주세 및 「교통·에너지·환경세」

*1) 거래수량 또는 거래금액에 따라 상대편에게 지급하는 장려금과 그 밖에 이와 유사한 성질의 금액, 대손금은 총수입금액에서 빼지 아니한다.
*2) 복식부기의무자가 국고보조금 등 국가, 지방자치단체 또는 공공기관으로부터 무상으로 지급받은 금액은 제외한다. 다만, 2010.1.1. 전에 개시한 과세기간에 발생한 결손금에 대해서는 보전에 충당할 수 있다.

사례1 주택수 계산

① 다가구주택

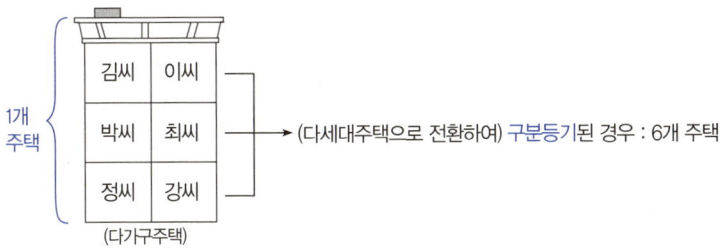

② 공동소유주택

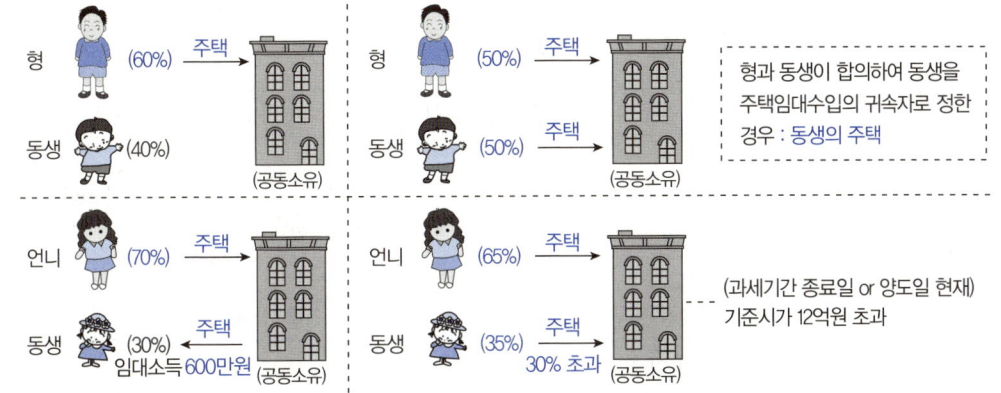

③ 임차·전세 주택

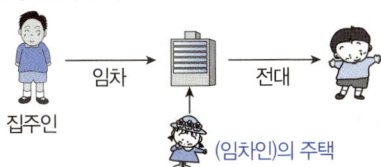

④ 본인과 배우자

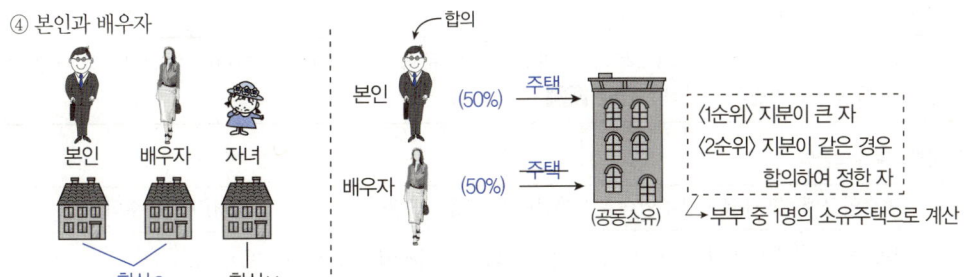

사례2 임목의 벌채·양도소득

제3장 사업소득

2. 총수입금액계산 특례

(1) 간주임대료

거주자가 부동산 또는 그 부동산상의 권리 등을 대여하고 보증금·전세금 또는 이와 유사한 성질의 금액을 받은 경우 : 다음의 간주임대료를 사업소득금액을 계산할 때에 총수입금액에 산입함

구분			내용
주택 (부수토지 포함)	대상		3주택(소형주택[2] 제외) 이상을 소유하고 해당 주택의 보증금 등의 합계액이 3억원을 초과하는 경우
	간주임대료[1]	기장신고	(보증금 등－3억원[3])의 적수×60%×이자율[4]×$\frac{1}{365(윤년\ 366)}$ －보증금 등에서 발생한 금융수익[5]
		추계신고 (추계결정)	(보증금 등－3억원[3])의 적수×60%×이자율×$\frac{1}{365(윤년\ 366)}$
주택 외의 부동산	대상		무조건 간주임대료 계산 → 부동산임대업 주업과 차입금 과다 여부에 관계없음
	간주임대료	기장신고	(보증금 등 적수－건설비적수[6])×이자율×$\frac{1}{365(윤년\ 366)}$ －보증금 등에서 발생한 금융수익[5]
		추계신고 (추계결정)	보증금 등 적수×이자율×$\frac{1}{365(윤년\ 366)}$

*1) 간주임대료가 음수인 경우 '0'으로 함(이하 같음)
*2) 소형주택 : 주거의 용도로만 쓰이는 면적이 1호(戶) 또는 1세대당 40㎡ 이하인 주택으로서 해당 과세기간의 기준시가가 2억원 이하인 주택은 2026.12.31.까지는 주택 수에 포함하지 아니함
*3) 임대주택이 2주택 이상인 경우 : 보증금 등의 적수가 큰 주택의 보증금 등부터 순서대로 차감함
*4) 이자율 : 기획재정부령으로 정하는 정기예금이자율(이하 같음)
*5) 금융수익 : 수입이자와 할인료 및 수입배당금 → 유가증권처분이익과 신주인수권처분이익은 차감하지 않음
*6) 건설비 : 임대부동산(토지 제외)의 취득가액 → 법인세법과 동일

📘 2주택 소유자의 간주임대료 계산(2026.1.1.부터 시행)

> (요건) 2주택(해당 과세기간의 기준시가가 12억원 이하인 주택은 주택 수에 포함하지 아니함)을 소유하고 해당 주택의 보증금등의 합계액이 12억원을 초과하는 경우 개정

✎ 부동산임대업의 총수입금액

> 총수입금액＝임대료＋간주임대료＋관리비수입(징수대행하는 공공요금 제외)＋기타수익*

* 필요경비산입액의 환입액, 사업 관련 보험차익 등 사업소득의 총수입금액 규정에 따름

🏠 전전세 또는 전대의 경우 간주임대료

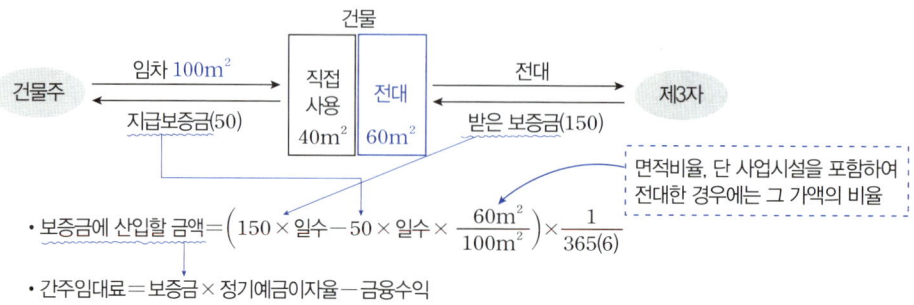

> **사례** 3주택 이상 소유자의 총수입금액 계산

[1] 장부를 기장한 경우와 [2] 추계신고한 경우로 구분하여 20×1년도 귀속 총수입금액을 계산하시오.

(1) 3주택 소유(이 중 2개 주택 임대) … 기준시가가 2억원 이하인 주택은 없음

(단위 : 원)

구분	월임대료	임대보증금	임대보증금적수	임대기간
A주택	2,000,000	200,000,000	73,000,000,000	2년(20×1.1.1.~20×3.1.1.)
B주택	–	300,000,000	55,200,000,000	2년(20×1.7.1.~20×3.6.30.)

① A주택의 월임대료 : 해당 달의 다음달 1일에 수령 약정. 단, 11월분 임대료는 20×2.1.1.에 12월분 임대료와 함께 수령함
② A주택의 관리비(매월 말일 수령 약정) : 월 300,000원(전기료·수도료 100,000원 포함)

(2) 주택임대보증금에서 발생한 금융수익 : 이자소득 600,000원, 배당소득 400,000원, 신주인수권처분이익 3,000,000원, 유가증권처분손실 2,000,000원
(3) 기획재정부령으로 정하는 정기예금이자율(가정치) : 연 2%(1년은 365일로 계산할 것)

[1] 장부를 기장한 경우의 총수입금액 : ①+②+③=24,609,863

① 임대료 : 2,000,000×11*=22,000,000

 * 미수임대료 중 11월분 임대료는 포함하나, 12월분 임대료(수입시기 : 내년 1월 1일)는 제외하고 계산함
  (∵수입시기 : 계약상 지급일)

② 관리비 : (300,000−100,000*)×12=2,400,000

 * 전기료·수도료 등의 공공요금은 제외함

③ 간주임대료

 B주택 : (3억원−1억원*)×184×60%×2%×$\frac{1}{365}$−1,000,000=209,863 (이자+배당)

 * 3억원은 임대보증금 적수가 큰 A주택의 보증금부터 차감함(남은 1억원은 B주택의 보증금에서 차감함) (보증금)

[2] 추계신고한 경우의 총수입금액 : 24,609,863+1,000,000(이자·배당)*=25,609,863

 * 간주임대료 계산시 금융수익을 빼지 않는 것만 제외하고는 장부를 기장한 경우와 같음

> **정리** 관리비과 공공요금(소집행 24−51−5 ①)

① 청소비·난방비 등 관리비(전기료·수도료 등의 공공요금 제외) 수입 : 총수입금액 산입
② 전기료·수도료 등의 공공요금 수령액 : 총수입금액 불산입(∵납부 대행임). 단, 공공요금의 납부액을 초과하는 금액은 총수입금액 산입.

> **≪세부내용≫** 간주임대료 계산

임대보증금 수령액 중 차입금 상환에 사용한 금액은 간주임대료 계산 시 고려 대상이 아니며, 간주임대료에 대한 규정은 임대사업자가 임대보증금으로써 얼마만큼의 이득 또는 손실을 보았느냐는 실질을 묻지 않고 임대보증금을 지급받았다면 그 임대보증금만으로부터 간주임대료 상당의 수입이 있는 것으로 간주하는 취지의 규정이므로 임대보증금을 투자하여 손실을 입었다 하더라도 간주임대료는 계산한다(소집행 25−53−5 ④).

✎ 법인세법·소득세법·부가가치세법의 간주임대료 규정비교

구 분	법인세법	소득세법	부가가치세법
적용대상자	부동산임대업이 주업인 차입금과다 내국영리법인 (추계시는 모든 부동산 임대법인)	모든 부동산임대업자	모든 부동산임대업자
제외되는 부동산과 부동산상 권리	모든 주택 (추계시는 주택 포함)	3주택(소형주택 제외) 이상을 소유하고 해당 주택 임대보증금등의 합계액이 3억원을 초과하는 경우에만 계산(추계시 포함)하며, 그 외는 제외함	• 모든 주택 • 전·답·과수원·목장용지·임야·염전 • 공익사업 관련 지역권과 지상권
계산단위	법인 단위	사업장 단위	사업장 단위
계산산식	① 기장신고 $\left\{(보증금\ 적수 - 건설비\ 적수) \times 이자율 \times \dfrac{1}{365(6)}\right\} - 금융수익$ ② 추계결정 $보증금\ 적수 \times 이자율 \times \dfrac{1}{365(6)}$	① 기장신고 좌 동 ② 추계신고·결정 좌 동	보증금적수 $\times$ 이자율 $\times \dfrac{1}{365(6)}$ ※주의 : 건설비와 금융수익을 차감하지 아니함.
금융수익의 범위	① 수입이자와 할인료 ② 수입배당금 ③ 신주인수권처분이익 ④ 유가증권처분이익(처분손실차감)	① 수입이자와 할인료 ② 수입배당금	—

(2) 재고자산 또는 임목의 가사용 소비

구 분	내 용
재고자산·임목의 가사용 소비	거주자가 재고자산 또는 임목을 가사용으로 소비하거나 종업원 또는 타인에게 지급한 경우에도 이를 소비하거나 지급하였을 때의 가액에 해당하는 금액은 그 소비하거나 지급한 날이 속하는 과세기간의 사업소득금액 또는 기타소득금액*을 계산할 때 총수입금액에 산입한다.
세무조정 방법	재고자산의 판매가액(시가) → 총수입금액산입, 장부가액 → 필요경비산입

* 임업을 영위하지 아니하는 자가 임목을 가사용으로 소비하거나 종업원 또는 타인에게 지급한 경우에는 기타소득금액의 총수입금액에 산입한다.

▼ 총수입금액의 계산 … 금전 외의 것을 수입할 때 그 거래 당시의 가액에 따라 계산함

구 분	총수입금액
① 제조업자·생산업자 또는 판매업자로부터 그 제조·생산 또는 판매하는 물품을 인도받은 때	판매가액
② 제조업자·생산업자 또는 판매업자가 아닌 자로부터 물품을 인도받은 때	시 가
③ 주식의 발행법인으로부터 신주인수권을 받은 때(주주로서 받은 경우 제외)	납입한 날의 신주가액* −신주의 발행가액
④ 위 외의 경우	시 가

* 신주가액이 그 납입한 날의 다음 날 이후 1개월 내에 하락한 때에는 그 최저가액을 신주가액으로 함

> **사례** 총수입금액 계산 … 금전 외의 것

① 제품(시가 200, 원가 100)을 판매, 비품(시가 230)을 받음
② 제품(시가 200, 원가 100)을 판매, 신주인수권 1주 받음
 (납입일의 신주 1주당 시가 500, 발행가액 250)

① 총수입금액: 230
② 총수입금액: 500-250=250

> **정리** 소득금액의 추계

구 분	내 용
수입금액 추계	수입금액: 동업자권형법·영업효율법·생산수율법·입회조사법 등의 방법에 의하여 계산한 금액으로서 다음의 금액을 가산한 것(단순경비율대상자의 경우 일자리안정자금은 제외) ① 사업과 관련하여 국가·지방자치단체·동업자단체 또는 거래처로부터 지급받은 보조금·장려금 ② 부가가치세법에 의한 신용카드매출전표 등 발행세액공제액 ③ 복식부기의무자의 사업용 유형자산(부동산 제외) 양도가액
추계소득금액	단순경비율 또는 기준경비율법에 의한 소득금액+충당금·준비금의 총수입금액산입액
단순경비율법에 의한 소득금액	단순경비율대상자: 다음 중 어느 하나에 해당하는 사업자로서 해당 과세기간의 수입금액이 간편장부대상자에 해당하는 사업자 1. 신규 사업개시자 2. 직전 과세기간의 수입금액(결정 또는 경정으로 증가된 수입금액 포함)의 합계액이 일정금액에 미달하는 사업자(전문인적용역업 등은 제외) ☞ 부록 참조 단순경비율법 소득금액=Min[①, ②] ① 총수입금액-총수입금액×단순경비율 ② (한도) 기준경비율 소득금액(아래 ①을 말함)
기준경비율법에 의한 소득금액	기준경비율대상자: 단순경비율 적용대상자를 제외한 자 기준경비율법 소득금액=Min[①, ②] ← 복식부기의무자인 경우 ① 총수입금액-주요경비*-총수입금액×기준경비율$(\times \frac{1}{2})$ ② (한도) (총수입금액-총수입금액×단순경비율)×기획재정부령으로 정하는 배율 * 주요경비의 범위 {| 구 분	내 용
주요경비	• 매입비용: 상품·제품·재료 등[매입부수비용(운반비, 상하차비, 공과금, 보험료 등)을 포함하지 않음], 전기요금, 가스요금, 판매용 재화의 외주가공비, 운송업의 운반비 • 임차료: 사업용 유형자산 및 무형자산의 임차료 • 인건비: 종업원의 급여와 임금 및 퇴직급여(사업소득자에게 서비스용역을 제공받고 지출하였거나 지출할 금액은 인건비에 포함되지 않음)
매입비용이 아닌 것	㈎ 사업용 유형자산 및 무형자산의 매입비용 ㈏ 음식료 및 숙박료, 창고료(보관료), 통신비 ㈐ 보험료, 수수료, 광고선전비(광고선전용 재화의 매입은 매입비용으로 함) ㈑ 수선비(수선·수리용 재화의 매입은 매입비용으로 함) ㈒ 사업서비스, 교육서비스, 개인서비스, 보건서비스 및 기타 서비스(용역)를 제공받고 지급하는 금액 등 |}

3. 필요경비와 필요경비불산입

필요경비^{주)}	필요경비불산입

① 판매한 재고자산의 원료의 매입가액과 그 부대비용
② 종업원의 인건비(사업에 근무하는 대표자의 가족인건비는 포함, 대표자 인건비는 제외)
③ 임직원 할인금액 및 관련 지원을 함으로써 해당 임원등이 얻는 이익 상당액 개정
④ 종업원의 출산 또는 양육 지원을 위해 해당 종업원에게 공통적으로 적용되는 지급기준에 따라 지급하는 금액
⑤ 복리후생비
  • 사용자 부담 국민건강보험료·노인장기요양보험료·국민연금보험료·고용보험료(사업자 본인의 국민건강보험료와 노인장기요양보험료 포함), 직장어린이집운영비
  • 예술인 또는 노무제공자나 자영업자가 피보험자로서 부담하는 고용산재보험료
  • 노무제공자 또는 중·소기업 사업주가 피보험자로서 부담하는 산재보험료
  • 단체순수보장성보험과 단체환급부보장성보험
⑥ 거래상대방에게 지급하는 장려금
⑦ 사업용 자산의 재해손실(재해로 인하여 멸실된 것의 원가를 그 재해가 발생한 과세기간의 필요경비에 산입한 경우의 그 원가)
⑧ 복식부기의무자의 사업용 유형자산(부동산 제외)의 양도 당시 장부가액(감가상각비 중 업무외 사용금액을 차감한 금액)
⑨ 사업과 관련이 있는 제세공과금(세액공제를 적용하지 않는 경우의 외국소득세액 포함)
⑩ 해당 사업자가 설립한 사내근로복지기금·공동근로복지기금 및 협력중소기업이 설립한 사내근로복지기금·공동근로복지기금에 출연하는 금품
⑪ 기타 필요경비
	① 대표자급여
	② 소득세(세액공제를 적용하는 경우의 외국소득세액 포함)와 개인지방소득세
	③ 부가가치세매입세액, 개별소비세, 주세, 「교통·에너지·환경세」
	④ 법령에 따라 의무적으로 납부하는 것이 아닌 공과금이나 법령에 따른 의무의 불이행 또는 금지·제한 등의 위반을 이유로 부과되는 공과금 개정 (종전: 위반에 대한 제재로서)
	⑤ 벌금·과료·과태료·징수불이행세액·가산세 및 강제징수비
	⑥ 다음의 자산을 제외한 자산의 평가차손
	  (가) 파손·부패 등으로 정상가격에 판매할 수 없는 재고자산
	  (나) 천재지변·화재·법령에 따른 수용 등·채굴 불능으로 인한 폐광으로 파손 또는 멸실된 유형자산
	⑦ 기업업무추진비 필요경비불산입
	⑧ 기부금의 한도초과액과 비지정기부금
	⑨ 지급이자 필요경비불산입
	⑩ 감가상각비 한도초과액
	⑪ 업무무관경비(뇌물, 「노동조합 및 노동관계 조정법」을 위반하여 지급하는 급여 포함)
	⑫ 선급비용
	⑬ 업무와 관련하여 고의 또는 중대한 과실로 타인의 권리를 침해한 경우에 지급되는 손해배상금
	⑭ 간편장부대상자의 사업용유형자산의 처분손실
	⑮ 업무용승용차 관련비용 등의 필요경비불산입

주) 필요경비에 산입할 금액은 해당 과세기간의 총수입금액에 대응하는 비용으로서 일반적으로 용인되는 통상적인 것의 합계액으로 한다. 해당 과세기간 전의 총수입금액에 대응하는 비용으로서 그 과세기간에 확정된 것에 대해서는 그 과세기간 전에 필요경비로 계상하지 아니한 것만 그 과세기간의 필요경비로 본다.(권리의무확정주의)

📖 **업무용승용차 관련비용** : 법인세법과 기본적으로 동일하나 다음과 같은 차이가 있다.

구 분		법인세법	소득세법
① 적용 대상		운수업, 자동차판매업 등을 제외한 모든 법인	운수업, 자동차판매업 등을 제외한 복식부기의무자
② 업무전용 자동차보험	가입의무	있음	있음 : 사업자별(공동사업장의 경우는 1사업자로 봄)로 1대는 제외함
	미가입시	업무사용금액 : 영(0)원	1대 초과분 : 업무사용금액＝업무사용비율금액^{*1)}의 0%(또는 50%^{*2)})
③ 법인업무용 자동차번호판		부착의무 있음	해당 사항 없음

*1) 업무사용비율금액＝업무용승용차 관련비용×업무사용비율
*2) 성실신고확인대상자 및 전문직업종 사업자를 제외한 복식부기의무자는 2025.12.31.까지 업무사용비율금액의 50%

> **사례1** 종업원 할인금액
>
> 상품(원가 6,000,000원, 시가 10,000,000원)을 종업원에게 판매한 금액 7,000,000원(원가는 매출원가로 계상됨)

① 총수입금액 : 7,000,000(매출액)+3,000,000(종업원 할인금액 : 10,000,000−7,000,000)=10,000,000
② 필요경비 : 6,000,000(매출원가)+3,000,000(종업원 할인금액)=9,000,000

> **사례2** 사업용 유형자산의 처분손익 및 업무용승용차 관련비용
>
> 간편장부대상자인 경우와 복식부기의무자인 경우로 구분하여 사업소득금액을 계산하시오.
>
> (1) 손익계산서상 당기순이익 : 40,000,000원
> (2) 손익계산서상 비용 또는 수익으로 반영된 금액
>   ① 소득세비용(소득세 및 개인지방소득세) : 3,000,000원
>   ② 비품의 처분이익 : 1,000,000원
>   ③ 상가건물의 처분이익 : 7,000,000원
>   ④ 업무용승용차A(취득일 1.20. 취득가액 100,000,000원, 업무사용비율 90%)
>   • 감가상각비 : 20,000,000원(100,000,000원÷5년)
>   • 차량유지비(유류비, 수선비 등) : 5,000,000원
>   ⑤ 업무용승용차B의 처분이익 : 4,000,000원(전기말 상각부인액 2,000,000원 있음)
>   ⑥ 업무용승용차C의 처분손실 : 10,000,000원
>   • 감가상각비 : 12,000,000원(12.31.처분일까지 계상액으로 상각범위액과 동일함)
>   • 업무사용비율 : 100%
> (3) 업무전용자동차보험에 가입함

구 분	〈1〉 간편장부대상자	〈2〉 복식부기의무자
당기순이익	40,000,000	40,000,000
① 소득세비용	+ 3,000,000	+ 3,000,000
② 비품의 처분이익	− 1,000,000	−
③ 상가건물의 처분이익[*1)](#)	− 7,000,000	− 7,000,000
④ 업무용승용차A의 관련비용	−	+ 2,500,000[*2)](#)
감가상각비 한도초과액	−	+10,000,000[*2)](#)
⑤ 업무용승용차B의 처분이익	− 4,000,000	− 2,000,000[*3)](#)
⑥ 업무용승용차C의 처분손실	+10,000,000	+ 6,000,000[*4)](#)
사업소득금액	41,000,000	52,500,000

*1) 부동산(토지, 건물)의 처분이익은 양도소득세 과세대상이므로 총수입금액 불산입한다.
*2) 업무용승용차A
  ① 업무외 사용금액 : (20,000,000+5,000,000)×(1−90%)=2,500,000(필요경비불산입)
  ② 감가상각비 한도초과액 : 20,000,000×90%−8,000,000=10,000,000(필요경비불산입, 유보)
3) 업무용승용차B의 처분이익 : 〈필요경비산입〉 상각부인액 2,000,000(△유보)
  * 업무용승용차B의 처분이익은 과세대상 소득이다. 따라서 상각부인액을 필요경비에 산입한다.
*4) 업무용승용차C
  ① 감가상각비 한도초과액 : $12,000,000-8,000,000\times\frac{12}{12}=4,000,000$(필요경비불산입) ┐생략
  　　　　　　　　　　　　　　　　　　　　　　　　　　└ 처분시(필요경비산입)   ┘
  ② 처분손실 한도초과액 : (10,000,000+4,000,000)−8,000,000=6,000,000(필요경비불산입)
  　　　　　　　　　　　　└ 세무상 처분손실

Ⅳ. 사업소득의 수입시기

(1) 일반기준 : 권리·의무확정주의

(2) 형태별 수입시기

구 분	수 입 시 기
① 상품·제품 등의 판매	인도한 날
② 시용판매	상대방이 구입의사를 표시한 날. 다만, 일정기간 내에 반송하거나 거절의 의사를 표시하지 아니하는 한 특약 또는 관습에 의하여 그 판매가 확정되는 경우에는 그 기간의 만료일
③ 위탁판매	수탁자가 판매하는 날
④ 장기할부판매	(원칙) 인도기준+명목가치 (특례) ① 회수기일 도래기준(결산상 회계처리한 경우에만 인정) ② 현재가치할인차금(결산상 회계처리한 경우에만 인정)
⑤ 부동산 양도	대금청산일·소유권이전등기일·사용수익일 중 빠른 날
⑥ 무인판매기에 의한 판매	현금인출일
⑦ 건설·제조 기타 용역 (도급공사·예약매출 포함)의 제공	① 단기 : (원칙) 용역제공 완료일 (특례) 진행기준으로 회계처리시는 진행기준 ② 장기(계약기간 1년 이상) : 진행기준
⑧ 인적용역의 제공	(원칙) 용역대가를 지급받기로 한 날 또는 용역의 제공을 완료한 날 중 빠른 날 (특례) 연예인 등이 계약기간 1년 초과 전속계약금을 일시에 받는 경우 : 계약기간에 따라 균등안분한 금액(초월산입, 말월불산입)을 각 과세기간 종료일에 수입한 것으로 함
⑨ 어음의 할인	만기일. 단, 만기일 이전에 어음을 양도하는 경우에는 양도일
⑩ 금융보험업의 이자 및 할인액	실제로 수입된 날
⑪ 자산의 임대와 지역권·지상권의 설정대여	㈎ 계약·관습에 따라 지급일이 정해진 것 : 그 정해진 날(약정일) ㈏ 지급일이 정해지지 아니한 것 : 그 지급을 받은 날(실제 지급일) ㈐ 선세금(미리 받은 임대료와 지역권·지상권 설정대가) : $$해당연도\ 총수입금액 = 선세금 \times \frac{해당연도\ 대여기간\ 월수^*}{계약기간\ 월수}$$ *초월산입·말월불산입 ㈑ 임대차계약 및 지역권·지상권에 관한 쟁송(미지급임대료와 미지급 지역권·지상권의 설정대가의 청구에 관한 쟁송은 제외)의 판결·화해 등으로 인하여 소유자 등이 받게 되어 있는 이미 경과한 기간에 대응하는 임대료 상당액(지연이자와 그 밖의 손해배상금 포함) : 그 판결·화해 등이 있는 날(다만, 임대료에 관한 쟁송의 경우에 그 임대료를 변제하기 위하여 공탁된 금액은 ㈎에 따른 날로 함)
⑫ 금전등록기 설치·사용의 경우	영수증 교부대상 사업자와 간이과세자가 금전등록기를 설치·사용한 경우에 총수입금액은 해당 과세기간에 수입한 금액의 합계액에 따라 계산할 수 있음(∴현금주의 가능)

사례1 인적용역의 수입시기 … 연예인의 전속계약금

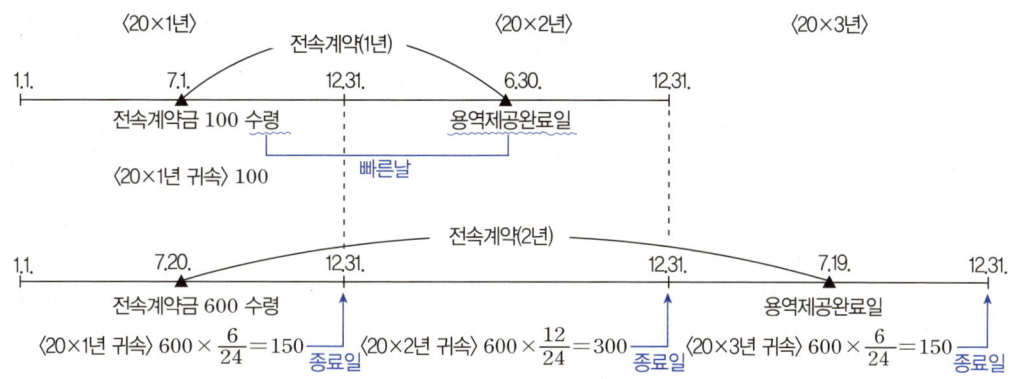

사례2 선세금

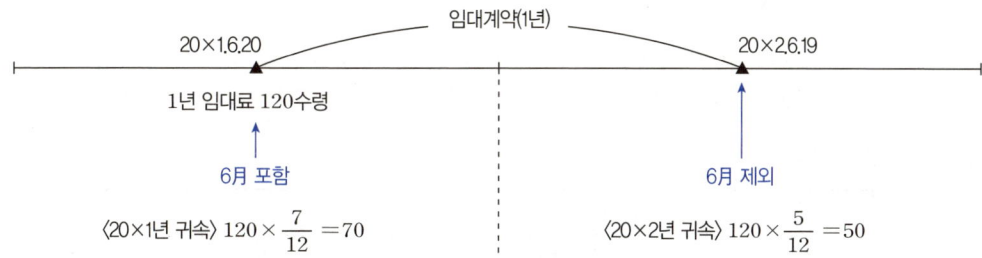

사례3 자산의 임대료 … 매월 임대료(약정일 : 다음달 5일)

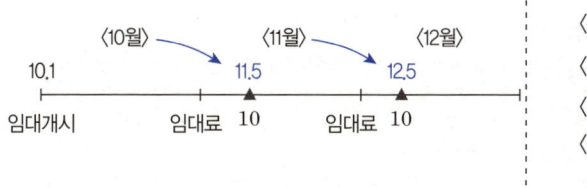

〈총수입금액〉

〈경우 1〉 11월분 미수령시 : 20

〈경우 2〉 12월분 12.31. 수령시 : 20

〈경우 3〉 12월분 미수임대료 수익계상시 : 20
　　　　　→ 기간경과분 계상시 인정×

Ⅴ. 사업소득의 과세방법

(1) 원천징수 대상 사업소득

원천징수 대상	원천징수 요건	원천징수세율

의료보건용역과 인적용역	① 원천징수의무자 : 사업자, 법인세의 납세의무자, 국가·지방자치단체(조합 포함), 민법 기타 법률에 의하여 설립된 법인, 법인으로 보는 단체 → 비사업자인 개인×
	② 원천징수대상 : 부가가치세 면세대상인 의료보건용역과 인적용역의 수입금액. 단, 다음의 소득은 제외함.
	  (가) 약사가 제공하는 의약품의 조제용역(약사법에 따라 의사 또는 치과의사가 직접 제공하는 조제용역 포함) 중 의약품 가격이 차지하는 비율에 상당하는 소득
	  (나) 접대부·댄서와 이와 유사한 용역에서 발생하는 소득
		수입금액×3%
		(외국인 직업운동가가 프로스포츠구단과의 계약에 따라 용역을 제공하고 받는 소득은 20%) 개정 (계약기간 3년 이하 삭제)

봉사료	과세유흥장소 등을 운영하는 사업자가 지급하는 봉사료로서 세금계산서 등에 공급가액과 구분 기재된 봉사료가 공급가액의 20%를 초과하고, 사업자가 봉사료를 자기의 수입금액으로 계상하지 않은 경우 ※ 봉사료의 소득구분 : 사업활동이면 사업소득, 사업활동이 아니면 기타소득으로 본다(원천징수세율은 동일함).	수입금액×5%
납세조합에 가입한 사업자	납세조합에 가입한 복식부기의무자가 아닌 농·축·수산물 판매업자, 노점상인 개정 [5%의 세액공제(연 100만원 한도) 2024.12.31. 일몰종료]	매월분 사업소득에 대한 소득세

(2) 분리과세 주택임대소득

구 분	내 용
분리과세 주택임대소득	해당 과세기간의 주거용 건물 임대업에서 발생한 수입금액의 합계액*이 2천만원 이하인 자의 주택임대소득 * 사업자가 공동사업자인 경우에는 공동사업장에서 발생한 주택임대수입금액의 합계액을 손익분배비율에 의해 공동사업자에게 분배한 금액을 각 사업자의 주택임대수입금액에 합산한다.
과세방법	분리과세시 세액(14% 세율)과 종합과세시 세액 중 선택 (☞ 제7장 종합소득세액의 계산 참조)
사업소득금액	분리과세 주택임대소득에 대한 사업소득금액 =총수입금액×[1−50%(등록임대주택은 60%)]*1) − 200만원(등록임대주택은 400만원)*2) *1) 해당 과세기간 중에 임대주택을 등록한 경우 : 등록한 기간에 발생한 수입금액×(1−0.6)+등록하지 않은 기간에 발생한 수입금액×(1−0.5) 등록임대주택의 임대사업에서 발생하는 수입금액은 월수(해당 임대기간의 개시일 또는 종료일이 속하는 달이 15일 이상인 경우에는 1개월로 봄)로 계산함. *2) 분리과세 주택임대소득을 제외한 해당 과세기간의 종합소득금액이 2천만원 이하인 경우에만 200만원(등록임대주택은 400만원)을 공제함. 해당 과세기간 동안 등록임대주택과 등록임대주택이 아닌 주택에서 수입금액이 발생한 경우에는 다음의 금액을 공제함. $\left(\dfrac{\text{등록임대주택에서 발생한 수입금액}}{\text{총 주택임대수입금액}} \times 400\text{만원}\right) + \left(\dfrac{\text{등록임대주택이 아닌 주택에서 발생한 수입금액}}{\text{총 주택임대수입금액}} \times 200\text{만원}\right)$

☞ 분리과세 주택임대소득은 원천징수대상이 아니며, 분리과세를 선택하여도 확정신고는 하여야 한다.

(3) 연말정산 및 확정신고

구 분	내 용
연말정산*	간편장부대상자인 보험모집인, 방문판매인 및 음료품배달원의 사업소득은 연말정산대상이다. 다만, 방문판매인과 음료품배달원의 사업소득에 대한 연말정산은 원천징수의무자가 사업장 관할 세무서장에게 연말정산을 신청한 경우에 한하여 연말정산한다.
확정신고	사업소득은 종합소득이므로 확정신고대상이다. 다만, 연말정산대상 사업소득만 있는 자는 확정신고를 하지 않아도 된다.

* 연말정산 시기 : 다음 연도 2월분의 사업소득을 지급할 때(2월분의 사업소득을 2월 말일까지 지급하지 아니하거나 2월분의 사업소득이 없는 경우 2월 말일) 또는 해당 사업자와의 거래계약을 해지하는 달의 사업소득을 지급할 때

> **사례** 분리과세 주택임대소득에 대한 사업소득금액
>
> (1) 거주자 갑의 주택임대 현황
>
> | 구분 | 임대보증금 | 연간임대료 | 기준시가 | 전용면적 | 임대기간 |
> |---|---|---|---|---|---|
> | A주택 | 350,000,000원 | 12,000,000원 | 300,000,000원 | 50㎡ | 20×1.1.1.~12.31. |
> | B주택 | 300,000,000원 | – | 250,000,000원 | 45㎡ | 20×1.1.1.~12.31. |
> | C주택 | 250,000,000원 | 8,000,000원 | 180,000,000원 | 40㎡ | 20×1.3.1.~12.31. |
>
> (2) 20×1년 주택임대소득금액 외의 다른 종합소득금액은 18,000,000원이며, 정기예금이자율은 연 3.5%임.

다음의 경우별로 계산한 갑의 20×1년 분리과세 주택임대소득에 대한 사업소득금액을 제시하시오.
〈경우1〉 모든 주택이 소득세법령으로 정하는 등록임대주택('이하 등록임대주택')에 해당하지 않는 경우
〈경우2〉 모든 주택이 등록임대주택에 해당하는 경우
〈경우3〉 각 주택의 임대기간 중 A주택은 등록임대주택에 해당하고, B주택과 C주택은 등록임대주택에 해당하지 않는 경우
〈경우4〉 A주택과 B주택만 소유하고 있고, A주택을 20×1.4.10.부터 등록임대주택으로 등록한 경우

〈경우1〉 $(12,000,000 + 8,000,000) \times (1-50\%) - 2,000,000 = 8,000,000$
〈경우2〉 $(12,000,000 + 8,000,000) \times (1-60\%) - 4,000,000 = 4,000,000$
〈경우3〉 $\{12,000,000 \times (1-60\%^{*1)}) + 8,000,000 \times (1-50\%^{*1)})\} - 3,200,000^{*2)} = 5,600,000$

　　　*1) 등록임대주택은 60%, 미등록임대주택은 50%를 적용함
　　　*2) $4,000,000 \times \dfrac{12,000,000}{20,000,000} + 2,000,000 \times \dfrac{8,000,000}{20,000,000} = 3,200,000$

〈경우4〉 $\{9,000,000^{*1)} \times (1-60\%^{*2)}) + 3,000,000 \times (1-50\%^{*2)})\} - 3,500,000^{*3)} = 1,600,000$

　　　*1) 등록기간(4.10.~12.31.)의 수입금액 : 1,000,000 × 9개월(15일 이상은 1개월로 봄) = 9,000,000
　　　*2) 등록한 기간에 발생한 수입금액은 60%, 미등록기간에 발생한 수입금액은 50%를 적용함
　　　*3) $4,000,000 \times \dfrac{9,000,000}{12,000,000} + 2,000,000 \times \dfrac{3,000,000}{12,000,000} = 3,500,000$

☞ 2주택 소유자이므로 주택의 간주임대료 계산대상 아님(∵ C주택은 40㎡ 이하인 주택으로서 해당 과세기간의 기준시가가 2억원 이하인 주택이므로 주택 수에 포함하지 않음)

☆ 각사업연도소득과 사업소득의 차이

구 분		각 사업연도 소득	사업소득
(1) 작물재배업의 소득		각 사업연도 소득에 포함	사업소득에 포함하되, 곡물 및 기타 식량작물 재배업은 과세제외
(2) 이자수익		각 사업연도 소득에 포함	이자소득에 포함(금융업은 사업소득)
(3) 배당금수익		각 사업연도 소득에 포함	배당소득에 포함(금융업은 사업소득)
		수입배당금 익금불산입	배당세액공제(귀속법인세 가산방식)
(4) 유가증권처분손익		각 사업연도 소득에 포함	사업소득에 포함하지 않음
(5) 유형자산처분손익		각 사업연도 소득에 포함	복식부기의무자의 사업용 유형자산(부동산 제외) 양도손익은 사업소득에 포함(간편장부대상자는 제외)
(6) 양도자산의 감가상각비 시부인	감가상각비	시부인대상에서 제외	• 복식부기의무자 : 시부인계산하지 않음 • 간편장부대상자 : 시부인계산(월할계산)
	상각부인액	손금산입	• 복식부기의무자 : 필요경비산입 • 간편장부대상자 : 소멸계산
(7) 생산설비 등의 폐기손실	대상	① 시설의 개체 또는 기술의 낙후로 인하여 생산설비의 일부를 폐기한 경우 ② 사업의 폐지 또는 사업장의 이전으로 임차한 사업장의 임대차계약에 따라 원상회복을 위해 시설물을 철거하는 경우	
	폐기시	(장부가액－1,000원)을 결산조정으로 손금산입	필요경비불산입
	처분시	1,000원을 손금산입	(장부가액－처분가액)을 필요경비산입
(8) 자산의 평가차익		보험업법 등 법률에 의한 평가증은 허용함	평가증할 수 없으므로 평가차익은 총수입금액이 아님
(9) 자산수증이익과 채무면제이익		사업 관련 여부에 관계없이 익금에 산입, 결손보전에 충당한 경우에는 익금불산입(국고보조금 제외)	① 사업과 관련된 경우 : 사업소득에 포함, 결손보전에 충당한 경우에는 총수입금액 불산입(복식부기의무자의 국고보조금등 제외) ② 사업과 관련이 없는 경우 : 사업소득에 포함하지 않음, 증여세 과세
(10) 대표자 인건비		① 대표자 급여 : 손금산입 ② 대표자 상여금 : 손금산입. 단, 급여지급기준 초과지급액은 손금불산입 ③ 대표자 퇴직급여 : 한도 내 손금산입	대표자인건비는 전액 필요경비불산입. 다만, 대표자 본인의 직장·지역 건강보험료, 노인장기요양보험료는 필요경비산입(국민연금보험료 : 필요경비불산입) ※ 주의 : 대표자의 가족에게 지급되는 인건비는 해당 사업에 직접 종사하고 있는 경우 필요경비산입
(11) 대표자 퇴직급여		모든 임직원(출자임원 포함)은 퇴직급여충당금 설정대상이 됨	대표자는 퇴직금 지급대상이 아니므로 퇴직급여충당금도 설정할 수 없음
(12) 대표자의 자금인출		업무무관가지급금 → 인정이자 익금산입, 지급이자 손금불산입	대표자가 임의로 자금을 출자하고 인출할 수 있음 → 가지급금 규정 없음

[사례1] 간편장부대상자의 감가상각비 … 기계장치 처분

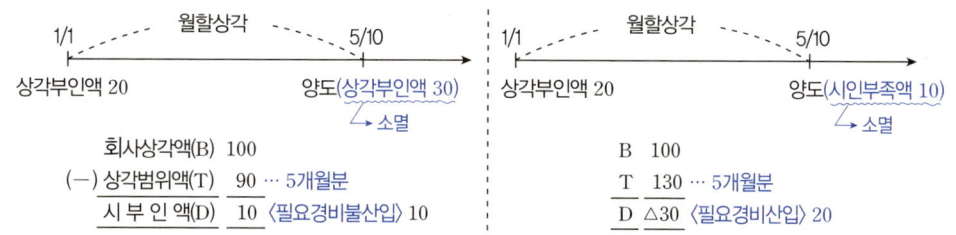

[정리] 시설개체·기술낙후로 생산설비를 폐기처분한 경우 및 사업용 건물을 양도한 경우

구 분		복식부기의무자	간편장부대상자
시설개체·기술낙후로 생산설비를 폐기처분한 경우	감가상각시부인	시부인하지 않음	시부인하지 않음 (단, 처분이익의 경우 시부인함)
	처분이익(+)	총수입금액 산입	총수입금액 불산입(과세 제외)
	처분손실(△)	필요경비 산입(전기 상각부인액 포함)	
사업용 건물을 양도한 경우 (∵양도소득세 과세대상)	감가상각시부인	시부인함(월할 상각)	
	처분이익(+)	총수입금액 불산입	
	처분손실(△)	필요경비 불산입	

[사례2] 사업용 건물의 양도 및 시설개체로 인한 생산설비의 폐기처분

> 도매업을 영위하는 거주자 갑(복식부기의무자가 아님)의 손익계산서에 계상된 주요 수익과 비용항목
> ① 20×1년 11월 21일 판매장건물 처분으로 인한 유형자산처분이익 5,000,000원
> ② 처분된 판매장건물의 감가상각비 1,000,000원(세무상 상각범위액 800,000원, 전기말 상각부인액 500,000원)
> ③ 20×1년 12월 14일 시설개체를 위한 생산설비 일부인 기계장치의 폐기처분으로 인한 유형자산처분손실 2,000,000원(감가상각비 600,000원, 세무상 상각범위액 400,000원, 전기말 상각부인액 300,000원)

구 분		세무조정	비고
건물	유형자산처분이익	〈총수입금액불산입〉 5,000,000	건물의 처분은 양도소득임
	감가상각비	〈필요경비불산입〉 200,000	1,000,000 − 800,000
	전기말 상각부인액	−	소멸계산
기계장치	폐기처분손실	−	시설개체로 폐기처분한 것은 비용인정함
	감가상각비	−	시부인하지 않음
	전기말 상각부인액	〈필요경비산입〉 300,000	세무상 폐기처분손실에 해당함

[사례3] 대표자 인건비

〈손익계산서상 비용계상액〉 (대표자 : 갑)
① 갑의 급여 : 50,000,000원
② 갑의 건강보험료·노인장기요양보험료 : 3,500,000원
③ 갑의 국민연금보험료 : 2,000,000원
④ 경리부장인 갑의 배우자 급여 : 40,000,000원
⑤ 유학중인 갑의 자녀 급여 : 30,000,000원

세무조정
① 필요경비불산입
② −
③ 필요경비불산입
④ −
⑤ 필요경비불산입

☞ 대표자 갑의 국민연금보험료 2,000,000원은 소득공제(연금보험료 공제)를 받음

구 분		각 사업연도 소득	사업소득
⒀ 기업업무추진비 시부인계산		① 임직원 명의의 신용카드 매출전표 등 : 적격증명서류가 아님 ② 시부인 단위 : 법인 단위 ③ 특정법인의 일반기업업무추진비 한도액 : (기본한도＋수입금액기준한도)×50%	① 종업원 명의의 신용카드매출전표 등 : 적격증명서류 ② 시부인 단위 : 사업자 단위(단, 사업장별로 감면을 달리 적용받기 위해 구분기장한 경우 사업장 단위) ③ 특정법인 규정 없음
⒁ 기부금	공제방법	손금산입	필요경비산입
	현물기부금 평가	① 특례기부금·일반기부금(비특수관계인) : 장부가액 ② 일반기부금(특수관계인)·비지정기부금 : Max[시가, 장부가액]	Max[시가, 장부가액] ※ 단, 국립 박물관 및 국립 미술관에 제공하는 기부금에 대해서는 기증유물의 감정평가를 위하여 문화체육관광부에 두는 위원회에서 산정한 금액으로 할 수 있음
	한도액	① 특례기부금 : 50% ② 우리사주조합기부금 : 30% ③ 일반기부금 : 10%(사회적기업의 경우 20%)	① 정치자금기부금, 고향사랑 기부금 및 특례기부금 : 100% ② 우리사주조합기부금 : 30% ③ 일반기부금 : 30%(종교단체 10%)
	한도초과액의 이월공제	① 특례기부금·일반기부금 : 10년 ② 우리사주조합기부금 : 이월공제 ×	① 특례기부금·일반기부금 : 10년 ② 정치자금기부금 : 이월공제 × ③ 고향사랑 기부금 : 이월공제 × ④ 우리사주조합기부금 : 이월공제 ×

⒂ 지급이자 손금(필요경비) 불산입		① 채권자불분명사채이자
		② 비실명 채권·증권의 이자
		③ 건설자금이자
		  • 특정차입금 : 자본화 강제
		  • 일반차입금 : 자본화 선택
		④ 업무무관자산 등 관련 이자
			① 채권자불분명사채이자
			  * 개인은 채권·증권을 발행할 수 없음
			② 건설자금이자
			  • 특정차입금 : 자본화 강제
			  • 일반차입금 : 필요경비(자본화 불가)
			③ 초과인출금 관련 이자
			  • [부채(준비금·충당금 제외)－사업용자산]×일수＝초과인출금적수
			  • 이자비용 × $\frac{\text{초과인출금적수}}{\text{총차입금적수}}$ ＝ 초과인출금 관련이자
			④ 업무무관자산 등 관련 이자

		※ 전체이자를 대상으로 평균적으로 부인액 계산	※ 높은 이자율의 이자부터 순차적으로 부인액 계산
⒃ 손익의 귀속 시기	장기할부판매	중소기업은 결산상 회계처리에 관계없이 회수기일 도래기준으로 신고조정 가능	결산상 회수기일 도래기준으로 회계처리한 경우에만 회수기일 도래기준 인정 → 신고조정 불가
	용역(예약)매출	① 원칙 : 진행기준(장·단기 포함) ② 인도기준 선택가능 : 중소기업의 단기용역 및 기업회계기준에 따라 인도기준으로 회계처리한 경우 ③ 인도기준 강제적용 : 기장 불비의 경우	① 단기 : 완성기준(인도기준). 다만, 결산상 진행기준으로 회계처리한 경우 진행기준으로 할 수 있음 ② 장기 : 진행기준. 다만, 기장 불비시 완성기준(인도기준)

정리 초과인출금 관련 이자 … 가사 관련 경비

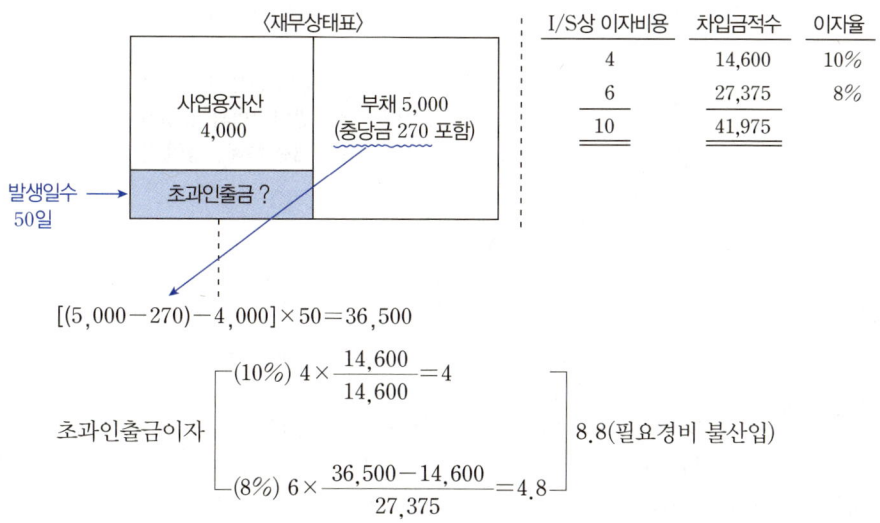

구 분	각 사업연도 소득	사업소득
⑰ 외화자산·부채 평가	외화환산 규정 있음	외화환산 규정 없음 ※ 사업 관련 외화자산·부채의 외환차손익은 해당 연도의 총수입금액 또는 필요경비에 산입함(신고조정강제)
⑱ 퇴충·연충 한도액 계산시 추계액	Max[일시퇴직기준, 보험수리적 기준]	일시퇴직기준만 인정
⑲ 대손충당금 한도액	채권의 장부가액*1) × 설정률*2) *1) 매출채권+미수금+대여금+기업회계기준상 대손충당금 설정대상 채권 *2) $\text{Max}\left[1\%, \dfrac{\text{당기 대손금}}{\text{직전 연도 말 채권잔액}}\right]$ ※ 은행 등 금융회사 : Max[①, ②] 　① 대손충당금 적립기준 　② 채권잔액×Max[1%, 대손실적률]	채권의 장부가액*1) × 설정률*2) *1) 사업 관련 채권만 설정대상 → 대여금 및 미수금 제외[단, 복식부기의무자의 사업용 유형자산(부동산 제외) 처분미수금은 설정대상임] *2) 법인세법과 동일하나, 은행 등 금융회사에 대한 특례규정 없음
⑳ 일시상각충당금 (압축기장충당금)	① 공사부담금·국고보조금·보험차익 ② 결산조정과 신고조정 중 선택	① 국고보조금·보험차익 ② 결산조정만 인정
㉑ 재고자산 가사용 소비	규정 없음 ※ 재고자산을 대표이사나 주주가 가사용으로 사용시 부당행위계산 부인규정 적용	① 가사용 소비 또는 종원원이나 타인에게 지급한 재고자산의 시가 : 총수입금액산입 ② 원가상당액 : 필요경비산입
㉒ 가사관련경비	규정 없음	필요경비불산입
㉓ 소득처분	① 사외유출 : 배당, 상여, 기타소득, 기타사외유출 ② 사내유보 : 유보, △유보 ③ 잉여금 기반영 : 기타	규정 없음 단, "유보(△유보)"만 관리함
㉔ 비과세소득	과세표준 계산시 각 사업연도 소득금액에서 공제	총수입금액에서 제외함
㉕ 이월결손금	① 과세표준 계산시 각 사업연도 소득금액에서 공제 ② 비중소기업(회생계획 이행 중인 법인 등 제외)인 경우 각 사업연도 소득금액의 80% 한도로 공제	① 사업소득금액에서 공제하고 남은 금액은 다른 종합소득금액에서 공제 ② 한도 규정 없음
㉖ 보험차익	모든 보험차익을 익금산입	① 사업용 자산의 멸실·손괴로 인한 보장성 보험차익과 확정급여형퇴직연금제도의 이익분배금 또는 보험차익 : 총수입금액산입 ② 일반 보장성보험차익 : 비열거소득 ③ 저축성보험차익 : 이자소득(단기) 또는 비열거소득(장기)
㉗ 소액미술품	장식·환경미화 목적의 취득가액 1천만원 이하의 미술품 비용계상시 손금인정	해당 규정 없음

구 분	각 사업연도 소득	사업소득
㉘ 감가상각의제	① 법인세 감면·면제 법인 : 상각범위액까지 감가상각비를 신고조정으로 손금산입(강제) ② 추계 법인 : 감가상각비를 손비로 계상한 것으로 봄(신고조정 ×)	① 소득세 감면·면제 사업자 : 감가상각비를 필요경비로 계상한 것으로 봄(신고조정 ×) ② 추계 사업자 : 감가상각비를 필요경비로 계상한 것으로 봄(단, 사업용 유형자산인 건축물은 제외함)(신고조정 ×)
㉙ 징벌적 목적의 손해배상금	손금불산입 규정 있음	해당 규정 없음

사례1 대손충당금 한도액

기말 채권잔액 1,000(직매장 건물 처분미수금 300, 기계장치처분미수금 200, 대여금 100 포함), 대손실적률 0.9%

⟨1⟩ 법인 : $1,000 \times \text{Max}[1\%, 0.9\%] = 10$
⟨2⟩ 복식부기의무자 : $(1,000 - 300 - 100) \times \text{Max}[1\%, 0.9\%] = 6$
　　↳ 기계장치처분미수금은 대손충당금 설정대상임
⟨3⟩ 간편장부대상자 : $(1,000 - 300 - 200 - 100) \times \text{Max}[1\%, 0.9\%] = 4$

사례2 사업소득금액 ⋯ 복식부기의무자(감면사업 영위)

⑴ 손익계산서상 당기순이익 1,000	1,000
⑵ 손익계산서상 주요 수익항목	
① 예금이자 : 10	① (−) 10 (이자소득)
② 상장주식 배당 : 20	② (−) 20 (배당소득)
③ 비품의 처분이익 : 30	③ −
④ 자산수증이익(사업무관) : 40	④ (−) 40
⑤ 사업용자산의 손상으로 인한 보험차익(사업과 관련있음) : 50	⑤ −
⑥ 토지처분이익 : 60	⑥ (−) 60 (양도소득)
⑦ 기계장치A의 처분이익(시설개체) : 70	⑦ −
⑶ 손익계산서상 주요 비용항목	
① 급여 : 400(대표자 갑의 급여 100, 근무하는 갑의 딸 급여 50포함)	① (+) 100
② 소득세비용 : 60	② (+) 60
③ 상장주식 처분손실 : 10	③ (+) 10
④ 이자비용 : 20	④ −
⑤ 대손상각비 : 30(외상매출금 4,000, 대손실적률 없음)	⑤ − (결산조정)
⑥ 감가상각비 : 40(상각범위액 50)	⑥ − (감가상각의제)
⑦ 기계장치B의 폐기처분손실(기술낙후) : 80	⑦ − ↳신고조정×
⑷ 재고자산의 가사용소비(회계처리 하지 않음) : 시가 90, 취득원가 70	⑷ (+) 90 (−) 70
	사업소득금액　1,060

📖 기부금의 차이(규정 없음 "−")

구 분	내 용	법 인	개 인
기부금 지출명의	사업자 본인과 기본공제대상자(나이의 제한을 받지 아니하며, 다른 거주자의 기본공제를 적용받은 사람은 제외)가 지급한 기부금 ✔ 정치자금기부금과 고향사랑기부금은 거주자 본인이 지출한 금액만 기부금에 포함됨	−	사업자의 기부금에 포함
기부금의 범위	① 정치자금기부금(조특법 76) : 정당(후원회 포함)에 기부한 정치자금 중 10만원 초과액 ※ 10만원 이하분은 세액공제(정치자금기부금 × 100/110)를 적용함	비지정기부금	정치자금기부금
	② 고향사랑 기부금(조특법 58) : 고향사랑 기부금(연간 상한액 2천만원)을 지방자치단체에 기부한 경우 10만원 초과액 개정 (종전 : 500만원) ※ 10만원 이하분은 세액공제(고향사랑 기부금 × 100/110)를 적용함	−	고향사랑 기부금
	③ 특별재난지역의 자원봉사용역가액(특별재난지역으로 선포되기 이전에 같은 지역에서 행한 자원봉사용역 포함) 자원봉사용역의 가액 = (봉사일수$^{*1)}$ × 8만원) + 직접비용$^{*2)}$ *1) 봉사일수 = 총봉사시간 ÷ 8시간(소수점 이하의 부분은 1일로 봄) ☞ 개인사업자의 경우에는 본인의 봉사분에 한정함 *2) 직접비용 : 유류비(자원봉사용역 제공 장소로의 이동을 위한 유류비는 제외)·재료비 등(제공할 당시의 시가 또는 장부가액으로 계산함)	−	특례기부금
	④ 회비 : 노동조합비, 공무원직장협의회·교원단체 회비 및 공무원노동조합 회비 ⑤ 법령에서 정한 사회환원기부신탁	−	일반기부금

📖 기부금 한도

구 분	법인(각 사업연도 소득)	개인(사업소득)
정치자금기부금		기준소득금액* − 이월결손금 * 기준소득금액 = 차가감소득금액 + 필요경비에 산입한 기부금
고향사랑 기부금		
특례기부금	(기준소득금액$^{*1)}$ − 이월결손금$^{*2)}$) × 50% *1) 기준소득금액 = 차가감소득금액 + 손금에 산입한 기부금	
우리사주조합 기부금	(기준소득금액 − 이월결손금$^{*2)}$ − 특례기부금) × 30%	(기준소득금액 − 이월결손금 − 정치자금기부금 − 고향사랑 기부금 − 특례기부금) × 30%
일반기부금	(기준소득금액 − 이월결손금$^{*2)}$ − 특례기부금 − 우리사주조합기부금) × 10%(사회적기업의 경우 20%) *2) 이월결손금 : 각 사업연도 소득의 80% 한도 적용법인은 기준소득금액의 80% 한도 적용	① 종교단체기부금이 없는 경우 : A × 30% ② 종교단체기부금이 있는 경우 : A × 10% + Min[A × 20%, 종교단체 외의 일반기부금] A = 기준소득금액 − 이월결손금 − 정치자금기부금 − 고향사랑 기부금 − 특례기부금 − 우리사주조합기부금

※ 사업자의 특례기부금과 일반기부금 한도초과액(세액공제를 적용받은 기부금은 제외) : 해당 과세기간의 다음 과세기간 개시일부터 10년 이내에 끝나는 각 과세기간에 이월하여 필요경비에 산입할 수 있음(법인세법과 동일하게 계산함)

사례1 특별재난지역의 자원봉사용역 가액

> 특별재난지역 자원봉사시간 60시간, 재료비 지출(시가 1,000,000원, 장부가액 800,000원)

- 봉사일수 : 60시간÷8시간=7.5일 → 8일
- 용역가액 : 8일×80,000+1,000,000=1,640,000(특례기부금)

사례2 중소기업인 법인(사회적기업 아님)인 경우 각 사업연도 소득금액과 개인사업자인 경우 사업소득금액

> (1) 손익계산서상 당기순이익 : 35,000,000원(다음의 금액이 반영되어 있음)
>   ① 법인세비용(개인사업자일 경우 소득세비용으로 간주함) : 5,000,000원
>   ② 판매비와 관리비로 계상된 대표자 급여 : 15,000,000원
>   ③ 영업외수익으로 계상된 은행예금이자 : 5,000,000원
>   ④ 영업외비용으로 계상된 기부금(전기 일반기부금 한도초과액 2,000,000원 있음)
>   • 사립대학 교육비(현물) : 8,000,000원(시가 10,000,000원), 정치자금 : 4,000,000원, 장학법인 : 12,000,000원
> (2) 직전 연도에 발생된 이월결손금 : 20,000,000원

구 분	각 사업연도 소득금액	사업소득금액
(1) 당기순이익	35,000,000	35,000,000
(2) 법인세(소득세)비용	(+) 5,000,000	(+) 5,000,000
(3) 대표자급여	—	(+) 15,000,000
(4) 은행이자	—	(−) 5,000,000
(5) 정치자금기부금	(+) 4,000,000	(+) 100,000*
(6) 차가감소득금액	44,000,000	50,100,000
(7) 기부금한도초과 이월액	(−) 2,000,000 주1)	(−) 2,000,000 주2)
(8) 기부금한도초과액	(+) 10,400,000 주1)	(+) 1,370,000 주2)
(9) 소득금액	52,400,000	49,470,000

* 정치자금기부금 중 10만원은 세액공제대상이므로 필요경비불산입하고, 10만원 초과액(4,000,000−100,000=3,900,000)은 기부금으로 계산함.

주1) 법인

(단위 : 백만원)

구분	지출액(B)	한도액(T)	한도초과액(D)
특례기부금	8	44*×50%=22	△14(T/A 없음)
일반기부금	12	(44−8)×10%=3.6	
		− 2	〈손금산입〉 2 (기타)
		1.6	〈손금불산입〉 10.4(기타사외유출)

* 기준금액 : 44+8+12−20=44

주2) 개인

(단위 : 백만원)

구분	지출액(B)	한도액(T)	한도초과액(D)
정치자금·특례기부금	10(시가)+3.9=13.9	56*	△42.1(T/A 없음)
일반기부금	12	(56−13.9)×30%=12.63	
		− 2	〈필요경비산입〉 2
		10.63	1.37〈필요경비불산입〉

* 기준금액 : 50.1+13.9+12−20=56

근로소득, 연금소득과 기타소득

Ⅰ. 근로소득

1. 근로소득의 범위

근로소득 : 고용계약 또는 이와 유사한 계약에 의하여 근로를 제공하고 받는 대가(명칭이나 지급방법 불문)를 말하며, 해당 과세기간에 발생한 다음의 소득으로 한다.

① 근로를 제공함으로써 받는 봉급·급료·보수·세비·임금·상여·수당과 이와 유사한 성질의 급여
② 법인의 주주총회·사원총회 또는 이에 준하는 의결기관의 결의에 따라 상여로 받는 소득(잉여금처분상여)
③ 법인세법에 따라 상여로 처분된 금액(인정상여)
④ 퇴직함으로써 받는 소득으로서 퇴직소득에 속하지 아니하는 소득
⑤ 종업원등 또는 대학의 교직원이 지급받는 직무발명보상금(퇴직한 후에 지급받는 직무발명보상금은 제외)
⑥ 사업자나 법인이 생산·공급하는 재화 또는 용역을 그 사업자나 법인(「독점규제 및 공정거래에 관한 법률」에 따른 계열회사 포함)의 사업장에 종사하는 임원 또는 종업원(이하 '임원등')에게 시가보다 낮은 가격으로 제공하거나 구입할 수 있도록 지원함으로써 해당 임원등이 얻는 이익(임직원 할인금액) 신설

📖 근로소득에 대한 사례(소령 38조 ①)

구 분	내 용
(1) 퇴직수당과 퇴직위로금	• 근로의 대가로서 현실적 퇴직을 원인으로 지급받는 소득[1] : 퇴직소득 • 퇴직소득에 속하지 아니하는 소득 : 근로소득
(2) 직무발명 보상금	• 근무기간 중 지급받는 경우 : 근로소득(단, 연 700만원 한도 비과세) • 퇴직 후에 지급받는 경우 : 기타소득(단, 연 700만원* 한도 비과세) 　* 해당 과세기간에 근로소득에서 비과세한 금액이 있는 경우 그 금액을 700만원에서 차감한 금액을 한도로 함
(3) 주식매수선택권[2] 행사로 얻은 이익	• 근무기간 중에 행사한 경우 : 근로소득 • 퇴직 후에 행사한 경우 : 기타소득 　☞ 주식매수선택권 행사이익＝행사당시 시가－행사가격(실제매수가액)
(4) 사내 원고료와 강연료	• 업무와 관련된 경우 : 근로소득(예 신규채용 시험이나 사내교육을 위한 출제·감독) • 업무와 무관한 경우 : 기타소득
(5) 여비	• 업무에 사용한 경우(실비변상정도의 금액) : 비과세 근로소득 • 업무에 사용하지 않은 경우 또는 연액·월액으로 받은 경우 : 근로소득
(6) 경조금	• 사회통념상 타당한 범위 내의 금액 : 근로소득× • 위 이외의 경우 : 근로소득
(7) 강사료	• 근로계약(동일한 학교에서 3개월 이상 계속하여 강사료를 지급받은 경우에 한함)의 경우 : 근로소득 • 위 이외의 경우 : 기타소득
(8) 공무원 포상금 등	• 공무원이 국가 또는 지방자치단체로부터 공무 수행과 관련하여 받는 상금과 부상 : 근로소득(단, 연 240만원 한도 비과세) • 「공무원 제안 규정」에 따라 채택된 제안의 제안자가 받는 부상 : 비과세 기타소득

[1] 법인세법상 임원의 경우 : 현실적인 퇴직을 원인으로 지급받는 소득이라도 법인세법상 퇴직급여 한도초과액으로 손금불산입되는 금액과 소득세법상 퇴직소득금액 계산시 퇴직소득 한도초과액은 근로소득으로 본다.

[2] 법인의 임원 또는 종업원이 해당 법인 또는 해당 법인과 특수관계에 있는 법인으로부터 부여받은 주식매수선택권(주식에는 신주인수권을 포함한다)

◁세부내용1▷ 임직원 할인혜택의 유형 및 시가의 판단기준

① 임원등에게 시가보다 낮은 가격으로 제공하거나 구입할 수 있도록 지원하는 방식(다음 중 어느 하나) 신설
  ㈎ 사업자나 법인이 생산·공급하는 재화 또는 용역(이하 '자사제품등')을 임원등에게 시가보다 낮은 가격으로 판매 또는 제공하는 방식
  ㈏ 사업자나 법인이 임원등에게 자사제품등을 구입하거나 제공받는 데 사용하도록 지원금을 지급하는 방식
  ㈐ 사업자나 법인이 임원등에게 사업자나 법인의 계열회사가 생산·공급하는 재화 또는 용역(이하 '계열회사제품등')을 구입하거나 제공받는 데 사용하도록 지원금을 지급하는 방식
  ㈑ 사업자나 법인의 계열회사가 사업자나 법인의 임원등에게 계열회사제품등을 시가보다 낮은 가격으로 판매 또는 제공하고, 사업자나 법인이 그 계열회사에 그 판매 또는 제공가액과 시가와의 차액을 지급하는 방식
② 시가 : 법인세법상 부당행위계산 부인규정의 시가로 한다. 다만, 다음 중 어느 하나에 해당하는 경우에는 임원등이 해당 재화 또는 용역을 구입하거나 제공받을 때 지급한 가격을 시가로 한다. 신설
  ㈎ 재화의 파손 또는 변질로 인해 임원등이 아닌 자에게 판매할 수 없는 경우
  ㈏ 탑승권 및 숙박권 등 사용시기가 제한되는 재화 또는 용역의 사용 기한이 임박하여 임원등이 아닌 자에게 판매 또는 제공하는 것이 현저히 곤란한 경우

[정리1] 임원의 퇴직급여

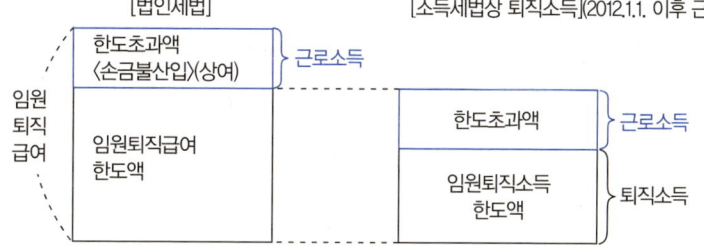

[사례1] 직무발명보상금

거주자 갑의 20×1년도 직무발명보상금 수령액 10,000,000원(퇴직 후 수령액 4,000,000원 포함)

• 근로소득(근무기간 중 수령액) : 6,000,000(비과세) ← 700만원 한도내
• 기소득(퇴직 후 수령액) : 4,000,000 − 1,000,000(비과세) = 3,000,000(과세)
  → 700만원 − 600만원(근로소득에서 비과세한 금액)

[사례2] 주식매수선택권 행사이익

행사가격 6,000원, 행사당시 시가 15,000원, 취득주식 100주, 근무기간 중 행사

근로소득 : (15,000 − 6,000) × 100주 = 900,000(총급여액)

cf) 주식양도시 1주당 취득가액 : @15,000(행사 당시 시가)

◁세부내용2▷ 벤처기업 주식매수선택권 행사이익 비과세 특례(조특법 16조의2)

벤처기업 주식매수선택권* 행사이익(퇴직 후 행사이익 포함) 중 비과세 금액 : 연간 2억원 이내의 금액(단, 2023.1.1 이후 벤처기업별 총 누적 금액은 5억원을 초과하지 못함)

* 벤처기업 또는 벤처기업이 발행주식 총수의 30% 이상을 인수한 기업의 임원 또는 종업원이 해당 벤처기업으로부터 2027.12.31. 이전에 「벤처기업육성에 관한 특별법」에 따라 부여받은 주식매수선택권과 「상법」에 따라 코넥스상장기업으로부터 부여받은 주식매수선택권(주식에는 신주인수권을 포함한다) 개정 (3년 연장)

구 분	내 용
⑼ 그 밖에 근로소득으로 보는 것	① 기밀비(판공비 포함)·교제비 기타 이와 유사한 명목으로 받는 것으로서 업무를 위하여 사용된 것이 분명하지 아니한 급여 ② 종업원이 받는 공로금·위로금·개업축하금·학자금·장학금(종업원의 수학 중인 자녀가 사용자로부터 받는 학자금·장학금 포함) ③ 근로수당·가족수당·전시수당·물가수당·출납수당·직무수당 ④ 보험회사, 투자매매업자 또는 투자중개업자 등의 종업원이 받는 집금(集金)수당과 보험가입자의 모집, 증권매매의 권유 또는 저축을 권장하여 받는 대가, 그 밖에 이와 유사한 성질의 급여 ⑤ 주택을 제공받음으로써 얻은 이익 ⑥ 종업원이 주택(주택 부수 토지 포함)의 구입·임차에 소요되는 자금을 저리 또는 무상으로 대여받음으로써 얻는 이익 ⑦ 시간외근무수당·통근수당·개근수당·특별공로금 ⑧ 종업원이 계약자이거나 종업원 또는 그 배우자 및 그 밖의 가족을 수익자로 하는 보험·신탁 또는 공제와 관련하여 사용자가 부담하는 보험료·신탁부금 또는 공제부금 ⑨ 계약기간 만료 전 또는 만기에 종업원에게 귀속되는 단체환급부보장성보험의 환급금 ⑩ 공무원에게 지급되는 직급보조비 ⑪ 의료비보조금, 휴가비 그 밖에 이와 유사한 성질의 급여

📖 **퇴직급여 지급을 위하여 적립되는 급여**

퇴직급여로 지급되기 위하여 적립(근로자가 적립금액 등을 선택할 수 없는 것으로서 기획재정부령으로 정하는 방법에 따라 적립되는 경우로 한정함)되는 급여는 근로소득에 포함하지 아니한다.(∵ 퇴직 후에 연금소득 또는 퇴직소득으로 과세)

2. 비과세 근로소득

(1) 실비변상적인 성질의 급여

내 용	비과세 금액
① 일직료·숙직료 또는 여비로서 실비변상정도의 금액 ② 직장에서만 입는 피복 ③ 천재지변 기타 재해로 받는 급여	전 액
④ 자가운전보조금(자기차량운전보조금) : 종업원(임원 포함)의 소유차량(부부 공동명의 및 본인 명의로 임차한 차량 포함)을 종업원이 직접 운전하여 사용자의 업무수행에 이용하고, 시내출장 등에 소요된 실제여비를 받는 대신에 그 소요경비를 해당 사업체의 규칙 등으로 정하여진 지급기준에 따라 받는 금액[1] ⑤ 벽지수당 ⑥ 학교[2]의 교원과 중소기업 또는 벤처기업의 연구원 등[3]이 받는 연구보조비 또는 연구활동비 ⑦ 선원이 받는 승선수당 ⑧ 기자(논설위원과 만화가 포함)가 받는 취재수당 ⑨ 수도권 외의 지역으로 이전하는 「지방자치분권 및 지역균형발전에 관한 특별법」 제2조 제14호에 따른 공공기관의 소속 공무원이나 직원에게 한시적으로 지급하는 이전지원금	월 20만원 한도

[1] 시내출장비를 함께 받는 경우에는 그 시내출장비는 비과세하나 자가운전보조금은 전액 과세함. 시외출장비를 받은 경우에는 그 시외출장비는 비과세하며 자가운전보조금도 월 20만원까지 비과세함
[2] 유아교육법, 초·중등교육법 및 고등교육법에 따른 학교 및 이에 준하는 학교(특별법에 따른 교육기관 포함)
[3] 「기초연구진흥 및 기술개발지원에 관한 법률」에 따라 인정받은 중소기업 또는 벤처기업의 기업부설연구소와 연구개발전담부서에서 연구활동에 직접 종사하는 자와 「특정연구기관 육성법」을 적용받는 연구기관, 정부출연연구기관, 지방자치단체출연연구원의 연구원

◁세부내용1▷ 사이닝보너스(signing bonus)의 근로소득수입금액 계산방법(소집행 20-0-2)

특별한 능력 또는 우수한 능력이 있는 근로자가 기업과 근로계약을 체결하면서 지급받는 사이닝보너스를 근로계약 체결 시 일시에 선지급(계약기간 내 중도퇴사 시 일정금액 반환조건)하는 경우 : 해당 선지급 사이닝보너스를 계약조건에 따른 근로기간 동안 안분하여 계산한 금액을 각 과세기간의 근로소득수입금액으로 함

◁세부내용2▷ 근로자가 적립금액 등을 선택할 수 없는 것으로서 기획재정부령으로 정하는 방법

다음의 요건을 모두 충족하는 적립 방법
① 「근로자퇴직급여 보장법」에 따른 퇴직급여제도의 가입 대상이 되는 근로자(임원 포함. 이하 같음) 전원이 적립할 것. 다만, 각 근로자가 사업장에 ②에 따른 적립 방식이 최초로 설정되는 날* 또는 ②의 적립 방식이 변경되는 날에 향후 적립하지 아니할 것을 선택할 수 있는 것이어야 한다.
  * 해당 사업장에 최초로 근무하게 된 날에 ②의 적립 방식이 이미 설정되어 있는 경우에는 「근로자퇴직급여 보장법」에 따라 최초로 퇴직급여제도의 가입 대상이 되는 날을 말함
② 적립할 때 근로자가 적립 금액을 임의로 변경할 수 없는 적립 방식을 설정하고 그에 따라 적립할 것
③ ②의 적립 방식이 「근로자퇴직급여 보장법」에 따른 퇴직연금규약, 확정기여형퇴직연금규약 또는 「과학기술인공제회법」에 따른 퇴직연금급여사업을 운영하기 위하여 과학기술인공제회와 사용자가 체결하는 계약에 명시되어 있을 것
④ 사용자가 확정기여형퇴직연금계좌 및 「과학기술인공제회법」에 따른 퇴직연금급여를 지급받기 위하여 설정하는 계좌에 적립할 것

◁세부내용3▷ 천재지변·기타 재해로 인하여 받는 급여의 비과세

집중폭우로 거주용 주택이 침수되어 생활상의 어려움을 겪고 있는 직원에게 이사회의 의결을 거쳐 일정금액의 생활보조금을 지급하는 경우(소집행 12-12-7 ②) → 실비변상적인 성질의 비과세급여

[정리] 자가운전보조금

① 시내출장비 + 자가운전보조금
   비과세   전액과세

② 시외출장비 + 자가운전보조금
   비과세   월 20만원 비과세

	1월	2월	3월
자가운전보조금	250,000	150,000	200,000
비과세	(200,000)	(150,000)	(200,000)
과세	50,000	0	0

◁세부내용4▷ 자가운전보조금의 비과세 범위(소집행 12-12-5)

① 근로자가 2 이상의 회사에 근무하면서 각각의 회사로부터 자가운전보조금을 지급받는 경우 : 지급하는 회사를 기준으로 월 20만원 이내의 금액 비과세
② 직원의 출·퇴근 편의를 위하여 지급하는 교통보조금 : 자가운전보조금 아님
③ 타인(배우자, 장애인 가족 포함)명의 차량, 배우자 외의 자와 공동명의 차량에 대한 자기운전보조금 : 비과세 대상 아님

📖 그 밖의 실비변상적인 성질의 급여

> ① 선원법에 의하여 받는 식료
> ② 특수분야에 종사하는 군인이 받는 낙하산강하위험수당·수중파괴작업위험수당·잠수부위험수당·고전압위험수당·폭발물위험수당·항공수당(유지비행훈련수당 포함)·비무장지대근무수당·전방초소근무수당·함정근무수당(유지항해훈련수당 포함) 및 수륙양용궤도차량승무수당, 특수분야에 종사하는 경찰공무원이 받는 경찰특수전술업무수당과 경호공무원이 받는 경호수당
> ③ 경찰공무원이 받는 함정근무수당·항공수당 및 소방공무원이 받는 함정근무수당·항공수당·화재진화수당
> ④ 광산근로자가 받는 입갱수당 및 발파수당
> ⑤ 국가 또는 지방자치단체가 지급하는 다음 중 어느 하나에 해당하는 것
>   ㈎ 영유아보육교사의 처우개선을 위하여 지급하는 근무환경개선비
>   ㈏ 사립유치원 수석교사·교사의 인건비
>   ㈐ 전문과목별 전문의의 수급 균형을 유도하기 위하여 전공의에게 지급하는 수련보조수당
> ⑥ 종교관련종사자가 소속 종교단체의 규약 또는 소속 종교단체의 의결기구의 의결·승인 등을 통하여 결정된 지급 기준에 따라 종교 활동을 위하여 통상적으로 사용할 목적으로 지급받은 금액 및 물품 → 종교활동비

(2) 식사와 식사대

구 분	세무상 처리
① 식사·기타음식물*	전액 비과세
② 식사대	월 20만원을 한도로 비과세
③ 식사·기타음식물과 식사대를 동시에 제공하는 경우	식사·기타음식물은 비과세, 식사대는 전액 과세

* 제공방법(사내급식, 외부급식)과 제공시기(중식, 야식)에 관계없음

(3) 근로자 본인의 학자금

구 분	세무상 처리
근로자 본인의 학자금	비과세 : 「초·중등교육법」 및 「고등교육법」에 따른 학교(외국에 있는 이와 유사한 교육기관 포함)와 직업능력개발훈련시설의 입학금·수업료·수강료, 그 밖의 공납금 중 다음의 요건을 갖춘 학자금(해당 과세기간에 납입할 금액을 한도로 한다) ① 업무와 관련된 교육·훈련일 것 ② 회사의 지급기준에 따라 받을 것 ③ 교육·훈련기간이 6개월 이상인 경우 교육·훈련 후 해당 교육기간을 초과하여 근무하지 않는 때에는 지급받은 금액을 반납할 것을 조건으로 할 것
근로자 자녀의 학자금	근로소득

(4) 사용자 부담 사회보험료

> 국민건강보험법 또는 노인장기요양보험법, 고용보험법에 따라 국가·지방자치단체 또는 사용자가 부담하는 보험료 → 비과세 근로소득

※ 근로자 부담분을 사용자가 대신 부담한 경우에는 근로소득에 포함하고 근로자에게 소득공제함

≪세부내용≫ 비과세 되는 식사 또는 식사대의 범위(소집행 12-0-5)

① 식사·기타 음식물 : 사용자가 근로자에게 무상으로 제공하는 음식물로서 통상적으로 급여에 포함되지 아니하고, 음식물의 제공여부로 급여에 차등이 없으며, 사용자가 추가부담으로 제공하는 것
② 사용자가 기업외부의 음식업자와 식사·기타 음식물 공급계약을 체결하고 그 사용자가 교부하는 식권에 의하여 제공받는 식사·기타 음식물로서 해당 식권이 현금으로 환금할 수 없고 ①의 요건에 해당되는 때
③ 다른 근로자와 함께 일률적으로 급식수당을 지급받고 있는 근로자가 야간근무 등 시간외 근무를 하는 경우에 별도로 제공받는 식사·기타 음식물
④ 근로자가 2이상의 회사에 근무하면서 식사대를 매월 각 회사로부터 중복하여 지급받는 경우에는 각 회사에서 지급받는 식사대를 합한 금액 중 월 20만원 이내의 금액

[정리1] 근로자 본인의 학자금

교육기간 6개월 ──→ 6개월초과 근무하지 않은 경우 ┬→ 반납조건 있음 … 비과세
　　　　　　　　　　　　　　　　　　　　　　　　└→ 반납조건 없음 … 과세

예 소집행(12-11-1)

비과세 학자금	비과세 되지 않는 학자금
• 대학원에 납입한 학자금 • 출자임원에 대한 학자금 • 해외 MBA과정에 납입한 교육훈련비	• 사설 어학원 수강을 지원하는 교육훈련비 • 자치회비 및 교재비 • 학비보조금(또는 연수비)

[정리2] 사내근로복지기금에서 받는 학자금 … 본인·자녀분 모두 비과세

[사례1] 건강보험료 등

건강보험료 등 100	총급여액(if 급여 1,000)	소득공제(보험료공제)
┌ 회 사 부 담 50(비과세) └ 근로자부담 50(근로소득) … 총급여액에 이미 포함됨	1,000	50
┌ 회 사 부 담 100 ┌ 50(비과세) 　　　　　　　　　└ 50(근로소득) … 총급여액에 추가 포함 └ 근로자부담 0	1,000+50=1,050	50

[정리3] 국민연금보험료의 사용자부담금 … 근로소득으로 보지 않음(∵ 추후 수령시 연금소득 또는 퇴직소득으로 과세)

(5) 기업 출산지원금 및 보육수당

구 분	비과세급여
① **기업 출산지원금** : 근로자(사용자와 특수관계에 있는 자[*1) 제외) 또는 그 배우자의 출산과 관련하여 자녀의 출생일 이후 2년 이내에 사용자로부터 최대 두 차례에 걸쳐 지급받은 급여[*2)(2021.1.1. 이후 출생한 자녀[*3)도 포함) 개정	전액
② **보육수당** : 근로자 또는 그 배우자의 해당 과세기간 개시일을 기준으로 6세 이하(6세가 되는 날과 그 이전 기간을 말함)인 자녀의 보육과 관련하여 사용자로부터 지급받는 급여 개정	월 20만원 한도

*1) 사용자와 특수관계에 있는 자 : 친족관계(사용자등이 개인인 경우), 지배주주등(해당 지배주주등과 친족관계 또는 경영지배관계에 있는 사람 포함)인 관계(사용자등이 법인인 경우) 신설
*2) 사용자로부터 해당 급여를 지급받는 횟수에 관계 없이 자녀의 출생일 이후 2년 이내에 첫 번째와 두 번째 지급받는 급여를 말한다. 이 경우 근로자가 지급받는 급여의 횟수는 사용자별로 계산한다. 신설
*3) 2021.1.1. 이후 출생한 자녀에 대하여 2024.1.1.부터 2024.12.31. 사이에 지급받은 급여를 포함한다. 개정

(6) 국외근로소득(북한 근무 포함)

구 분	비과세금액
① 국외 등의 지역에서 근무하는 공무원(재외공관 행정직원 등 포함), 대한무역투자진흥공사, 한국관광공사, 한국국제협력단, 한국국제보건의료재단, 한국산업인력공단 및 중소벤처기업진흥공단의 종사자 개정	국내 근무시보다 초과하여 받는 금액 중 실비변상적 성격의 급여로서 외교부장관이 기획재정부장관과 협의하여 고시하는 금액
② 원양어선과 외항선박 또는 국외건설현장 등에서 근로를 제공(설계 및 감리 업무 포함)하는 자	월급여액에서 500만원 비과세
③ 위 이외의 국외근무자(국외를 항행하는 항공기에서 근로를 제공하는 것 포함)	월급여액에서 100만원 비과세

(7) 직무발명보상금

발명진흥법에 따른 다음의 직무발명보상금	비과세금액
① 발명진흥법에 따른 종업원등[*1)이 사용자등[*2)으로부터 받는 보상금. 다만, 보상금을 지급한 사용자등과 특수관계에 있는 자[*3)가 받는 보상금은 제외함.	연 700만원 한도
② 대학의 교직원 또는 대학과 고용관계가 있는 학생이 소속 대학에 설치된 산학협력단으로부터 받는 보상금	

*1) 종업원등 : 종업원, 법인의 임원 또는 공무원
*2) 사용자등 : 사용자, 법인 또는 국가나 지방자치단체
*3) 사용자등과 특수관계에 있는 자 : 친족관계(사용자등이 개인인 경우), 지배주주등(해당 지배주주등과 친족관계 또는 경영지배관계에 있는 자 포함)인 관계(사용자등이 법인인 경우)

≪세부내용≫ 비과세 대상 보육수당(소집행 12-0-4)

① 6세 이하 자녀의 보육수당 : 자녀 수에 관계없이 지급월을 기준으로 20만원 이내의 금액을 비과세하며, 동 보육수당을 분기별로 지급하거나 수개월분을 일괄지급하는 경우에도 그 지급월을 기준으로 월 20만원 이내의 금액을 비과세함
② 동일 직장에서 맞벌이 하는 근로자가 6세 이하의 자녀 1인에 대하여 각각 보육수당을 수령하는 경우 : 소득자별로 각각 월 20만원 이내의 금액 비과세
③ 근로자가 2이상의 회사에 근무하면서 6세 이하 자녀보육수당을 매월 각 회사로부터 중복하여 지급받는 경우 : 각 회사의 보육수당 합계금액 중 월 20만원 이내의 금액 비과세

사례 기업출산지원금과 보육수당

영리내국법인 ㈜A에 근무하는 근로자 갑의 배우자가 2025년 1월 3일에 자녀를 출산하여, ㈜A로부터 기업출산지원금 100,000,000원을 1월 30일에 수령하고, 보육수당을 2,400,000원(매월 200,000원) 수령함.
〈경우1〉 갑이 ㈜A의 지배주주등이 아닌 경우
〈경우2〉 갑이 ㈜A의 지배주주등인 경우

〈경우1〉 기업출산지원금 : 전액(금액제한 없음) 비과세
        6세 이하의 자녀보육수당 : 월 20만원까지 비과세
〈경우1〉 기업출산지원금 : 전액 근로소득으로 과세
        6세 이하의 자녀보육수당 : 월 20만원까지 비과세

정리 사용자등과 특수관계(친족관계, 지배주주등인 관계)인 경우의 비과세 배제 규정

구분	특수관계 없는 경우	특수관계 있는 경우
① 기업출산지원금(출산일 이후 2년 이내 총 2회)	전액 비과세	전액 근로소득으로 과세함
② 직무발명보상금	연 700만원 이내 비과세	
③ 중소기업 종업원의 주택구입 및 임차자금 대여이익	전액 비과세	
④ 소액주주* 임원의 사택제공이익	전액 비과세	

* 해당 법인의 국가, 지방자치단체가 아닌 지배주주등의 특수관계인인 자는 소액주주에서 제외함.

(8) 복리후생적 성질의 급여

구 분	비과세 내용
1) 사택*1) 제공 이익	주주 또는 출자자가 아닌 임원, 소액주주*2)인 임원, 임원이 아닌 종업원(비영리법인 또는 개인의 종업원 포함), 국가 또는 지방자치단체로부터 근로소득을 지급받는 사람이 사택을 제공받음으로써 얻는 이익 ☞ 소액주주가 아닌 출자임원의 사택제공이익은 근로소득임
2) 중소기업 종업원의 주택구입·임차자금 대여이익	「조세특례제한법 시행령」 제2조에 따른 중소기업의 종업원이 주택(주택 부수 토지포함)의 구입·임차에 소요되는 자금을 저리 또는 무상으로 대여 받음으로써 얻는 이익. 다만, 해당 종업원이 중소기업과 특수관계*3)에 있는 경우 그 종업원이 얻는 이익은 제외함. ☞ 중소기업 종업원 외의 자의 주택구입·임차 자금 대출로 인한 이익은 근로소득임
3) 보험료 대납액	종업원이 계약자이거나 종업원 또는 그 배우자 및 그 밖의 가족을 수익자로 하는 보험·신탁 또는 공제와 관련하여 사용자가 부담하는 보험료·신탁부금 또는 공제부금 중 다음의 보험료등 ① 단체순수보장성보험과 단체환급부보장성보험*4)의 보험료 중 연 70만원 이하의 금액 ② 임직원의 고의(중과실 포함) 외의 업무상 행위로 인한 손해의 배상청구를 보험금의 지급사유로 하고 임직원을 피보험자로 하는 보험의 보험료 ☞ 위 외의 사용자가 대신 부담하는 보험료는 근로소득임 ☞ 단체환급부보장성보험의 환급금(납입시 비과세된 부분)은 근로소득임
4) 공무원이 받는 상금과 부상	공무원이 국가 또는 지방자치단체로부터 공무 수행과 관련하여 받는 상금과 부상 중 연 240만원 이내의 금액
5) 직장어린이집 운영비 및 위탁보육비지원금	「영유아보육법」에 따라 직장어린이집을 설치·운영하거나 위탁보육을 하는 사업주가 그 비용을 부담함으로써 해당 사업장의 종업원이 얻는 이익

*1) 사택 : 사용자가 소유하고 있는 주택을 종업원 및 임원에게 무상 또는 저가로 제공하거나, 사용자가 직접 임차하여 종업원 및 임원에게 무상으로 제공하는 주택
*2) 소액주주 : 지분율 1% 미만인 주주(단, 해당 법인의 국가, 지방자치단체가 아닌 지배주주등의 특수관계인인 자 제외)
*3) 특수관계 : 친족관계(중소기업이 개인사업자인 경우), 지배주주등(해당 지배주주등과 친족관계 또는 경영지배관계에 있는 자 포함)인 관계(중소기업이 법인사업자인 경우)
*4) 단체보장성보험 : 종업원의 사망·상해 또는 질병을 보험금의 지급사유로 하고 종업원을 피보험자와 수익자로 하는 보험. 만기에 납입보험료를 환급하지 않는 보험을 단체순수보장성보험이라 하고, 만기에 납입보험료를 초과하지 않는 범위에서 환급하는 보험을 단체환급부보장성보험이라 함.

(9) 생산직근로자 등의 연장근로수당 등

구 분	내 용
대 상 자	월정액급여*) 210만원 이하이고, 직전 과세기간의 총급여액(비과세소득 제외)이 3천만원 이하인 근로자(일용근로자 포함)로서 다음 중 어느 하나에 해당하는 사람 ① 공장·광산 근무 생산직근로자 ② 어업을 영위하는 자에게 고용되어 어선에 승무하는 선원(선장 제외) ③ 통계청장이 고시하는 한국표준직업분류에 따른 운전 및 운송 관련직 종사자, 돌봄·미용·여가 및 관광·숙박시설·조리 및 음식 관련 서비스직 종사자, 매장 판매 종사자, 상품 대여 종사자, 통신 관련 판매직 종사자, 운송·청소·경비·가사·음식·판매·농림·어업·계기·자판기·주차관리 및 기타 서비스 관련 단순 노무직 종사자 중 기획재정부령으로 정하는 자
비과세대상	연장근로·휴일근로·야간근로를 하여 받는 급여(선원은 생산수당*) * 비율급으로 받는 경우 월 고정급을 초과하는 비율급을 말함
비과세한도	연간 240만원(광산근로자와 일용근로자는 전액 비과세)

정리1 사택제공이익

① 출자임원의 사택제공이익 : 법인세법은 부당행위계산의 부인 적용, 소득세법은 근로소득으로 과세함
② 임직원(출자임원 제외)에게 제공되는 사택 : 주택규모에 관계없이 비과세근로소득
③ 임직원에게 제공되는 호텔임차비용 : 호텔은 주택이 아니므로 근로소득에 해당함

사례1 단체환급부 보장성보험 … 예 단체상해보험

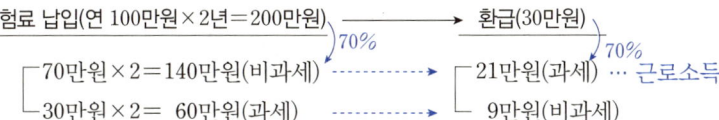

☞ 상해보험 보험료를 회사가 대납시 : 전액 근로소득임(∵ 단체상해보험인 경우만 연 70만원까지 비과세함)

사례2 생산직근로자의 연장근무수당 등 … 직전연도 총급여액 3,000만원 이하

① 기본급 : 12,000,000원(1,000,000원×12개월)
② 연장근무수당 : 2,500,000원
③ 상여금 : 9,000,000원(매 2개월마다 1,500,000원씩 수령)
④ 자가운전보조금(비과세요건 충족함) : 3,000,000원(250,000원×12개월)
⑤ 6세 이하 자녀보육수당 : 2,400,000원(200,000원×12개월)
⑥ 중식대 : 3,600,000원(300,000원×12개월, 별도 식사제공 없음)
⑦ 일직비 : 600,000원(50,000원×12개월, 실비변상적 성질)
⑧ 산불 재해로 인하여 받은 급여 : 3,000,000원(500,000원×6개월)
⑨ 국민연금보험료 : 1,200,000원(100,000원×12개월, 근로자부담분 월 50,000원을 회사가 대신 부담함)
⑩ 자격수당 : 4,800,000원(400,000원×12개월)
⑪ 사택제공이익 : 3,600,000원(300,000원×12개월, 임원 아님)
⑫ 단체상해보험료 : 600,000원(50,000원×12개월, 회사가 부담한 보장성보험료임)

구 분	금 액	비 고
① 기본급	12,000,000	
② 연장근무수당	100,000	2,500,000−2,400,000, 연 240만원 비과세
③ 상여금	9,000,000	
④ 자가운전보조금	600,000	(250,000−200,000)×12, 월 20만원 비과세
⑤ 6세 이하 자녀보육수당	−	월 20만원 비과세
⑥ 중식대	1,200,000	(300,000−200,000)×12, 월 20만원 비과세
⑦ 일직비	−	실비변상적 성질의 비과세(전액)
⑧ 산불 재해로 인하여 받은 급여	−	실비변상적 성질의 비과세(전액)
⑨ 국민연금보험료	600,000	50,000×12, 근로자 부담분의 회사부담액
⑩ 자격수당	4,800,000	
⑪ 사택제공이익	−	복리후생적 성질의 비과세급여(전액)
⑫ 단체상해보험료	−	복리후생적 성질의 비과세급여(연 70만원 한도)
총급여액	28,300,000	

※ 월정액급여 : 1,000,000(기본급)+50,000(자가운전보조금 중 과세분)+200,000(자녀보육수당)+300,000(중식대)+50,000(회사 대납 국민연금보험료)+400,000(자격수당)=2,000,000 ← 210만원 이하

주) 월정액급여

$$월정액급여 = \begin{pmatrix} 매월\ 급여 \\ 등\ 총액 \end{pmatrix} - \begin{pmatrix} 부정기적 \\ 급여 \end{pmatrix} - \begin{pmatrix} 실비변상적 \cdot 복리후생적 \\ 성질의\ 비과세급여 \end{pmatrix} - \begin{pmatrix} 연장근로수당 \cdot 휴일근로수당 \\ \cdot 야간근로수당 \cdot 선원의\ 생산수당 \end{pmatrix}$$

✎ 월정액급여 계산시 주요 항목의 포함여부(경조금은 근로소득이 아니므로 불포함)

월정액급여에 포함하는 것	월정액급여에 포함하지 않는 것
• 식사와 식사대 : 비과세 여부에 관계없음 • 연간 상여금을 매월 분할지급받는 경우	• 자가운전보조금(월 20만원 이내 금액) • 국민연금보험료, 건강보험료, 노인장기요양보험료, 고용보험료의 사용자부담분

(10) 임직원 할인금액 [신설]

구 분	내 용
비과세 요건	임원 또는 종업원(이하 '임원등') 할인금액 중 다음의 요건을 모두 충족하는 소득 ① 임원등 본인이 소비하는 것을 목적으로 제공받거나 지원을 받아 구입한 재화 또는 용역으로서 법령으로 정하는 기간^{주)} 동안 재판매가 허용되지 아니할 것 ② 해당 재화 또는 용역의 제공과 관련하여 모든 임원등에게 공통으로 적용되는 기준이 있을 것
비과세한도	비과세금액 : Max[재화 또는 용역의 시가 합계액* × 20%, 연간 240만원] [신설] * 임원등이 해당 과세기간 동안 시가보다 낮은 가격으로 제공받거나 지원을 받아 구입한 재화 또는 용역의 시가를 합한 금액

주) ㈎ 「소비자기본법 시행령」의 품목별 소비자분쟁해결기준에 따른 품목별 내용연수가 5년을 초과하는 재화 : 2년
㈏ 「개별소비세법」 제1조제2항제2호(보석, 고급시계, 고급가방, 고급가구 등)에 해당하는 재화 : 2년
㈐ ㈎ 및 ㈏에 해당하지 않는 재화 : 1년

(11) 그 밖의 비과세 근로소득

① 「산업재해보상보험법」에 따라 수급권자가 받는 요양급여, 휴업급여, 장해급여, 간병급여, 유족급여, 유족특별급여, 장해특별급여, 장의비 또는 근로의 제공으로 인한 부상·질병·사망과 관련하여 근로자나 그 유족이 받는 배상·보상 또는 위자의 성질이 있는 급여
② 「고용보험법」에 따라 받는 실업급여, 육아휴직 급여, 육아기 근로시간 단축 급여, 출산전후휴가 급여 등, 「제대군인 지원에 관한 법률」에 따라 받는 전직지원금, 「국가공무원법」·「지방공무원법」에 따른 공무원 또는 「사립학교교직원 연금법」·「별정우체국법」을 적용받는 사람이 관련 법령에 따라 받는 육아휴직수당(사립학교법에 따라 임명된 사무직원이 학교의 정관 또는 규칙에 따라 지급받는 월 150만원 이하의 육아휴직수당 포함)
③ 「근로기준법」 또는 「선원법」에 따라 근로자·선원 및 그 유족이 받는 요양보상금, 휴업보상금, 상병보상금, 일시보상금, 장해보상금, 유족보상금, 행방불명보상금, 소지품 유실보상금, 장의비 및 장제비
④ 복무 중인 병(兵)이 받는 급여 : 병역의무의 수행을 위하여 징집·소집되거나 지원하여 복무 중인 사람으로서 병장 이하의 현역병(지원하지 아니하고 임용된 하사 포함), 의무경찰, 그 밖에 이에 준하는 사람이 받는 급여
⑤ 법률에 따라 동원된 사람이 그 동원 직장에서 받는 급여
⑥ 「국민연금법」에 따라 받는 반환일시금(사망으로 받는 것만 해당한다) 및 사망일시금
⑦ 외국정부(외국의 지방자치단체와 연방국가인 외국의 지방정부 포함) 또는 국제연합과 그 소속기관에 근무하는 자로서 대한민국 국민이 아닌 사람이 그 직무수행의 대가로 받은 급여(단, 그 외국정부가 그 나라에서 근무하는 우리나라 공무원의 급여에 대하여 소득세를 과세하지 아니하는 경우만 해당함)
⑧ 작전임무를 수행하기 위하여 외국에 주둔 중인 군인·군무원이 받는 급여[미리 받은 급여(업무수행기간 후의 기간에 해당하는 급여 포함)를 포함]
⑨ 종군한 군인·군무원이 전사(전상으로 인한 사망 포함)한 경우 그 전사한 날이 속하는 과세기간의 급여
⑩ 국군 포로가 지급받는 보수 및 퇴직일시금
⑪ 「교육기본법」에 따라 받는 장학금 중 대학생이 근로를 대가로 지급받는 장학금(대학에 재학하는 대학생에 한정함)

사례1 갑과 을의 총급여액 계산

(1) ㈜A(중소기업)로부터 갑(상무이사, 지분율 1%)과 을(개발과장, 지분율 1.5%)이 20×1년에 지급받은 내역(아래 금액은 12개월간 매월 균등하게 지급받은 금액을 합산한 것임)

구 분	갑	을	비 고
기본급	70,000,000원	48,000,000원	
성과급	20,000,000원	1,800,000원	
식사대	2,760,000원	2,760,000원	갑은 식사를 제공받지 않았으나, 을은 구내 식당에서 식사를 제공받았음
자격증수당	-	240,000원	
판공비	2,000,000원	-	
자가운전보조금	3,000,000원	1,200,000원	갑과 을 모두 법령으로 정한 요건을 충족함
연구보조비	2,400,000원	3,600,000원	갑과 을은 연구개발전담부서의 연구원임

(2) 갑과 을의 국민건강보험법에 따른 건강보험료의 내역

구 분	갑	을	비 고
회사부담분	4,500,000원	2,000,000원	㈜A가 부담함
본인부담분	4,500,000원	2,000,000원	㈜A가 부담함

(3) 갑과 을이 ㈜A로부터 받은 보상금 등의 내역(갑과 을은 지배주주등과 특수관계 없음)

구 분	갑	을	비 고
직무발명보상금	8,000,000원	6,000,000원	발명진흥법에 따라 받은 보상금
주택자금이익	1,000,000원	800,000원	주택구입자금 무상대여 이익
사택 무상제공 이익	9,000,000원	9,000,000원	㈜A가 임차하여 제공한 주택임
임직원 할인금액 (비과세요건 충족)	10,000,000원	2,500,000원	갑에게 판매한 제품의 시가는 4천만원, 을에게 판매한 상품의 시가는 1천만원임

구 분	갑(임원)	을(직원)
기본급	70,000,000	48,000,000
성과급	20,000,000	1,800,000
식사대	2,760,000-200,000×12	2,760,000
자격증수당	-	240,000
판공비	2,000,000	-
자가운전보조금	3,000,000-200,000×12	비과세(월 20만원 이내)
연구보조비	비과세(월 20만원 이내)	3,600,000-200,000×12
건강보험료(㈜A가 부담한 본인분)	4,500,000	2,000,000
직무발명보상금	8,000,000-7,000,000	비과세(연 700만원 이내)
주택구입자금 무상대여 이익	1,000,000	비과세(중소기업 직원)
사택 무상제공 이익	9,000,000	비과세
임직원 할인금액	10,000,000-Max[40,000,000×20%, 240만원]=2,000,000	2,500,000-Max[10,000,000×20%, 240만원]=100,000
총급여액	110,460,000	56,100,000

3. 근로소득금액의 계산

근로소득금액＝총급여액(비과세 제외)－근로소득공제

구 분	근로소득공제	
	총급여액	근로소득공제*(연 2천만원 한도)
(1) 상용근로자	500만원 이하	총급여액×70%
	500만원 초과 1,500만원 이하	350만원＋(총급여액－500만원)×40%
	1,500만원 초과 4,500만원 이하	750만원＋(총급여액－1,500만원)×15%
	4,500만원 초과 1억원 이하	1,200만원＋(총급여액－4,500만원)×5%
	1억원 초과	1,475만원＋(총급여액－1억원)×2%
(2) 일용근로자	1일 15만원	

* 근로소득공제는 신청을 필요로 하지 아니하며, 근로기간이 1년 미만인 경우에도 월할계산하지 않는다.
☞ 총급여액이 362,500,000원 이상인 경우 근로소득공제액은 2,000만원이다.

📎 일용근로자 : 일급·시간급·성과급으로 급여계산 & 동일한 고용주에게 3개월 미만(건설근로자는 1년 미만, 하역근로자는 기간제한 없음) 고용

4. 근로소득의 수입시기

구 분	수 입 시 기
(1) 급여	근로를 제공한 날
(2) 잉여금처분에 의한 상여	해당 법인의 잉여금처분 결의일
(3) 인정상여	해당 법인의 사업연도 중 근로를 제공한 날(월평균금액을 계산한 것이 2년도에 걸친 때에는 각각 해당 사업연도 중 근로를 제공한 날로 함)
(4) 임원의 퇴직소득 한도초과액	지급받거나 지급받기로 한 날
(5) 주식매수선택권	주식매수선택권을 행사한 날
(6) 도급계약에 의한 급여(확정신고기간 개시일 전 미확정급여)	급여가 확정된 날(다만, 확정된 날 전에 실제로 받은 금액은 그 받은 날)

5. 근로소득의 과세방법

구 분	급여지급시 원천징수	연말정산	확정신고
상용근로소득	간이세액표에 따라 원천징수	다음 연도 2월분 급여 지급시 연말정산	다음 연도 5월에 확정신고(단, 근로소득만 있는 경우로서 연말정산한 때에는 확정신고하지 않아도 됨)
일용근로소득	원천징수(분리과세)	─	─

☞ 일용근로자의 원천징수 : 원천징수 소득세＝(일당－15만원)×6%×(1－55%)
　　　　　　　　　　　　　　　　　　　　근로소득공제　　　　근로소득세액공제

📎 원천징수대상이 아닌 근로소득 : 외국기관·국제연합군(미국군 제외)으로부터 받는 급여, 국외에 있는 비거주자 또는 외국법인(국내지점 또는 국내영업소 제외)으로부터 받는 급여(단, 국내사업장의 국내원천소득금액 계산시 필요경비나 손금으로 계상된 것 제외) ☞ 납세조합 가입시 납세조합에서 원천징수와 연말정산을 함 → 2027.12.31.까지 산출세액의 3%를 세액공제(연 100만원 한도)함. 개정 (3년 연장, 종전 : 5%)

정리 외화로 지급받는 급여(소칙 16조 ①)

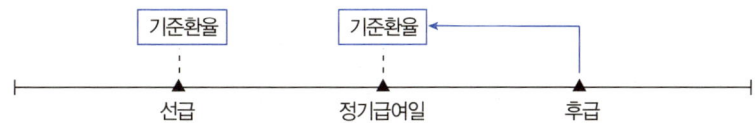

사례1 근로소득의 수입시기

㈜A(12월말 결산법인)의 직원으로 근무하는 거주자 갑의 20×2년도 총급여액은?

(1) 월 급여(급여 지급일 : 다음 달 5일) : 월 3,000,000원
(2) 잉여금 처분에 의한 상여

대상 사업연도	잉여금처분결의일	지급일	금액
20×1년	20×2.3.2.	20×2.3.30.	5,000,000원
20×2년	20×3.3.4.	20×3.4.10.	6,000,000원

(3) 「법인세법」에 따라 상여로 처분된 금액(인정상여)

대상 사업연도	결산확정일	법인세신고일	금액
20×1년	20×2.3.2.	20×2.3.31.	7,000,000원
20×2년	20×3.3.4.	20×3.3.31.	9,000,000원

- 총급여액 : 3,000,000×12개월＋5,000,000(잉여금처분 상여)＋9,000,000(인정상여)＝50,000,000
  - 잉여금처분 결의일
  - 근로를 제공한 연도

사례2 상용근로소득의 원천징수 및 연말정산 … 급여일(매월 25일)

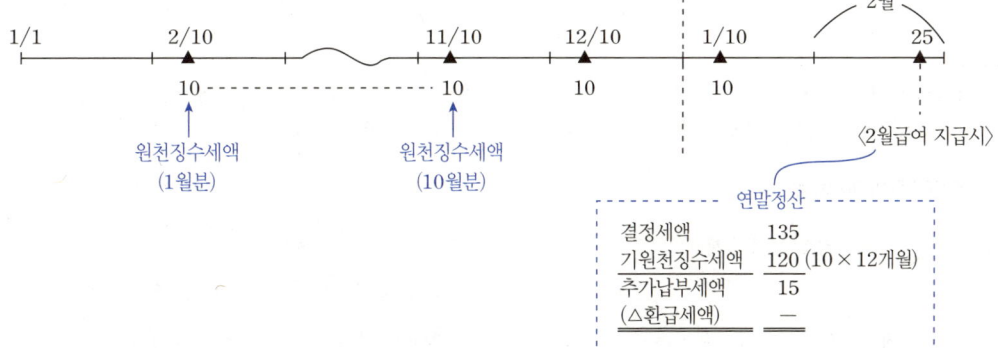

사례3 일용근로자의 근로소득세 원천징수세액

거주자 갑은 ㈜A로부터 40일분의 급여(일당 400,000원)와 근로제공일의 근로성과에 따른 성과급 7,000,000원을 지급받았다. 일당 외에 점심식사(현물, 1일 8,000원 상당액)를 제공받았다.

① 총급여액 : 400,000×40일＋7,000,000＝23,000,000
② 근로소득공제 : 150,000×40일＝6,000,000
③ 산출세액 : (23,000,000－6,000,000)×6%＝1,020,000
④ 원천징수세액 : 1,020,000×(1－55%)＝459,000

Ⅱ. 연금소득

1. 연금소득의 범위

(1) 공적연금소득

구 분	내 용
공적연금소득	국민연금법, 공무원연금법, 군인연금법, 사립학교교직원연금법, 별정우체국법 또는 「국민연금과 직역연금의 연계에 관한 법률」(이하 '공적연금 관련법')에 따라 받는 각종 연금
과세대상	공적연금소득은 2002.1.1. 이후에 납입된 연금기여금, 사용자부담금(국가 또는 지방자치단체의 부담금 포함), 근로제공을 기초로 하여 받는 것부터 과세한다.
공적연금소득 계산	공적연금소득은 2002.1.1.(이하 '과세기준일')을 기준으로 지급자별로 다음과 같이 계산한다. ① 국민연금과 연계노령연금 $$과세기준금액 = 총수령액 \times \frac{과세기준일\ 이후\ 납입기간의\ 환산소득\ 누계액}{총\ 납입기간의\ 환산소득\ 누계액}$$ ② 그 밖의 공적연금소득 $$과세기준금액 = 총수령액 \times \frac{과세기준일\ 이후\ 기여금\ 납입월수}{총\ 기여금\ 납입월수}$$ ※ 공적연금 일시금(퇴직소득세가 과세되었거나 비과세 소득인 경우만 해당함)을 반납하고 공적연금 관련법에 따라 재직기간, 복무기간 또는 가입기간을 합산한 경우에는 재임용일 또는 재가입일을 과세기준일로 보아 계산한다.
과세제외기여금이 있는 경우	$$공적연금소득 = 과세기준금액 - 과세제외기여금등^*$$ * 과세제외기여금등 : 2002.1.1. 이후에 연금기여금을 납부하였으나 소득공제를 받지 못한 금액을 말하여, 과세제외기여금등이 해당 과세기간의 과세기준금액을 초과하는 경우 그 초과하는 금액은 그 다음 과세기간부터 수령하는 과세기준금액에서 뺀다.

📎 공적연금에 대한 지연이자를 받는 경우 : 공적연금소득을 지급하는 자가 연금소득의 일부 또는 전부를 지연하여 지급하면서 지연지급에 따른 이자를 함께 지급하는 경우 해당 이자는 공적연금소득으로 본다.

📖 공적연금소득의 과세체계

[납입 및 운용 단계]

| 과세제외기여금 (소득공제×) |
| 본인기여금 (소득공제○) |
| 사용자부담금 (근로소득×) |
| 운용수익 |

➡

[인출단계]

	<연금수령>	<연금외수령>
	과세하지 않음	과세하지 않음
	연금소득	퇴직소득

정리1 공적연금소득의 과세제도 변천

	〈납입연도 과세체계〉 2002.1.1. 이후	〈수령연도 과세체계〉
연금기여금 납입	소득공제 없음(과세)	소득공제
연금수령	비과세	과세

사례 국민연금

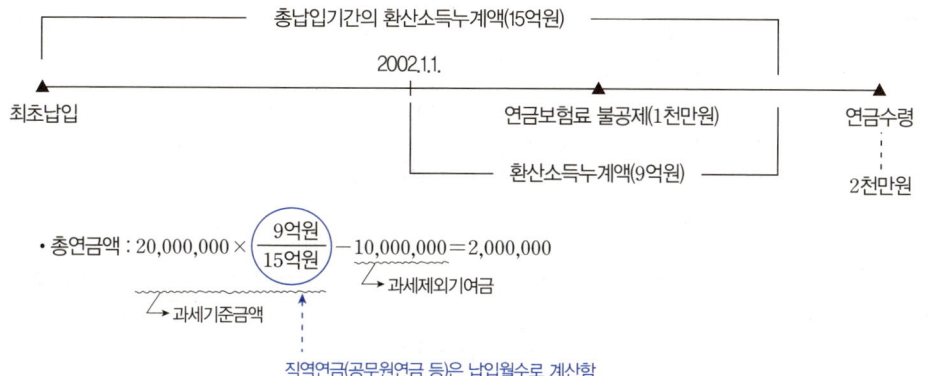

- 총연금액 : $20,000,000 \times \left(\dfrac{9억원}{15억원}\right) - 10,000,000 = 2,000,000$
  - 과세기준금액
  - 과세제외기여금
  - 직역연금(공무원연금 등)은 납입월수로 계산함

if 과세제외기여금(연금보험료 불공제액)이 15,000,000원인 경우(매년 연금수령액은 동일함)

- 2024년 총연금액 : $20,000,000 \times \dfrac{9억원}{15억원} - 15,000,000 = \triangle 3,000,000$

- 2025년 총연금액 : $20,000,000 \times \dfrac{9억원}{15억원} - 3,000,000 = 9,000,000$

(2) 사적연금소득

구 분	내 용
사적연금소득	다음의 금액을 그 소득의 성격에도 불구하고 연금계좌(연금저축계좌 또는 퇴직연금계좌를 말함)에서 연금수령하는 경우의 그 연금 ① 이연퇴직소득 : 퇴직소득 중 연금계좌에 입금하여 과세되지 아니한 소득 ② 세액공제 받은 납입액 : 거주자가 세액공제를 받은 연금계좌 납입액 ③ 운용수익 : 연금계좌의 운용 실적에 따라 증가된 금액
연금계좌의 인출순서	연금계좌에서 일부 금액을 인출하는 경우에는 다음 순서에 따라 인출하는 것으로 보며, 인출된 금액이 연금수령한도를 초과하는 경우에는 연금수령분이 먼저 인출되고 그 다음으로 연금외수령분이 인출되는 것으로 본다. ① 과세제외금액^{주)} → ② 이연퇴직소득 → ③ 세액공제를 받은 연금계좌 납입액과 운용수익
원금손실이 발생한 연금계좌의 손실순서	연금계좌의 운용에 따라 연금계좌에 있는 금액이 원금에 미달하는 경우 연금계좌에 있는 금액은 원금이 인출 순서와 반대의 순서로 차감된 후의 금액으로 본다. ☞ 원금손실이 발생한 경우 "① 세액공제 받은 납입액 → ② 이연퇴직소득 → ③ 과세제외금액"의 순서로 손실이 반영되고, 손실 회복시 반대 순서로 회복함

연금계좌의 이체	연금계좌에 있는 금액이 연금수령이 개시되기 전의 다른 연금계좌로 이체되는 경우에는 이를 인출로 보지 아니한다. 일부 금액이 이체(③의 경우 제외)되는 경우에는 연금계좌의 인출 순서에 따라 이체되는 것으로 본다. 다만, 다음 중 어느 하나에 해당하는 경우에는 인출로 본다.
	① 연금저축계좌와 퇴직연금계좌 상호 간에 이체되는 경우*
	② 2013.3.1. 이후에 가입한 연금계좌에 있는 금액이 2013.3.1. 전에 가입한 연금계좌로 이체되는 경우(∵신연금과 구연금 간 이체 허용 안함)
	③ 퇴직연금계좌에 있는 일부 금액이 이체되는 경우(∵전액 이체해야 함)
	  * ①에도 불구하고 다음 중 어느 하나에 해당하는 경우에는 인출로 보지 아니한다.
	    ㈎ 연금수령 요건[(1) 및 (2)의 요건]을 갖춘 연금저축계좌의 가입자가 개인형퇴직연금계좌로 전액을 이체(연금수령이 개시된 경우 포함)하는 경우
	    ㈏ 연금수령 요건[(1) 및 (2)의 요건]을 갖춘 개인형퇴직연금계좌의 가입자가 연금저축계좌로 전액을 이체(연금수령이 개시된 경우 포함)하는 경우

주) 과세제외금액은 다음 순서에 따라 인출되는 것으로 본다.
  ① 인출된 날이 속하는 과세기간에 해당 연금계좌에 납입한 연금보험료(②에 해당하는 금액은 제외)
  ② 인출된 날이 속하는 과세기간에 해당 연금계좌에 납입한 개인종합자산관리계좌(ISA) 전환금액
  ③ 해당 연금계좌만 있다고 가정할 때 해당 연금계좌에 납입된 연금보험료로서 연금계좌세액공제 한도액을 초과하는 금액이 있는 경우 그 초과하는 금액
  ④ ①부터 ③까지에서 정한 금액 외에 해당 연금계좌에 납입한 연금보험료 중 연금계좌세액공제를 받지 아니한 금액(관할 세무서장이 발급한 연금보험료 등 소득·세액 공제확인서에 따라 확인되는 금액만 해당하며, 확인되는 날부터 과세제외금액으로 본다)

📖 사적연금의 과세체계

[납입 및 운용 단계]

	인출순서
과세제외금액 (세액공제 ×)	①
이연퇴직소득	②
세액공제 받은 금액 및 운용수익	③

➡

[인출단계]

	<연금수령>	<연금외수령>
과세제외금액	과세하지 않음	과세하지 않음
이연퇴직소득	연금소득	퇴직소득
세액공제 받은 금액 및 운용수익	연금소득	기타소득

연금저축계좌와 퇴직연금계좌
① 연금저축계좌 : 금융회사(신탁업자, 투자중개업자, 보험회사 등)와의 계약에 따라 "연금저축"이라는 명칭으로 설정하는 계좌(신탁계약, 집합투자증권 중개계약, 보험계약)
② 퇴직연금계좌 : 퇴직연금을 지급받기 위하여 가입하여 설정하는 확정기여형 퇴직연금계좌, 개인형 퇴직연금계좌, 중소기업퇴직연금기금제도에 따라 설정하는 계좌와 과학기술인공제회법에 따른 퇴직연금계좌

연금수령
연금계좌에서 연금수령 요건을 모두 갖추어 인출하거나 의료목적 또는 부득이한 사유로 인출하는 것을 연금수령이라 하며, 연금수령 외의 인출은 연금외수령이라 한다. 다만, 연금수령한도를 초과하여 인출하는 경우 연금수령한도에 해당하는 금액은 연금수령하고 그 초과하는 금액은 연금외수령하는 것으로 본다.

> **연금수령요건**
> (1) 가입자가 55세 이후 연금계좌 취급자에게 연금수령 개시를 신청한 후 인출할 것
> (2) 연금계좌의 가입일부터 5년이 경과된 후에 인출할 것. 다만, 이연퇴직소득이 연금계좌에 있는 경우에는 그러하지 아니한다.
> (3) 과세기간 개시일(연금수령 개시를 신청한 날이 속하는 과세기간에는 연금수령 개시를 신청한 날) 현재 다음의 연금수령한도 이내에서 인출할 것. 이 경우 의료목적 또는 부득이한 사유로 인출한 금액은 포함하지 아니한다.
>
> $$\text{연금수령한도} = \frac{\text{연금계좌의 평가액}}{(11 - \text{연금수령연차}^*)} \times 120\%$$

* 연금수령연차 : 최초로 연금수령할 수 있는 날이 속하는 과세기간을 기산연차로 하여 그 다음 과세기간을 누적 합산한 연차(연금수령연차가 11년 이상인 경우에는 위 계산식을 적용하지 아니함).
다만, 다음 중 어느 하나에 해당하는 경우의 기산연차는 다음에 따른다.
① 2013.3.1. 전에 가입한 연금계좌(2013.3.1. 전에 확정급여형퇴직연금제도에 가입한 사람이 퇴직하여 퇴직소득 전액이 새로 설정된 연금계좌로 이체되는 경우 포함)의 경우 : 6년차
② 연금계좌의 가입자가 사망하여 그 배우자가 연금계좌를 승계한 경우 : 사망일 당시 피상속인의 연금수령연차

Check

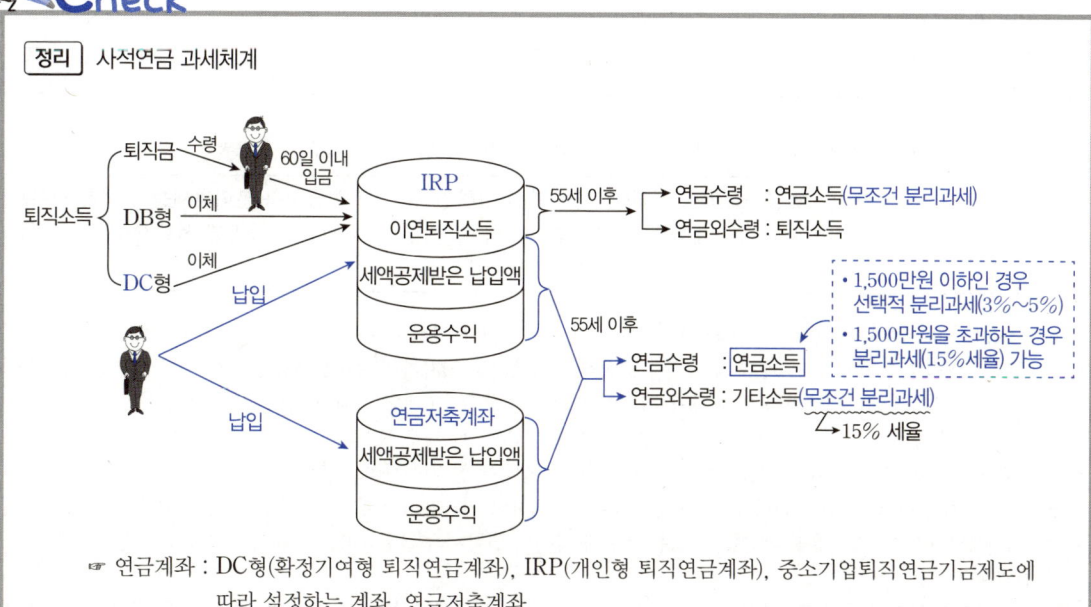

[정리] 사적연금 과세체계

☞ 연금계좌 : DC형(확정기여형 퇴직연금계좌), IRP(개인형 퇴직연금계좌), 중소기업퇴직연금기금제도에 따라 설정하는 계좌, 연금저축계좌

2. 비과세 연금소득

① 공적연금 관련법에 따라 받는 유족연금, 장애연금, 장해연금, 상이연금, 연계노령유족연금 또는 연계퇴직유족연금
② 산업재해보상보험법에 따라 받는 각종 연금
③ 「국군포로의 송환 및 대우 등에 관한 법률」에 따른 국군포로가 받는 연금

3. 연금소득금액의 계산

연금소득금액 = 총연금액(비과세소득, 분리과세연금소득 제외) - 연금소득공제*

* 연금소득공제(연 900만원 한도)

총연금액	연금소득공제
350만원 이하	총연금액
350만원 초과 700만원 이하	350만원 + (총연금액 - 350만원) × 40%
700만원 초과 1,400만원 이하	490만원 + (총연금액 - 700만원) × 20%
1,400만원 초과	630만원 + (총연금액 - 1,400만원) × 10%

4. 연금소득의 수입시기

구 분	수 입 시 기
① 공적연금소득	공적연금 관련법에 따라 연금을 지급받기로 한 날
② 사적연금소득(연금계좌에서 받는 연금소득)	연금수령한 날
③ 그 밖의 연금소득	해당 연금을 지급받은 날

5. 연금소득의 과세방법

(1) 분리과세연금소득 … 사적연금소득 중 분리과세

구 분	내 용
무조건 분리과세	① 이연퇴직소득을 연금수령하는 연금소득 ② 세액공제 받은 납입액 및 운용수익을 의료목적이나 부득이한 사유로 인출하는 연금소득
선택적 분리과세	③ 위 외의 사적연금소득의 합계액이 1,500만원 이하인 경우 그 연금소득(분리과세를 선택한 경우) → 분리과세(3%~5% 세율)를 선택하면 확정신고 의무가 없으나, 종합과세 선택시 확정신고를 해야 함.

🖉 의료목적이나 부득이한 사유로 인출하는 연금소득 : 다음 중 어느 하나에 해당하여 연금계좌에서 인출하는 금액
① 의료목적 : 연금수령 요건 중 (1)과 (2)의 요건을 충족한 연금계좌 가입자가 의료비세액공제 대상 의료비(본인 의료비에 한정함)를 연금계좌에서 인출하기 위해 해당 의료비를 지급한 날부터 6개월 이내에 의료비인출 신청서와 부담한 의료비를 확인할 수 있는 서류를 연금계좌 취급자에게 제출하는 경우. 이 경우 1명당 하나의 연금계좌만 의료비연금계좌로 지정(해당 연금계좌의 연금계좌 취급자가 지정에 동의하는 경우에 한정함)하여 인출할 수 있다.
② 부득이한 사유 : 다음 중 어느 하나에 해당하는 사유가 발생하여 연금계좌에서 인출하려는 사람이 해당 사유가 확인된 날부터 6개월 이내에 그 사유를 확인할 수 있는 서류를 갖추어 연금계좌를 취급하는 금융회사 등에게 제출하는 경우
 (가) 천재지변
 (나) 연금계좌 가입자의 사망 또는 「해외이주법」에 따른 해외이주(단, 이연퇴직소득을 해외이주의 사유로 인출하는 경우에는 해당 퇴직소득을 연금계좌에 입금한 날로부터 3년 이후 해외이주하는 경우에 한하여 연금수령으로 본다)

㈐ 연금계좌 가입자 또는 그의 기본공제대상(소득의 제한은 받지 아니함)인 부양가족의 질병·부상에 따라 3개월 이상의 요양이 필요한 경우(단, 「의료비세액공제 대상 의료비와 간병인 비용+연금계좌 가입자 본인의 휴직 또는 휴업 월수(1개월 미만은 1개월로 봄)×150만원+200만원」의 금액 이내로 한정함)

㈑ 연금계좌 가입자가 사회재난 중 특별재난지역으로 선포된 지역의 재난으로 15일 이상의 입원 치료가 필요한 피해를 입은 경우 ㈐의 한도금액 규정을 준용함

㈒ 연금계좌 가입자가 파산의 선고 또는 개인회생절차 개시의 결정을 받은 경우

㈓ 연금계좌를 취급하는 금융회사 등의 영업정지, 영업 인·허가의 취소, 해산결의 또는 파산선고

(2) 분리과세연금소득 외의 사적연금소득 … 연금소득에 대한 세액 계산의 특례(비교과세)

사적연금소득 중 분리과세연금소득 외의 연금소득이 있는 거주자의 종합소득 결정세액은 종합과세시 세액과 분리과세시 세액 중 하나를 선택하여 적용한다.

> 종합소득 결정세액 : ①과 ② 중 선택
> ① 종합소득 결정세액
> ② 분리과세시 세액 : (a)+(b)
>   (a) 사적연금소득 중 분리과세연금소득 외의 연금소득×15%
>   (b) (a) 외의 종합소득 결정세액

☞ 위의 규정은 사적연금소득의 합계액이 1,500만원 이하인 경우(종합과세 선택 시)와 1,500만원을 초과하는 경우에 확정 신고 시 적용함(즉, 연금소득 지급 시 3% ~ 5% 세율로 원천징수하고, 다음 연도 5월에 확정신고 시 15%의 세율로 결정세액을 계산할 수 있음)

Check

☑ 기산연차(최초로 연금수령할 수 있는 날이 속하는 과세기간)는 연금수령 개시 신청과 관계없이 (1) 나이 요건 및 (2) 가입기간 요건을 충족하는 과세기간을 말한다(기재부 소득세제과-431, 2016.11.1.).

例 5년납입 연금저축계좌 가입일 2019.3.1. 연금수령 개시일 2025.7.1.(이연퇴직소득 없음) ⇒ 2년차

연도	2019.3.1(가입일)	~	2023	2024	2025	2026	2027	2028
나이	51세	~	55세	56세	57세	58세	59세	60세
연금수령연차				1	2	3	4	5

(5년 경과 → 기산연차)

例 연금계좌 가입일 2013.1.1., 2024년 나이 55세, 연금수령 개시일 2025.1.1.(이연퇴직소득 없음) ⇒ 2025년의 연금수령연차 : 7년차(∵ 나이 요건과 가입기간 요건이 충족되는 2024년이 기산연차인 6년차임)

정리 사적연금의 과세방법

[납입 및 운용]		<연금수령>		<연금외수령>
		의료목적, 부득이한사유	연금수령 요건 충족	
과세제외금액(세액공제×)		과세하지 않음	과세하지 않음	과세하지 않음
이연퇴직소득	➡	분리과세연금소득[1]	분리과세연금소득[1]	퇴직소득
세액공제 받은 납입액 및 운용수익		분리과세 연금소득 (3%~5%)	연금소득[2]	분리과세 기타소득 (15%)

[1] 연금외수령 시 원천징수세율의 70%(수령연차가 10년을 초과하는 경우는 60%)
[2] ① 연금소득이 연 1,500만원 이하인 경우 : 분리과세(3%~5%) 선택 가능(확정신고의무 없음)
② 연금소득이 연 1,500만원 초과인 경우 : 종합소득 결정세액 계산 시 15%로 분리과세 선택 가능(확정신고의무 있음)

(3) 원천징수 · 연말정산 및 확정신고

구 분	소득 지급시 원천징수	연말정산	확정신고
공적연금	연금소득 간이세액표에 따라 원천징수	1월분의 공적연금소득을 지급할 때 연말정산함(해당 과세기간 중에 사망한 경우 그 사망일이 속하는 달의 다음다음 달 말일까지 연말정산함)	종합과세대상이므로 확정신고를 하여야 함 (단, 공적연금소득만 있는 경우 확정신고를 하지 아니할 수 있음)
사적연금	지급금액 × 원천징수세율*	연말정산을 하지 않음	종합과세대상이므로 확정신고를 하여야 함(단, 분리과세연금소득은 확정신고 하지 않음)

* 원천징수세율
① 세액공제를 받은 연금계좌 납입액이나 운용실적에 따라 증가된 금액을 연금수령한 연금소득(아래의 ㈎와 ㈏를 동시에 충족하는 때에는 낮은 세율을 적용함)

구 분		원천징수세율
㈎ 연금소득자의 나이(연금수령일 현재)	70세 미만	5%
	70세 이상 80세 미만	4%
	80세 이상	3%
㈏ 종신연금(사망일까지 연금수령하면서 중도 해지할 수 없는 계약)		4%

② 이연퇴직소득을 연금수령하는 연금소득

구 분	원천징수세율
연금 실제 수령연차[1]가 10년 이하인 경우	연금외수령 원천징수세율[2] × 70%
연금 실제 수령연차[1]가 10년을 초과하는 경우	연금외수령 원천징수세율[2] × 60%

[1] 연금 실제 수령연차 : 최초로 연금을 수령한 날이 속하는 과세기간을 기산연차로 하여 그 다음 연금을 수령한 날이 속하는 과세기간을 누적 합산한 연차로 한다. 다만, 다음 중 어느 하나에 해당하는 경우의 연금 실제 수령연차는 다음의 구분에 따라 계산한다.
  ㈎ 둘 이상의 연금계좌가 있는 경우 : 각각의 연금계좌별로 계산
  ㈏ 연금계좌의 이체 규정에 따른 이체의 경우 : ㈎에 따라 계산한 연금계좌별 연금 실제 수령연차를 합산한 연수에서 중복하여 수령한 과세기간의 연수를 뺀 연수에 따라 계산

[2] 연금외수령 원천징수세율 : $\dfrac{\text{연금소득을 연금외수령하였다고 가정할 때 계산한 원천징수세액}}{\text{연금외수령한 금액}}$

사례1 사적연금 ··· 2013.3.1.이후 가입한 연금계좌(가입일로부터 5년이 경과함)

(1) 연금수령 개시 신청일인 2024.2.1. 현재 연금계좌의 원리금 합계액 : 120,000,000원
  ① 연금계좌 납입액 : 90,000,000원(연금계좌세액공제를 받지 못한 금액 12,000,000원 포함)
  ② 이연퇴직소득 : 7,000,000원
  ③ 운용수익 : 23,000,000원
(2) 2025.1.1. 현재(57세) 연금계좌의 원리금 합계액 : 108,000,000원
(3) 연금형태로 수령한 금액 : 18,000,000원(2024년), 20,000,000원(2025년)

1. 2024년 : ① 과세제외금액(12,000,000), ② 이연퇴직소득(6,000,000), ③ 그 밖의 소득(0원) 순으로 수령함
2. 2025년
   (1) 연금수령한도 : $\dfrac{108,000,000}{(11-3^*)} \times 120\% = 16,200,000$

   * 이연퇴직소득이 있는 경우 연금수령 개시 신청과 관계없이 나이요건(55세 이후)만 충족되면 되므로 55세가 된 2023년이 기산연차(1년차)가 된다. 따라서 2025년의 연금수령연차는 3년차이다.

   (2) 소득구분

구 분	수령액	연금수령	연금외수령
	20,000,000 −	16,200,000 =	3,800,000
① 과세제외금액	−*1)		
② 이연퇴직소득	1,000,000*2)	1,000,000(분리과세연금소득)	
③ 그 밖의 소득	19,000,000	15,200,000(연금소득)	3,800,000(분리과세기타소득)

   ① 과세제외금액: 세액공제받은 납부액과 운용수익
   ② 연금소득: 연1,500만원 초과 시 종합과세됨 (분리과세시 세액 선택가능)
   ③ 분리과세기타소득: 15% 세율

   *1) 과세제외금액은 2024년에 전액 인출되었으므로 잔액은 없음
   *2) 7,000,000 − 6,000,000(2024년 수령분) = 1,000,000

사례2 사적연금소득이 1,500만원을 초과하는 경우의 결정세액(자료 외의 공제감면세액 없음)

(1) 세액공제를 받은 연금계좌 납입액과 운용수익을 연금수령한 금액(의료목적이나 부득이한 사유 없음) : 18,000,000원
(2) (1) 외의 종합소득 산출세액(결정세액) : 6,240,000원(종합소득 과세표준 50,000,000원)
(3) 기본세율 : 과세표준 5,000만원 초과 8,800만원 이하분 24%

① 종합과세 시 결정세액 : (11,300,000* + 50,000,000) × 기본세율 = 8,952,000
  * 18,000,000 − 6,700,000(연금소득공제) = 11,300,000(연금소득금액)
② 분리과세 시 결정세액 : 18,000,000 × 15% + 6,240,000 = 8,940,000 ⇐ 선택 적용(세부담 최소화)

사례3 이연퇴직소득을 연금수령하는 경우의 원천징수세액

(1) 이연퇴직소득을 연금수령하는 연금소득 : 600(연금 실제 수령연차 : 3년차)
(2) 연금소득을 연금외수령하였다고 가정할 때 계산한 원천징수세액 : 40
  • 연금외수령한 금액 : 500
  • 연금외수령 당시 이연퇴직소득 : 5,000   • 연금외수령 당시 이연퇴직소득세 : 400

① 원천징수세율 : $\dfrac{40}{500} \times 70\% = 5.6\%$ (8%)   ② 원천징수세액 : 600 × 5.6% = 33.6

  cf) $\dfrac{400}{5,000} \times 70\% = 5.6\%$

Ⅲ. 기타소득

1. 기타소득의 범위

기타소득은 이자소득·배당소득·사업소득·근로소득·연금소득·퇴직소득·양도소득 외의 소득으로서 다음에 열거된 것을 말한다.(다른 소득과 중복되면 다른 소득으로 우선 구분함)

기타소득의 범위

(1) 일시적인 문예창작소득 : 문예·학술·미술·음악 또는 사진에 속하는 창작품에 대한 원작자로서 받는 원고료, 저작권사용료인 인세, 미술·음악 또는 사진에 속하는 창작품에 대하여 받는 대가(최소 60% 필요경비)
(2) 일시적인 인적용역소득 : 다음의 인적용역(일시적인 문예창작소득, 재산권알선수수료, 사례금 제외)을 일시적으로 제공하고 받는 대가(최소 60% 필요경비)
   ① 고용관계 없이 다수인에게 강연을 하고 강연료 등 대가를 받는 용역
   ② 라디오·텔레비전 방송 등을 통하여 해설·계몽 또는 연기의 심사 등을 하고 보수 또는 이와 유사한 성질의 대가를 받는 용역
   ③ 변호사, 공인회계사, 세무사, 건축사, 측량사, 변리사, 그 밖에 전문적 지식 또는 특별한 기능을 가진 자가 그 지식 또는 기능을 활용하여 보수 또는 그 밖의 대가를 받고 제공하는 용역(대학이 자체 연구관리비 규정에 따라 대학에서 연구비를 관리하는 경우에 교수가 제공하는 연구용역 포함)
   ④ 그 밖에 고용관계 없이 수당 또는 이와 유사한 성질의 대가를 받고 제공하는 용역
(3) 「공익사업을 위한 토지 등의 취득 및 보상에 관한 법률」 제4조에 따른 공익사업과 관련하여 지역권·지상권(지하 또는 공중에 설정된 권리 포함)을 설정·대여함으로써 발생하는 소득(최소 60% 필요경비)
   ☞ 전세권, 임차권, 공익사업과 관련없는 지역권·지상권의 설정·대여 : 사업소득
   ☞ 지상권·전세권·등기된 부동산임차권의 양도 : 양도소득
(4) 계약의 위약 또는 해약에 의하여 받는 위약금·배상금·부당이득 반환 시 지급받는 이자(주택입주지체상금은 최소 80% 필요경비) → 상가입주지체상금은 의제필요경비 없음
   ☞ 정신적·육체적·물질적 피해로 인한 손해배상금과 그 법정이자 : 비열거소득
(5) 무형자산의 양도 및 대여 : 광업권·어업권·양식업권·산업재산권·산업정보, 산업상 비밀, 상표권·영업권(점포임차권 포함), 토사석의 채취허가에 따른 권리(토지와 함께 양도하는 경우 포함), 지하수의 개발·이용권(토지와 함께 양도하는 경우 포함), 그 밖에 이와 유사한 자산이나 권리를 양도하거나 대여하고 그 대가로 받는 금품(최소 60% 필요경비)
   ☞ ┌ 사업에 사용하는 토지·건물·부동산에 관한 권리와 함께 양도하는 영업권 : 양도소득
      └ 위 외의 영업권의 양도 : 기타소득
   ☞ 부동산(토지·건물)과 함께 양도하는 이축권 : 양도소득[단, 해당 이축권에 대해서 감정평가법인등이 감정한 가액이 있는 경우 그 가액(감정가액이 2이상인 경우 그 감정가액의 평균액)을 구분하여 신고하는 경우에는 기타소득]
(6) 거주자가 세액공제를 받은 연금계좌 납입액과 연금계좌의 운용 실적에 따라 증가된 금액을 그 소득의 성격에도 불구하고 연금외수령한 소득 … 무조건 분리과세(원천징수세율 15%)
(7) 법정 사유 외의 사유로 해지된 소기업·소상공인 공제부금의 해지일시금 … 조건부 분리과세(원천징수세율 15%)

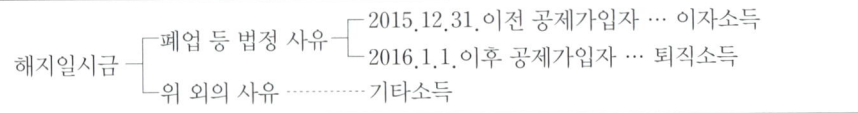

(8) 복권, 경품권, 그 밖의 추첨권에 당첨되어 받는 금품
(9) 사해행위(적법 여부 불문)에 참가하여 얻는 재산상의 이익
(10) 승마투표권, 승자투표권, 소싸움경기투표권, 체육진흥투표권의 구매자가 받는 환급금(적법 여부 불문)
(11) 슬롯머신(비디오게임 포함) 및 투전기를 이용하는 행위에 참가하여 받는 당첨금품 등
(12) 상금·현상금·포상금·보로금 또는 이에 준하는 금품(공익법인, 다수순위 경쟁 대회 상금은 최소 80% 필요경비)

사례1 최소 60% 필요경비 … 필요경비 Max[실제필요경비, 총수입금액×60%]

일시적인 문예창작소득 10,000,000원

경우	실제필요경비	기타소득금액
①	7,000,000	10,000,000−7,000,000=3,000,000
②	5,000,000	10,000,000−6,000,000=4,000,000
③	0	10,000,000−6,000,000=4,000,000

정리1 지역권·지상권 등의 소득구분

구 분	지역권		지상권		전세권	임차권
	일반적	공익사업 관련	일반적	공익사업 관련		
대여	사업소득	기타소득	사업소득	기타소득	사업소득	사업소득
양도	N/A(해당없음)		양도소득		양도소득	양도소득

양도: 등기여부불문 / 임차권 양도소득은 등기된 것만

≪세부내용1≫ 기타소득금액 계산시 소송비용 등의 필요경비 인정여부

부동산 매매계약의 취소와 관련하여 당초 부동산매매거래를 위하여 거래당사자로서 지급한 중개수수료 및 해당 매매계약 해지를 위한 소송과 관련하여 변호사에게 지급한 보수는 기타소득(위약금)에 대한 필요경비로 산입할 수 있다(소집행 21−0−7 ①).

≪세부내용2≫ 기타소득에 해당하는 위약금과 배상금의 범위

1. 위약금과 배상금 : 재산권에 관한 계약의 위약 또는 해약으로 받는 손해배상(보험금을 지급할 사유가 발생하였음에도 불구하고 보험금 지급이 지체됨에 따라 받는 손해배상 포함)으로서 그 명목여하에 불구하고 본래의 계약의 내용이 되는 지급 자체에 대한 손해를 넘는 손해에 대하여 배상하는 금전 또는 그 밖의 물품의 가액을 말한다. 이 경우 계약의 위약 또는 해약으로 반환받은 금전 등의 가액이 계약에 따라 당초 지급한 총금액을 넘지 아니하는 경우에는 지급 자체에 대한 손해를 넘는 금전 등의 가액으로 보지 아니한다(소령 41 ⑧).
2. 위약금과 배상금에 포함되는 것(소집행 21−41−2)
   ① 주택을 분양함에 있어 사업주체가 승인기한내에 입주를 시키지 못하여 입주자가 받는 지체상금
   ② 부동산매매계약후 계약불이행으로 인하여 일방 당사자가 받은 위약금 또는 해약금
   ③ 퇴직금 지급청구소송을 제기하여 퇴직금의 지급지연에 따라 받는 지급지연 손해배상금
   ④ 상행위에서 발생한 클레임(Claim)에 대한 배상으로서 현실적으로 발생한 손해의 보전 또는 원상회복을 초과하는 배상금
   ⑤ 임대차기간 만료후 임대인이 임대보증금을 늦게 반환함으로써 법원의 판결에 따라 임차인이 지급받는 법정이자
   ⑥ 약정여부를 불문하고 금전채무를 포함한 채무의 이행지체로 인하여 지급받는 지연배상금(소기통 21−0…1 ⑥)
3. 위약금과 배상금에 해당하지 않은 것(기타소득 아님)(소집행 21−41−2)
   ① 계약의 위약 또는 해약으로 인하여 타인의 신체의 자유 또는 명예를 해하거나 기타 정신상의 고통 등을 가한 것과 같이 재산권 외의 손해에 대한 배상 또는 위자료로서 받는 금액
   ② 「공익사업을 위한 토지 등의 취득 및 보상에 관한 법률」에 따라 지급받는 손실보상금과 지연손해금

⒀ 퇴직 후 또는 고용관계 없이 받은 주식매수선택권을 행사함으로써 얻는 이익

근로자의 주식매수선택권 행사 이익 ─┬─ 근무기간 중에 행사 ······ 근로소득
　　　　　　　　　　　　　　　　　 └─ 퇴직 후 행사 ············· 기타소득

⒁ 종업원등 또는 대학의 교직원이 퇴직한 후에 지급받는 직무발명보상금

직무발명보상금 ─┬─ 근무기간 중에 지급받는 경우 ·················· 근로소득
　　　　　　　　└─ 퇴직한 후에 지급받는 경우 ····················· 기타소득

⒂ 저작자 또는 실연자·음반제작자·방송사업자 외의 자가 저작권 또는 저작인접권의 양도 또는 사용의 대가로 받는 금품 → 저작권 또는 저작인접권을 상속·증여 또는 양도받은 자

⒃ 물품(유가증권 포함) 또는 장소를 일시적으로 대여하고 사용료로서 받는 금품

채권·주식대여 ─┬─ 지급받는 채권·주식에서 발생한 이자·배당 ······ 이자소득·배당소득
　　　　　　　　└─ 대여수수료 ··· 기타소득

⒄ 「전자상거래 등에서의 소비자보호에 관한 법률」에 따라 통신판매중개를 하는 자를 통하여 물품 또는 장소를 대여하고 연간 수입금액 500만원 이하의 사용료로서 받은 금품(최소 60% 필요경비)
　☞ 사업성이 있는 경우 : 사업소득. 다만, 사업성이 있더라도 기타소득으로 원천징수하거나 확정신고를 한 경우에는 기타소득으로 구분함

⒅ 재산의 매매·양도·교환·임대차계약 기타 이와 유사한 계약을 알선하고 받는 수수료
⒆ 영화필름, 라디오·텔레비전 방송용 테이프 또는 필름과 이와 유사한 자산이나 권리의 양도·대여 또는 사용의 대가로서 받는 금품
⒇ 유실물의 습득 또는 매장물의 발견에 따른 보상금 또는 자산
(21) 소유자가 없는 물건의 점유로 소유권을 취득하는 자산
(22) 사례금
(23) 법인세법에 따라 처분된 기타소득(인정기타소득)
(24) 뇌물
(25) 알선수재 및 배임수재에 의하여 받는 금품
(26) 거주자·비거주자 또는 법인의 특수관계인이 그 특수관계로 인하여 그 거주자·비거주자 또는 법인으로부터 받는 다음의 경제적 이익으로서 급여·배당 또는 증여로 보지 아니하는 금품
　① 법인세법에 따라 법인의 소득금액을 법인이 신고하거나 세무서장이 결정·경정할 때 처분되는 배당·상여 외에 법인의 자산 또는 개인의 사업용자산을 무상 또는 저가로 이용함으로 인하여 개인이 받는 이익으로서 그 자산의 이용으로 인하여 통상 지급하여야 할 사용료 또는 그 밖에 이용의 대가(통상 지급하여야 할 금액보다 저가로 그 대가를 지급한 금액이 있는 경우에는 이를 공제한 금액)
　② 「노동조합 및 노동관계조정법」(24조 ② 및 ③)을 위반하여 지급받는 급여(노동조합의 업무종사자인 근로시간면제자에게 근로시간 면제 한도를 초과하는 범위에서 지급하는 급여)
(27) 종교인소득(☞ 보론 참조)
(28) 가상자산소득(가상자산을 양도하거나 대여함으로써 발생하는 소득)(2027. 1. 1.부터 과세) 개정 (2년 유예)
(29) 서화·골동품의 양도로 발생하는 소득(최소 80% 또는 90% 필요경비) : 다음 중 어느 하나에 해당하는 것으로서 개당·점당 또는 조당 양도가액이 6천만원 이상인 것. 다만, 양도일 현재 생존해 있는 국내 원작자의 작품은 제외함.
　① 서화·골동품 중 다음의 어느 하나에 해당하는 것
　　㈎ 회화, 데생, 파스텔(손으로 그린 것만 대상, 도안과 장식한 가공품 제외) 및 콜라주와 이와 유사한 장식판
　　㈏ 오리지널 판화·인쇄화 및 석판화
　　㈐ 골동품(제작 후 100년을 넘은 것에 한정함)
　② 위 ①의 서화·골동품 외에 역사상·예술상 가치가 있는 서화·골동품으로서 기획재정부령으로 정하는 것
☞ 서화·골동품의 양도로 발생하는 소득은 영리를 목적으로 자기의 계산과 책임하에 계속적·반복적으로 행하는 활동을 통해 얻는 소득이라도 기타소득으로 구분함. 단, 사업장 등 물적시설(인터넷 등을 이용한 가상의 사업장 포함)을 갖춘 경우나 서화·골동품을 거래하기 위한 목적으로 사업자등록을 한 경우에는 사업소득으로 구분함.

정리 저작권 양도 또는 사용대가

구 분		소득 구분
저작자	저작권의 양도 또는 사용의 대가로 받는 금품	사업소득
	일시적인 문예창작소득(원고료, 인세 등)	기타소득(60% 의제필요경비)
저작자 외의 자 (상속, 증여·양도받은 자)	저작권의 양도 또는 사용의 대가로 받는 금품	기타소득(실제필요경비)

≪세부내용3≫ 사례금의 범위(소집행 21-0-5)

① 의무없는 자가 타인을 위하여 사무를 관리하고 그 대가로 지급받는 금품. 다만, 그 의무없는 자가 타인을 위하여 실지로 지급한 비용의 청구액은 제외한다.
② 근로자가 자기의 직무와 관련하여 사용자의 거래선 등으로부터 지급받는 금품. 이 경우「상속세 및 증여세법」에 따라 증여세가 과세되는 것은 제외한다.
③ 재산권에 관한 알선수수료 외의 계약 또는 혼인을 알선하고 지급받는 금품

사례 뇌물, 알선수재 및 배임수재에 의하여 받는 금품

뇌물수령 5,500,000원, 국가추징금(몰수예정액) 5,500,000원

- 기타소득금액 : 0원(추징금 등 국가몰수예정액 차감함) ← 2015.7.16.대법원 판례
☞ 뇌물 또는 알선수재 및 배임수재에 의하여 받은 금품이 법원 판결에 따라 몰수 또는 추징된 경우에는 소득세를 과세하지 아니한다(소기통 21-0…6).

≪세부내용4≫「노동조합 및 노동관계조정법」제24조[근로시간 면제 등] 제1항, 제2항 및 제4항

① 근로자는 단체협약으로 정하거나 사용자의 동의가 있는 경우에는 사용자 또는 노동조합으로부터 급여를 지급받으면서 근로계약 소정의 근로를 제공하지 아니하고 노동조합의 업무에 종사할 수 있다(1항).
② ①에 따라 사용자로부터 급여를 지급받는 근로자(이하 '근로시간면제자')는 사업 또는 사업장별로 종사근로자인 조합원 수 등을 고려하여 결정된 근로시간 면제 한도(이하 '근로시간 면제 한도')를 초과하지 아니하는 범위에서 임금의 손실 없이 사용자와의 협의·교섭, 고충처리, 산업안전 활동 등 이 법 또는 다른 법률에서 정하는 업무와 건전한 노사관계 발전을 위한 노동조합의 유지·관리업무를 할 수 있다. 이를 위반하여 근로시간 면제 한도를 초과하는 내용을 정한 단체협약 또는 사용자의 동의는 그 부분에 한정하여 무효로 한다(2항, 4항).

≪세부내용5≫ 국내 원작자의 의미(소기통 21-41…1)

양도일 현재 생존해 있는 국내 원작자는 양도일 현재 생존해 있는 대한민국 국적자인 원작자와 국내에서 주로 작품활동을 하면서 양도일 현재 거주자인 외국인 원작자를 말한다.

2. 비과세 기타소득(주요내용)

① 국가유공자 등 또는 보훈보상대상자가 받는 보훈급여금·학습보조비 및 북한이탈주민이 받는 정착금·보로금과 그 밖의 금품
② 국군포로가 받는 위로지원금과 그 밖의 금품
③ 국가보안법에 따라 받는 상금과 보로금
④ 상훈법에 따른 훈장과 관련하여 받는 부상 등(국가 또는 지방자치단체로부터 받은 상금과 부상 포함)
　※ 공무원이 국가 또는 지방자치단체로부터 공무 수행과 관련하여 받는 상금과 부상은 제외(☞ 근로소득으로 과세하되 연 240만원까지는 비과세함)
⑤ 종업원등 또는 대학의 교직원이 퇴직한 후에 지급받거나 대학의 학생이 소속 대학에 설치된 산학협력단으로부터 받는 직무발명보상금으로서 연 700만원(해당 과세기간에 근로소득에서 비과세되는 금액이 있는 경우에는 700만원에서 해당 금액을 차감한 금액으로 함) 이하의 금액. 다만, 직무발명보상금을 지급한 사용자 등 또는 산학협력단과 다음의 특수관계에 있는 자가 받는 직무발명보상금은 제외함.
　㈎ 사용자등의 경우 : 친족관계(사용자등이 개인인 경우), 지배주주등(해당 지배주주등과 친족관계 또는 경영지배관계에 있는 자 포함)인 관계(사용자등이 법인인 경우)에 있는 자
　㈏ 산학협력단의 경우 : 지배주주등(해당 지배주주등과 친족관계 또는 경영지배관계에 있는 자 포함)인 관계에 있는 자
⑥ 국가지정문화유산으로 지정된 서화·골동품의 양도로 발생하는 소득
⑦ 서화·골동품을 박물관 또는 미술관에 양도함으로써 발생하는 소득
⑧ 법령·조례에 따른 위원회 등의 보수를 받지 아니하는 위원(학술원 및 예술원의 회원 포함) 등이 받는 수당

3. 기타소득금액의 계산

> 기타소득금액 = 총수입금액(비과세 및 과세최저한 제외) − 필요경비*

* 기타소득의 필요경비는 총수입금액에 대응하는 실제필요경비로 하되, 다음의 경우에는 Max[실제필요경비, 의제필요경비]로 한다. 해당 과세기간 전의 총수입금액에 대응하는 비용으로서 그 과세기간에 확정된 것에 대하여는 그 과세기간 전에 필요경비로 계상하지 아니한 것만 그 과세기간의 필요경비로 본다(소법 37조 ③).

내　용	의제필요경비
① 일시적인 문예창작소득(원고료, 인세 등) ② 일시적인 인적용역소득(강연료, 방송출연료 등) ③ 공익사업과 관련하여 지역권·지상권의 설정·대여함으로써 발생하는 소득 ④ 무형자산의 양도 및 대여소득 : 광업권·어업권·양식업권·산업재산권·산업정보·산업상 비밀·상표권·영업권(점포임차권 포함)·토사석의 채취허가에 따른 권리·지하수의 개발 및 이용권 기타 이와 유사한 자산이나 권리의 양도 및 대여로 발생하는 소득 ⑤ 통신판매중개를 하는 자를 통하여 물품 또는 장소를 대여하고 연간 수입금액 500만원 이하의 사용료로서 받은 금품	총수입금액의 60%
⑥ 계약의 위약금과 배상금 중 주택입주 지체상금 ⑦ 「공익법인의 설립·운영에 관한 법률」의 적용을 받는 공익법인이 주무관청의 승인을 받아 시상하는 상금 및 부상과 다수가 순위 경쟁하는 대회에서 입상자가 받는 상금 및 부상	총수입금액의 80%
⑧ 서화·골동품의 양도소득 — 총수입금액이 1억원 이하인 경우	총수입금액의 90%
⑧ 서화·골동품의 양도소득 — 총수입금액이 1억원을 초과하는 경우	9천만원＋(총수입금액−1억원)×80%(보유기간이 10년 이상인 경우는 90%)

> [사례1] 직무발명보상금
>
> ① A법인의 임원인 거주자 갑(지배주주등 아님)이 근무기간 중에 지급받은 직무발명보상금 : 9,000,000원
> ② 대학의 교직원인 거주자 을(지배주주등 아님)이 퇴직한 후 소속대학의 산학협력단으로부터 지급받은 직무발명보상금 : 8,000,000원
> ③ 20×1년에 B법인의 직원인 거주자 병(지배주주등 아님)이 지급받은 직무발명보상금 : 9,000,000원(근무기간 중에 지급받은 금액 4,000,000원과 퇴직한 후에 지급받은 금액 5,000,000원)
> ④ C법인의 직원인 거주자 정(지배주주등임)이 근무기간 중 지급받은 직무발명보상금 : 10,000,000원

① 거주자 갑 : 9,000,000 − 7,000,000(비과세) = 2,000,000(근로소득)
② 거주자 을 : 8,000,000 − 7,000,000(비과세) = 1,000,000(기타소득)
③ 거주자 병 : • 4,000,000 − 4,000,000(비과세) = 0(근로소득)
　　　　　　 • 5,000,000 − 3,000,000(비과세)* = 2,000,000(기타소득)
　　* 20×1년의 근로소득에서 400만원을 비과세하였으므로 기타소득에서 300만원을 비과세함
④ 거주자 정 : 10,000,000(근로소득) (∵지배주주등에 해당하므로 비과세 배제함)

[사례2] 복권당첨소득 … 무조건 분리과세 or 과세최저한(2백만원 이하인 경우)

> 복권 20,000원(1매당 1,000원) 구입, 이 중 1매 당첨금 20,000,000원

• 원천징수세액 : (20,000,000 − 1,000) × 20% = 3,999,800
　　　　　　　　　　　　↳ 당첨된 1매의 금액

[정리] 다수순위 경쟁 대회 상금

구 분	소득구분	의제필요경비
① 불특정 다수를 대상으로 하는 "시민노래자랑"의 수상자가 받는 상금	기타소득	적용함 (최소 80%)
② 내국법인의 직원 및 직원가족을 참가대상으로 하는 "직원가족의 밤" 수상자가 받는 상금(법규소득2009−0317)	기타소득	적용할 수 없음 (∵불특정 다수 아님)
③ 증권회사의 예탁자산이 일정금액 이상인 고객을 대상으로 한 실전투자대회의 입상자가 받는 상금(서면법규과−522)	기타소득	적용할 수 없음 (∵불특정 다수 아님)

[사례3] 서화·골동품 양도소득 … 무조건 분리과세 기타소득

> (1) 서화(양도일 현재 국내원작자는 생존하지 않음)
> 　① 회화(보유기간 9년) : 양도가액 90,000,000원, 취득가액 75,000,000원
> 　② 오리지널 판화(보유기간 5년) : 양도가액 150,000,000원, 취득가액 100,000,000원
> (2) 골동품(제작 후 100년이 넘음) : 보유기간 10년, 양도가액 150,000,000원, 취득가액 120,000,000원

• 기타소득금액
　① 회화 : 90,000,000 − Max[90,000,000×90%, 75,000,000] = 9,000,000
　② 판화 : 150,000,000 − Max[90,000,000 + 50,000,000×80%, 100,000,000] = 20,000,000
　③ 골동품 : 150,000,000 − Max[150,000,000×90%, 120,000,000] = 15,000,000

📝 **승마투표권 환급금 등과 가상자산소득의 필요경비**
① 승마투표권, 승자투표권, 소싸움경기투표권, 체육진흥투표권의 환급금 : 구매자가 구입한 적중된 투표권의 단위투표금액
② 슬롯머신 등의 당첨금품 : 당첨 당시에 슬롯머신 등에 투입한 금액
③ 가상자산소득 : 양도되는 가상자산의 실제 취득가액과 취득·양도 또는 대여를 위하여 소요된 부대비용(2027.1.1.부터 시행) 개정 (2년 유예)

4. 기타소득의 수입시기

구 분	수 입 시 기
⑴ 일반적인 기타소득	그 지급을 받은 날(현금주의)
⑵ 법인세법에 따라 처분된 기타소득	그 법인의 해당 사업연도의 결산확정일
⑶ 연금계좌에서 연금외수령하는 기타소득	연금외수령한 날(현금주의)
⑷ 계약금이 위약금·배상금으로 대체되는 경우의 기타소득	그 계약의 위약 또는 해약이 확정된 날
⑸ 무형자산 - 대여소득	그 지급을 받은 날(현금주의)
⑸ 무형자산 - 양도소득	대금청산일, 인도일 또는 사용·수익일 중 가장 빠른 날 ※ 다만, 대금을 청산하기 전에 자산을 인도 또는 사용·수익하였으나 대금이 확정되지 아니한 경우에는 그 대금 지급일로 함(현금주의)

5. 과세최저한

구 분	소득세를 과세하지 않는 금액
① 승마투표권, 승자투표권, 소싸움경기투표권 및 체육진흥투표권의 환급금	건별로 권면에 표시된 금액의 합계액이 10만원 이하이고 다음 중 어느 하나에 해당하는 경우 ① 적중한 개별투표당 환급금이 10만원 이하인 경우 ② 단위투표금액당 환급금이 단위투표금액의 100배 이하이면서 적중한 개별투표당 환급금이 200만원 이하인 경우
② 복권 당첨금[1] 또는 슬롯머신 등의 당첨금품	건별로 200만원 이하인 경우
③ 가상자산소득(2027년부터 시행) 개정	해당 과세기간의 가상자산소득금액이 250만원 이하인 경우
④ 위 외의 기타소득	건별로 기타소득금액[2](연금계좌에서 연금외수령한 기타소득금액 제외)이 5만원 이하인 경우

[1] 복권당첨금을 복권 및 복권기금법령에 따라 분할하여 지급받는 경우에는 분할하여 지급받는 금액의 합계액을 말한다.
[2] 기타소득금액＝총수입금액－필요경비(의제필요경비 포함)

사례1 법인세법에 따라 소득처분된 소득의 수입시기

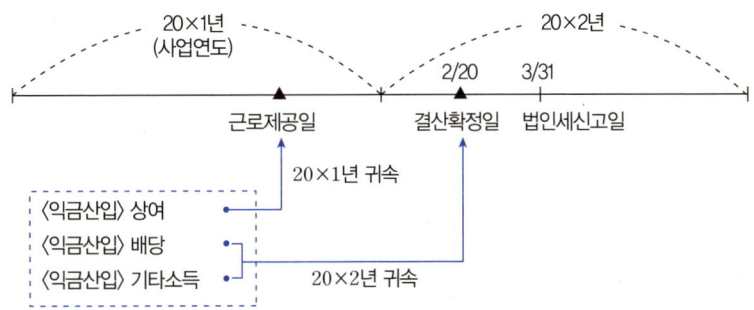

사례2 계약금이 위약금으로 대체된 금액

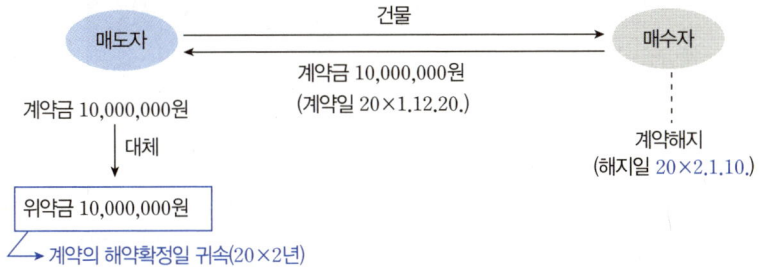

사례3 무형자산의 대여·양도소득 수입시기

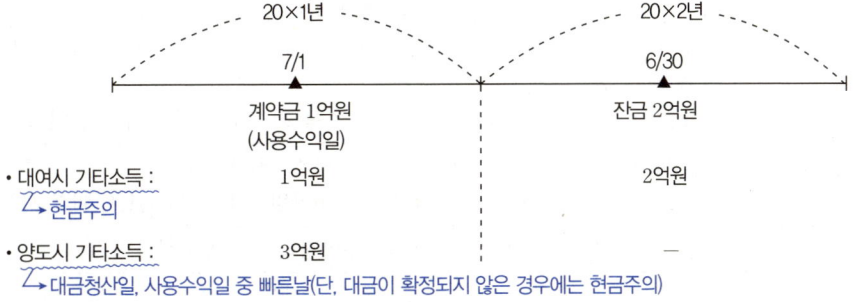

- 대여시 기타소득 :   1억원   2억원
  └→ 현금주의
- 양도시 기타소득 :   3억원
  └→ 대금청산일, 사용수익일 중 빠른날(단, 대금이 확정되지 않은 경우에는 현금주의)

사례4 과세최저한

① 일시적인 강연료 125,000원(실제 필요경비 없음)
② 세액공제받은 연금계좌납입액과 운용수익을 연금외수령한 소득 50,000원
③ 승마투표권의 환급금(권면 표시액 20,000원) 2,000,000원
④ 체육진흥투표권의 환급금(권면 표시액 10,000원) 2,000,000원
⑤ 복권 당첨금(1매 1,000원 구입) 2,000,000원

① 일시적인 강연료 : 125,000－125,000×60%＝50,000 ← 과세최저한
② 연금계좌에서 연금외수령한 기타소득 : 분리과세 기타소득(∵ 과세최저한 적용대상 아님)
③ 승마투표권의 환급금 : 과세최저한(∵ 2,000,000÷20,000＝100배 & 2백만원 이하)
④ 체육진흥투표권의 환급금 : 분리과세 기타소득(∵ 2백만원 이하이나 단위투표금액의 100배 이하 아님)
⑤ 복권 당첨금 : 과세최저한(∵ 건별로 2백만원 이하)

6. 기타소득의 과세방법

구 분	대 상	원천징수	과세방법
(1) 무조건 분리과세	① 복권당첨소득 ② 승마투표권, 승자투표권, 소싸움경기 투표권 및 체육진흥투표권의 환급금 ③ 슬롯머신 등의 당첨금품 등	소득금액의 20% (3억원 초과분 30%)	원천징수로 과세가 종결됨 (확정신고의무 없음)
	④ 세액공제받은 연금계좌납입액과 운용수익을 연금외수령한 소득	소득금액의 15%	
	⑤ 서화·골동품의 양도소득	소득금액의 20%	
	⑥ 가상자산소득(2027년부터 시행) 개정	×	분리과세하나 확정신고의무 있음
(2) 무조건 종합과세	뇌물·알선수재·배임수재로 인한 금품	×	소득금액에 관계없이 종합과세됨
(3) 조건부 분리과세	① 계약금이 위약금·배상금으로 대체된 경우의 위약금과 배상금	×	종합과세를 원칙으로 하나, 소득금액의 합계액이 300만원 이하인 경우에는 분리과세를 선택할 수 있음
	② 소기업·소상공인 공제부금의 해지일시금(법정 외의 사유)	소득금액의 15%	
	③ 위 외의 기타소득	소득금액의 20%	

▼ 분리과세기타소득에 대한 세액 계산의 특례

구 분	내 용
(1) 분리과세 기타소득	① 조건부 분리과세 기타소득금액이 300만원 이하이면서 원천징수대상이 아닌 계약금이 위약금·배상금으로 대체된 경우의 위약금과 배상금을 종합소득금액에 합산하지 아니하는 경우(∴ 분리과세를 선택하는 경우) ② 가상자산을 양도·대여함으로써 발생하는 소득(2027.1.1. 이후 시행) 개정 (2년 유예)
(2) 결정세액	① 계약금의 위약금과 배상금 대체액 : 해당 기타소득금액×20% ② 가상자산소득 : (해당 가상자산소득금액−250만원)×20%(2027.1.1. 이후 시행) 개정
(3) 확정신고	분리과세 기타소득이 있는 경우에도 과세표준확정신고를 해야 한다.

> **사례** 기타소득 과세방법
>
> ① 국가로부터 상금　　　　　　　　　　　　4,000,000원
> ② 복권당첨금　　　　　　　　　　　　　　8,000,000원(1매당 1,000원, 10매구입 이중 1매 당첨)
> ③ 뇌물　　　　　　　　　　　　　　　　　1,700,000원
> ④ 계약 위약금(계약금이 위약금으로 대체됨)　500,000원
> ⑤ 주택입주 지체상금　　　　　　　　　　　2,500,000원
> ⑥ 직무발명보상금(퇴직 후 수령액)　　　　　9,000,000원(사용자등과 특수관계 없음)
> ⑦ 고용관계없이 받은 강연료　　　　　　　10,000,000원(실제필요경비 7,000,000원)

[경우 1] 사업소득금액 55,000,000원과 자료의 ①~⑥의 소득만 있는 경우
　　　　 종합소득공제액 5,000,000원, 세부담 최소화를 가정함

① 종합과세(뇌물 등) : 1,700,000 －　　0　　＝1,700,000(원천징수대상 아님)
② 조건부 과세　　　　　500,000 －　　0　　＝　500,000 ┐
　　　　　　　　　　　2,500,000－2,000,000 ＝　500,000 ├ 3,000,000 ← 3백만원이하
　　　　　　　　　　　2,000,000*－　　0　　＝2,000,000 ┘
　　　　　　　　　　　　　　　　　　　　　　 4,700,000

* 9,000,000－7,000,000(비과세)＝2,000,000

〈조건부과세 기타소득금액을 분리과세할 경우〉
　사업소득금액　　55,000,000
　기타소득금액　 　1,700,000 → 조건부과세 3,000,000원(분리과세시 세율 20%)은 분리과세를 선택하는 것이 유리함
　종합소득금액　　56,700,000
　종합소득공제　　(5,000,000)
　과 세 표 준　　 51,700,000 → 5,000만원 초과 8,800만원 이하분(24%)

∴ 종합과세되는 기타소득금액 : 1,700,000

if) 종합소득 한계세율이 15%인 경우 : 3,000,000원도 종합과세를 선택하는 것이 유리함(∵기타소득의 분리과세 시 세율 20%)

[경우 2] 자료의 ①~⑦의 소득이 있는 경우

① 종합과세(뇌물 등) : 1,700,000－　　0　　＝1,700,000(원천징수대상 아님)
② 조건부 과세　　　　　500,000－　　0　　＝　500,000(원천징수대상 아님)
　　　　　　　　　　　2,500,000－2,000,000 ＝　500,000
　　　　　　　　　　　2,000,000*－　　0　　＝2,000,000
　　　　　　　　　　　10,000,000－7,000,000 ＝3,000,000
　　　　　　　　　　　　　　　　　　　　　　 7,700,000

* 9,000,000－7,000,000(비과세)＝2,000,000
∴ 종합과세되는 기타소득금액 : 7,700,000
　기타소득금액의 원천징수세액 : (7,700,000－1,700,000－500,000)×20% ＝ 1,100,000
cf) 분리과세 기타소득의 원천징수세액 : (8,000,000－1,000)×20%＝1,599,800

보론	종교인소득	
구 분	내 용	
종교인소득의 범위	종교인소득 : 종교관련종사자가 종교의식을 집행하는 등 종교관련 종사자로서의 활동과 관련하여 종교단체로부터 받은 소득	
소득구분	종교인소득	종교인소득은 기타소득으로 본다. 다만, 종교인소득에 대하여 근로소득으로 원천징수하거나 과세표준 확정신고를 한 경우에는 해당 소득을 근로소득으로 본다. ※ 종교인소득은 조건부과세 기타소득이므로 기타소득금액이 300만원 이하인 경우 분리과세를 선택할 수 있음
	현실적 퇴직시 받는 소득	종교관련종사자가 현실적인 퇴직을 원인으로 종교단체로부터 지급받는 소득은 퇴직소득으로 본다.
	퇴직 이후 지급받는 소득	종교관련종사자가 그 활동과 관련하여 현실적인 퇴직 이후에 종교단체로부터 정기적 또는 부정기적으로 지급받는 소득으로서 현실적인 퇴직을 원인으로 종교단체로부터 지급받는 소득에 해당하지 아니하는 소득은 종교인소득에 포함한다.

비과세소득	① 한국표준직업분류에 따른 종교관련 종사자가 소속된 종교단체의 종교관련 종사자로서의 활동과 관련 있는 교육·훈련을 위하여 받는 초·중등교육법에 따른 학교(외국에 있는 이와 유사한 교육기관 포함), 고등교육법에 따른 학교(외국에 있는 이와 유사한 교육기관 포함), 평생교육시설의 입학금·수업료·수강료, 그 밖의 공납금
	② 소속 종교단체가 종교관련 종사자에게 제공하는 식사나 그 밖의 음식물(단, 식사나 그 밖의 음식물을 제공받지 아니하는 경우에는 월 20만원 이하의 식사대)
	③ 종교관련 종사자가 받는 다음의 실비변상적 성질의 지급액
	  (가) 일직료·숙직료 및 그 밖에 이와 유사한 성격의 급여
	  (나) 여비로서 실비변상 정도의 금액(종교관련종사자가 소유하거나 본인 명의로 임차한 차량을 직접 운전하여 소속종교단체의 종교관련 종사자로서의 활동에 이용하고 소요된 실제 여비 대신에 해당 종교단체의 규칙 등에 정하여진 지급기준에 따라 받는 금액 중 월 20만원 이내의 금액 포함) 개정
	  (다) 종교활동비 : 종교관련종사자가 소속 종교단체의 규약 또는 소속 종교단체의 의결기구의 의결·승인 등을 통하여 결정된 지급 기준에 따라 종교 활동을 위하여 통상적으로 사용할 목적으로 지급받은 금액 및 물품
	  (라) 종교관련 종사자가 천재지변이나 그 밖의 재해로 인하여 받는 지급액
	④ 종교관련 종사자 또는 그 배우자의 출산이나 6세 이하(해당 과세기간 개시일을 기준으로 판단한다) 자녀의 보육과 관련하여 종교단체로부터 받는 금액으로서 월 20만원 이내의 금액
	⑤ 종교관련 종사자가 사택을 제공받아 얻는 이익	

필요경비	필요경비=Max[의제필요경비, 실제 소요된 필요경비]	
	종교관련 종사자가 받은 금액(비과세소득 제외)	의제필요경비
	2천만원 이하	받은 금액의 80%
	2천만원 초과 4천만원 이하	1,600만원+(2천만원 초과액의 50%)
	4천만원 초과 6천만원 이하	2,600만원+(4천만원 초과액의 30%)
	6천만원 초과	3,200만원+(6천만원 초과액의 20%)
원천징수	원천징수의무자가 소득세를 원천징수할 때 종교인소득에 대해서는 종교인소득 간이세액표에 따른 세액을 기준으로 원천징수한다.	

구 분	내 용
원천징수 세액의 반기별 납부	원천징수의무자인 종교단체는 원천징수 관할 세무서장으로부터 종교인소득에 대한 원천징수세액을 매 반기별로 납부할 수 있도록 승인을 받거나 국세청장이 정하는 바에 따라 지정을 받은 경우 원천징수세액을 그 징수일이 속하는 반기의 마지막 달의 다음 달 10일까지 납부할 수 있다. ※ 종교단체는 상시고용인원이 20명을 초과하는 경우에도 반기별 납부 가능
연말정산	종교인소득에 대한 연말정산, 소득공제 등의 신고, 원천징수영수증의 발급 또는 원천징수 시기에 관하여는 연말정산대상 사업소득규정(연말정산 소득률은 제외)을 준용한다.
원천징수예외	종교인소득(근로소득으로 보는 경우 포함)을 지급하는 자는 소득세의 원천징수(연말정산 포함)를 하지 아니할 수 있다. 이 경우 종교인소득을 지급받은 자는 종합소득 과세표준 확정신고에 따라 종합소득 과세표준을 신고하여야 한다.
확정신고면제	원천징수되는 기타소득으로서 종교인소득만 있는 자는 과세표준 확정신고를 하지 아니할 수 있다.
질문·조사	소득세에 관한 사무에 종사하는 공무원은 그 직무 수행상 필요한 경우에는 종교인소득(근로소득으로 보는 경우 포함)에 대해서는 종교단체의 장부·서류 또는 그 밖의 물건 중에서 종교인 소득과 관련된 부분에 한하여 조사하거나 그 제출을 명할 수 있다.
수정신고의 안내	세무에 종사하는 공무원은 종교인소득에 관한 신고내용에 누락 또는 오류가 있어 질문·조사권을 행사하려는 경우에는 미리 국세기본법에 따른 수정신고를 안내하여야 한다.

사례 종교인소득

종교관련종사자인 거주자 갑의 20×1년 종합소득 신고 관련 자료이다.(제시된 금액은 원천징수하기 전의 금액이며, 종교인소득에 대하여 근로소득으로 원천징수하거나 확정신고하지 않았음)
(1) 갑이 종교단체에서 지급받은 내역(필요경비는 확인되지 않음)

구 분	금 액	비 고
사례금	36,000,000원	월 3,000,000원
식사대	3,000,000원	월 250,000원, 갑은 종교단체로부터 식사를 제공받았음
자가운전보조금	2,400,000원	월 200,000원, 법령으로 정한 요건을 충족함
사택제공이익	15,000,000원	종교단체가 직접 임차한 사택을 무상으로 제공받았음
종교활동비	18,000,000원	월 1,500,000원, 소속 종교단체의 규약에 따라 종교 활동을 위하여 통상적으로 사용할 목적으로 지급받은 금액임

(2) 공익법인이 주무관청의 승인을 받아 시상한 상금 : 5,000,000원
(3) 국제단체로부터 받은 상금과 부상 : 1,000,000원
(4) 대학에서 학생과 교직원을 대상으로 한 특별강연료 : 2,000,000원

구 분	총수입금액	의제필요경비	기타소득금액
① 종교인소득	36,000,000+3,000,000 =39,000,000	16,000,000+(39,000,000−20,000,000) ×50%=25,500,000	13,500,000
② 공익법인으로부터 상금	5,000,000	5,000,000×80%=4,000,000	1,000,000
③ 특별강연료	2,000,000	2,000,000×60%=1,200,000	800,000
합 계		(종합과세)	15,300,000

☞ 식사대는 식사를 제공받았으므로 전액과세하며, 자가운전보조금(월 20만원까지), 사택제공이익, 종교활동비는 비과세소득임. 국제단체로부터 받은 상금과 부상도 비과세기타소득임.

소득금액계산의 특례

Ⅰ. 부당행위계산의 부인

구 분		내 용
부인효과		납세지 관할 세무서장 또는 지방국세청장은 다음의 요건에 충족하는 경우에는 그 거주자의 행위 또는 계산과 관계없이 해당 과세기간의 소득금액을 계산할 수 있다(법률상 거래는 유효함). → 조세부담의 증가, 조세범처벌 대상 아님

요건	특수관계인과의 거래	국세기본법에 따른 다음의 특수관계인을 말한다.
		① 본인과 친족관계
		  (개) 4촌 이내의 혈족
		  (내) 3촌 이내의 인척
		  (대) 배우자(사실상의 혼인관계에 있는 자 포함)
		  (래) 친생자로서 다른 사람에게 친양자 입양된 자 및 그 배우자·직계비속
		  (매) 본인이 「민법」에 따라 인지한 혼인 외 출생자의 생부나 생모(본인의 금전이나 그 밖의 재산으로 생계를 유지하는 사람 또는 생계를 함께하는 사람으로 한정한다)
		② 경제적 연관관계
		  (개) 임원 그 밖의 사용인
		  (내) 본인의 금전이나 그 밖의 재산으로 생계를 유지하는 자
		  (대) 위의 자와 생계를 함께하는 친족
		③ 경영지배관계
		  (개) 본인이 직접 또는 그와 친족관계 및 경제적 연관관계에 있는 자를 통하여 법인의 경영에 대하여 지배적인 영향력㈜을 행사하고 있는 경우 그 법인
		  (내) 본인이 직접 또는 그와 친족관계, 경제적 연관관계 또는 (개)의 관계에 있는 자를 통하여 법인의 경영에 대하여 지배적인 영향력㈜을 행사하고 있는 경우 그 법인

	대상소득	출자공동사업자의 배당소득·사업소득·기타소득·양도소득일 것 ☞ 이자소득·배당소득(출자공동사업자의 배당소득 제외)·근로소득·연금소득·퇴직소득은 부당행위계산의 부인대상이 아님
	부당행위	조세 부담을 부당하게 감소시킨 것으로 인정되는 경우 → 법인세법 규정 준용 예 저가양도, 고가매입, 저율대여, 고율차입, 저가임대, 고가임차, 저가용역 제공, 고가용역 매입, 무수익자산의 매입
중요성기준		시가와 거래가액의 차액이 3억원 이상이거나 시가의 5% 이상인 경우만 적용함 ※ 무수익자산을 매입하여 그 자산에 대한 비용을 부담하는 경우는 제외 ☞ 시가 : 법인세법의 부당행위계산 부인규정의 시가 규정 준용(시가 → 감정평가법인등의 감정가액 → 상증세법상 보충적 평가액)
부당행위계산의 부인규정 적용 배제		직계존비속에게 주택을 무상으로 사용하게 하고 직계존비속이 해당 주택에서 실제로 거주한 경우 → 부당행위×, 그 주택 관련비용은 가사 관련비용으로 봄

주) 지배적인 영향력
  ① 영리법인인 경우 : 법인의 발행주식총수의 30% 이상을 출자한 경우와 임원의 임면권의 행사, 사업방침의 결정 등 법인의 경영에 대하여 사실상 영향력을 행사하고 있다고 인정되는 경우
  ② 비영리법인인 경우 : 법인의 이사의 과반수를 차지하는 경우와 법인의 출연재산(설립을 위한 출연재산만 해당함)의 30% 이상을 출연하고 그중 1인이 설립자인 경우

예 부당행위계산의 부인대상
① 사업자금을 인출하여 동생에게 무상 대여한 경우 → 이자소득 감소, 부당행위×
② 형으로부터 사업자금을 고율로 차입한 경우 → 이자비용 증가에 따라 사업소득 감소, 부당행위○
③ 모친에게 주택을 무상임대하고 모친이 그 주택에 거주하는 경우 → 부당행위×

정리1 부당행위계산의 부인 대상소득

	실제필요경비	부당행위
이자소득	–	–
배당소득	–	– (출자○)
사업소득	○	○
근로소득	–	–
연금소득	–	–
기타소득	○	○
퇴직소득	–	–
양도소득	○	○

정리2 주택임대사업자

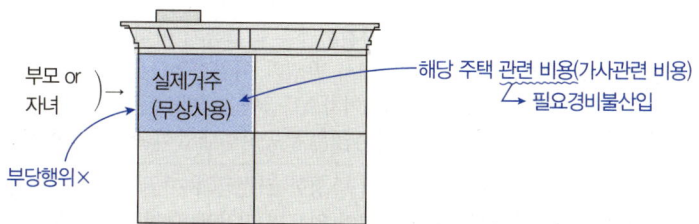

정리3 부당행위(조세 부담을 부당하게 감소시킨 것으로 인정되는 경우)(소령 98 ②)

① 특수관계인으로부터 시가보다 높은 가격으로 자산을 매입하거나 특수관계인에게 시가보다 낮은 가격으로 자산을 양도한 경우 ② 특수관계인에게 금전이나 그 밖의 자산 또는 용역을 무상 또는 낮은 이율 등으로 대부하거나 제공한 경우. 다만, 직계존비속에게 주택을 무상으로 사용하게 하고 직계존비속이 그 주택에 실제 거주하는 경우는 제외한다. ③ 특수관계인으로부터 금전이나 그 밖의 자산 또는 용역을 높은 이율 등으로 차용하거나 제공받는 경우 ④ 특수관계인으로부터 무수익자산을 매입하여 그 자산에 대한 비용을 부담하는 경우 ⑤ 그 밖에 특수관계인과의 거래에 따라 해당 과세기간의 총수입금액 또는 필요경비를 계산할 때 조세의 부담을 부당하게 감소시킨 것으로 인정되는 경우	시가와 거래가액의 차액이 3억원 이상이거나 시가의 5%에 상당하는 금액 이상인 경우만 해당함(단, ④는 제외하고, ⑤는 ①~③에 준하는 행위만 해당함)

정리4 부당행위계산(소집행 41-0-1) 및 부당행위 해당여부의 판단 시점(소집행 41-0-2)

① 특수관계인과의 거래로 인하여 조세의 부담을 부당하게 감소시킨 것으로 인정되는 '부당한 행위 또는 계산'은 정상적인 사인간의 거래, 건전한 사회통념 내지 상관습을 기준으로 판정한다.
② 부당행위계산은 특수관계인 사이의 일정한 거래가 사회통념이나 관습에 비추어 합리적인 경제인이 취할 정상적인 거래로 볼 수 없어 조세의 부담을 부당하게 감소시킨 것으로 인정되면 족한 것이지 당사자에게 조세회피의 목적이 있거나 경제적 손실이 있어야 하는 것은 아니다.
③ 부당행위 해당여부의 판단 시점 : 행위당시 기준(예) 매매계약일 현재의 시가, 임대차계약일의 시가)

Ⅱ. 결손금과 이월결손금의 공제

1. 사업소득의 결손금

구 분	내 용
사업소득의 결손금	① 사업자가 비치·기록한 장부에 의하여 해당 과세기간의 사업소득금액을 계산할 때 발생한 부동산임대업 이외의 사업(이하 '일반사업') 및 주거용 건물 임대업의 결손금은 그 과세기간의 종합소득과세표준을 계산할 때 근로소득금액·연금소득금액·기타소득금액·이자소득금액·배당소득금액에서 순서대로 공제한다. ② 부동산임대업에서 발생한 결손금은 종합소득과세표준을 계산할 때 공제하지 않는다. 다만, 주거용 건물 임대업의 경우에는 그러하지 아니하다.
사업소득의 이월결손금	일반사업 및 주거용 건물 임대업에서 발생한 이월결손금과 부동산임대업에서 발생한 이월결손금은 해당 이월결손금이 발생한 과세기간 종료일부터 15년(2019. 12. 31. 이전에 개시한 과세기간에서 발생한 결손금은 10년) 이내에 끝나는 과세기간의 소득금액을 계산할 때 먼저 발생한 과세기간의 이월결손금부터 순서대로 다음의 구분에 따라 공제한다. 다만, 국세기본법에 따른 국세의 부과제척기간이 지난 후에 그 제척기간 이전 과세기간의 이월결손금이 확인된 경우 그 이월결손금은 공제하지 아니한다. ① 일반사업 및 주거용 건물 임대업에서 발생한 이월결손금은 사업소득금액·근로소득금액·연금소득금액·기타소득금액·이자소득금액·배당소득금액에서 순서대로 공제한다. ② 부동산임대업에서 발생한 이월결손금은 부동산임대업의 소득금액에서 공제한다.
금융소득에 대한 특례	일반사업 및 주거용 건물 임대업에서 발생한 결손금과 이월결손금 공제하는 경우 종합과세되는 이자소득금액과 배당소득금액이 있으면 다음과 같이 적용한다. ① 원천징수세율을 적용받는 금융소득 : 공제할 수 없음 ② 기본세율을 적용받는 금융소득 : 금융소득금액의 범위 내에서 공제 여부 및 공제금액을 선택
추계시 이월결손금 공제배제	추계신고 또는 추계조사결정하는 경우에는 이월결손금을 공제하지 아니한다(결손금은 공제가능). 다만, 천재지변이나 그 밖의 불가항력으로 장부나 그 밖의 증명서류가 멸실되어 추계신고하거나 추계조사결정하는 경우에는 그러하지 아니한다.

📖 결손금과 이월결손금 공제요약

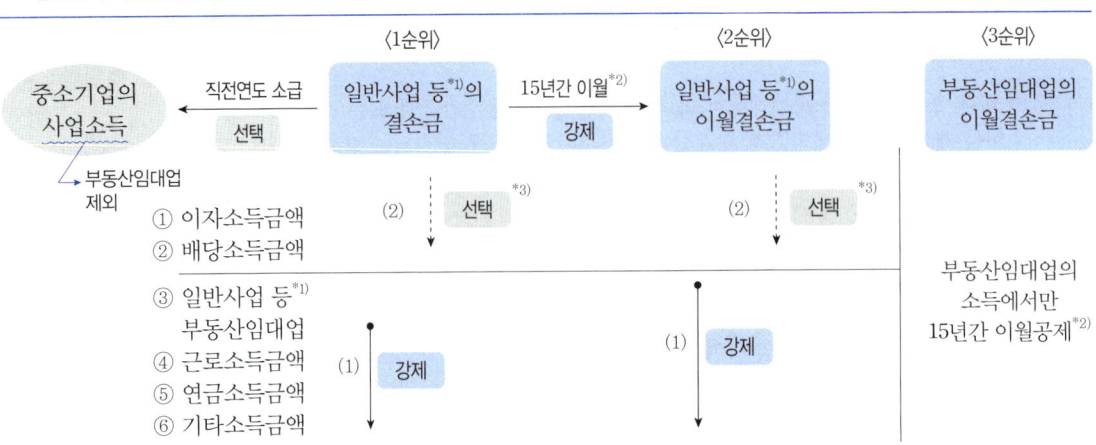

*1) 일반사업 및 주거용 건물 임대업
*2) 2019.12.31. 이전에 개시한 과세기간에서 발생한 결손금은 10년간 이월공제
*3) 원천징수세율 적용분에서 공제불가, 기본세율 적용분에서 공제여부 및 공제금액 선택가능

사례 결손금과 이월결손금 공제

이월결손금(일반사업 2019년분 15,000,000원, 상가임대업 2024년분 6,000,000원)   (단위: 원)

구분	2025년	2026년
이자소득금액	10,000,000	−
배당소득금액	21,000,000	−
사업소득금액(일반사업)	△10,000,000	△4,000,000
사업소득금액(상가임대업)	8,000,000	9,000,000
근로소득금액	7,000,000	8,000,000
연금소득금액	5,000,000	6,000,000
기타소득금액	4,000,000	5,000,000

※ 금융소득금액에서도 가능한 공제할 것

⟨2025년⟩

	공제전 소득	(1) 10,000,000	(2) 15,000,000	(3) 6,000,000	공제후 소득
이자	10,000,000				10,000,000
배당	21,000,000		−1,000,000		20,000,000
사업(상가임대)	8,000,000	−8,000,000			−
근로	7,000,000	−2,000,000	−5,000,000		−
연금	5,000,000		−5,000,000		−
기타	4,000,000		−4,000,000		−
		0	0	6,000,000	30,000,000

⟨2026년⟩

	공제전 소득	(1) 4,000,000	(2) 0	(3) 6,000,000	공제후 소득
사업(상가임대)	9,000,000	−4,000,000		−5,000,000	−
근로	8,000,000				8,000,000
연금	6,000,000				6,000,000
기타	5,000,000				5,000,000
		0	0	1,000,000	19,000,000

if

① 이자　　　　　10,000,000 ┐
② 배당(G·×) 10,000,000 ┘ 원천징수세율 적용분 공제×
③ 배당(G·○) 11,000,000 ─ 기본세율 적용분 공제○

2. 중소기업의 결손금소급공제에 따른 환급

구 분	내 용
요 건 (모두 갖춘 경우)	① 조세특례제한법상 중소기업의 사업소득(부동산임대업 제외)에서 발생한 이월결손금*일 것 * 해당 연도 사업소득 결손금을 다른 종합소득금액에서 공제하고 남은 잔여 금액을 말함. ② 직전 과세기간의 중소기업의 사업소득에 대한 소득세액이 있을 것 ③ 결손금이 발생한 과세기간과 그 직전 과세기간의 소득세를 기한 내 신고할 것 ④ 과세표준 확정신고기한 내에 소급공제 환급신청할 것(if 환급미신청 → 경정청구 불가)
환급세액의 추징	다음의 경우에는 그 환급세액 등을 그 이월결손금이 발생한 과세기간의 소득세로서 징수한다. ① 결손금이 발생한 과세기간에 대한 소득세의 과세표준과 세액을 경정함으로써 이월결손금이 감소된 경우 : 과다환급세액＋이자상당액 ② 결손금이 발생한 과세기간의 직전 과세기간에 대한 종합소득 과세표준과 세액을 경정함으로써 환급세액이 감소된 경우 : 과다환급세액＋이자상당액 ③ 중소기업 요건을 갖추지 아니하고 환급을 받은 경우 : 환급세액＋이자상당액

Ⅲ. 공동사업에 대한 소득금액 계산의 특례

1. 공동사업의 범위 및 소득금액 계산 일반기준

구 분	내 용
공동사업의 범위	공동사업은 사업소득이 발생하는 사업을 공동으로 경영하고 그 손익을 분배하는 사업을 말한다. 이에는 출자공동사업자가 있는 공동사업을 포함한다.
공동사업 소득금액 계산 일반기준	공동사업장(해당 사업을 경영하는 장소)을 1거주자로 보아 공동사업장별로 그 소득금액을 계산한 후, 그 소득금액을 공동사업자(출자공동사업자 포함)간에 약정된 손익분배비율(약정된 손익분배비율이 없는 경우에는 지분비율)에 의하여 분배되었거나 분배될 소득금액에 따라 각 공동사업자별로 분배한다.

2. 공동사업의 합산과세 특례

구 분	내 용
(1) 요건 및 효과	거주자 1인과 생계를 같이하는 국세기본법상 특수관계인*이 공동사업자에 포함되어 있는 경우로서 다음 중 어느 하나에 해당하는 경우에는 그 특수관계인의 소득금액은 주된 공동사업자의 소득금액으로 본다. ① 공동사업자가 제출한 종합소득 과세표준확정신고서와 첨부서류에 기재한 사업의 종류, 소득금액내역, 지분비율, 약정된 손익분배비율 및 공동사업자간의 관계 등이 사실과 현저하게 다른 경우 ② 공동사업자의 경영참가, 거래관계, 손익분배비율 및 자산·부채 등의 재무상태 등을 감안할 때 조세를 회피하기 위하여 공동으로 사업을 경영하는 것이 확인되는 경우 * 특수관계인에 해당하는지 여부는 해당 과세기간 말 현재의 상황에 의한다. ✔ 공동사업장에서 발생한 이자소득과 배당소득은 합산되지 아니한다.
(2) 주된공동사업자	① 손익분배비율이 가장 큰 공동사업자 ② ①이 동일한 경우는 공동사업소득 외의 종합소득금액이 가장 많은 자 ③ ②가 동일한 경우는 직전연도의 종합소득금액이 가장 많은 자 ④ ③도 동일한 경우에는 해당 사업에 대한 종합소득 과세표준을 신고한 자. 다만, 공동사업자 모두가 해당 사업에 대한 종합소득과세표준을 신고하였거나 신고하지 아니한 경우에는 납세지 관할세무서장이 정하는 자

정리1 중소기업의 결손금소급공제에 따른 환급 비교

구 분	법인세법	소득세법
① 소급공제기간	직전 사업연도	직전 과세기간
② 소급공제 대상 결손금	모든 결손금(부동산임대업등을 영위하는 법인* 제외) 개정	사업소득에서 발생한 결손금(부동산임대업의 결손금 제외)
③ 환급세액 계산단위	법인 단위	사업장 단위
④ 환급취소시 이자율	1일 22/100,000(정당한 사유가 있는 경우 국세환급가산금 이자율 적용)	1일 22/100,000(정당한 사유 불문)
⑤ 환급취소시 이자계산기간	당초 환급세액의 통지일 다음 날부터 고지일까지의 기간	좌동

* 조세특례제한법상 중소기업의 범위에서 부동산임대업과 성실신고확인대상 소규모 특정법인을 제외함. 개정

정리2 공동사업의 소득금액 계산

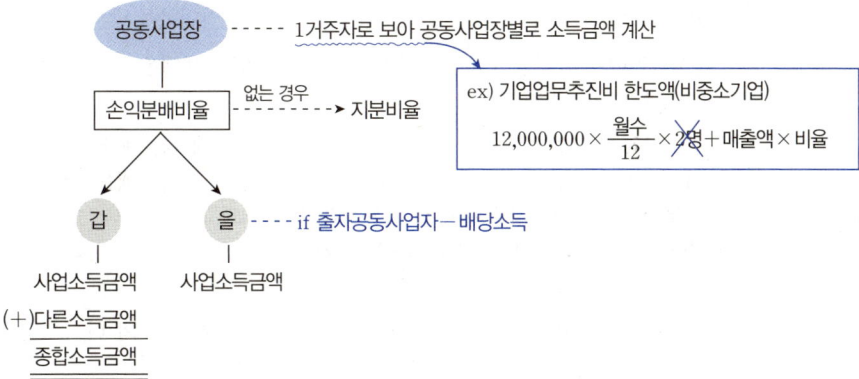

사례 공동사업 합산과세 특례(갑과 을만 특수관계가 있음)

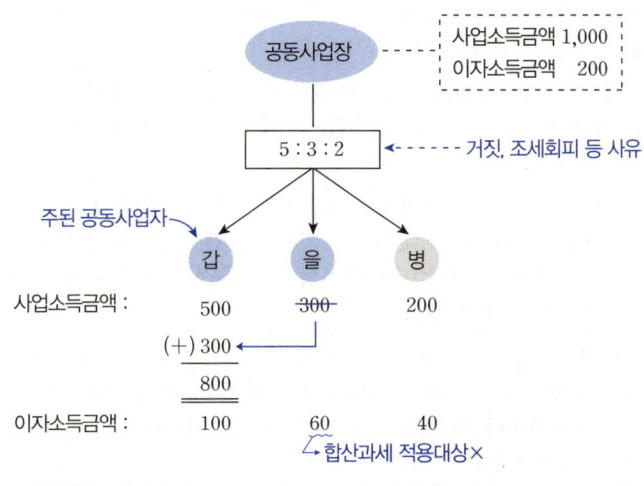

3. 공동사업에 대한 그 밖의 규정

구 분	내 용
(1) 경영공동사업자 보수의 처리	해당 공동사업자의 소득분배로 보고 그 공동사업자의 분배소득에 가산함
(2) 출자공동사업자 배당의 원천징수	출자공동사업자배당을 지급하는 자는 지급금액의 25%를 원천징수하여 다음달 10일까지 납부하여야 한다. 이 경우 해당연도 배당을 다음연도 3월 31일까지 지급하지 아니한 경우에는 3월 31일에 지급한 것으로 보아 소득세를 원천징수한다.
(3) 공동사업장의 결손금 분배	① 결손금의 분배 : 공동사업장에서 발생한 결손금은 손익분배비율에 따라 각 공동사업자별로 분배하며, 각 공동사업자는 분배된 결손금을 대상으로 결손금 공제를 적용한다. 다만, 출자공동사업자의 분배된 소득은 배당소득이므로 배당소득에서 발생한 결손금은 공제할 수 없다. ② 이월결손금이 있는 공동사업장의 경우 분배대상 공동소득금액은 이월결손금을 공제하지 아니한 해당 과세기간의 소득금액으로 한다.
(4) 연대납세의무	공동사업·공동소유에 대한 소득세에 대하여 공동사업자·공동소유자는 연대납세의무가 없다. 다만, 공동사업 합산과세특례가 적용되어 주된 공동사업자에게 합산과세되는 경우 그 합산과세되는 소득금액에 대해서는 주된 공동사업자의 특수관계인은 손익분배비율에 해당하는 그의 소득금액을 한도로 주된 공동사업자와 연대하여 납세의무를 진다.
(5) 원천징수세액의 배분	공동사업장에서 발생한 소득금액에 대하여 원천징수된 세액은 각 공동사업자의 손익분배비율에 따라 배분한다.
(6) 가산세배분	① 공동사업장 관련 가산세 : 손익분배비율에 따라 배분한다. 다만, 공동사업장의 '장부의 기록·보관 불성실 가산세'는 공동사업장의 무기장 소득금액을 손익분배비율에 따라 배분하여 공동사업자별로 각각 계산한다(소법 87조 ②). ② 공동사업장과 관련 없는 가산세(무신고가산세, 과소신고·초과환급신고가산세, 납부지연가산세) : 거주자별로 부담한다.
(7) 기장의무와 사업자등록	공동사업장에 대해서는 그 공동사업장을 1사업자로 보아 장부의 비치·기록 의무와 사업자등록 및 고유번호의 부여 규정을 적용한다.
(8) 부당행위계산의 부인규정적용	공동사업장의 소득금액을 계산할 때 부당행위계산의 부인규정을 적용하는 경우에는 공동사업자를 거주자로 본다(소령 150 ⑦). ☞ 특수관계인 간에 공유하고 있는 부동산을 그 특수관계인 중 1인에게 무상임대하는 경우에는 부당행위계산 대상이 된다(소집행 41-98-9).
(9) 결정·경정	공동사업장에 대한 소득금액의 결정·경정은 대표공동사업자의 주소지 관할세무서장이 하며, 국세청장이 특히 중요하다고 인정하는 경우에는 사업장 관할세무서장 또는 주소지 관할지방국세청장이 한다.
(10) 연금보험료공제 등의 이월공제	연금보험료공제 또는 조세특례제한법에 따른 소득공제를 적용하거나 연금계좌세액공제를 적용하는 경우 합산과세되는 특수관계인이 지출한 금액은 주된 공동사업자의 소득에 합산과세되는 소득금액의 한도에서 주된 공동사업자가 지출한 금액으로 보아 주된 공동사업자가 소득공제 또는 세액공제를 받을 수 있다.
(11) 소득구분 계산서 제출	공동사업자가 과세표준 확정신고를 하는 때에는 과세표준확정신고서와 함께 당해 공동사업장에서 발생한 소득과 그 외의 소득을 구분한 계산서를 제출하여야 한다. 이 경우 대표공동사업자는 당해 공동사업장에서 발생한 소득금액과 가산세액 및 원천징수된 세액의 각 공동사업자별 분배명세서를 제출하여야 한다.

> **사례1** 경영공동사업자의 보수
>
> (1) 거주자 갑(경영공동사업자)와 거주자 을(출자공동사업자)이 제조업을 공동으로 영위하고 있다.
> (2) 공동사업장의 당기순이익 100,000,000원에는 다음의 금액이 반영되어 있다.
>   ① 판매비 및 관리비 : 350,000,000원(갑의 경영보수 30,000,000원 포함)
>   ② 영업외수익 : 20,000,000원(예금이자)
> (3) 다음의 경우별로 갑과 을의 소득금액을 계산하시오.
>   〈경우1〉 경영보수를 차감한 소득금액을 5 : 5로 분배하기로 약정함
>   〈경우2〉 사업소득금액을 5 : 5로 분배하기로 약정함

(단위 : 백만원)

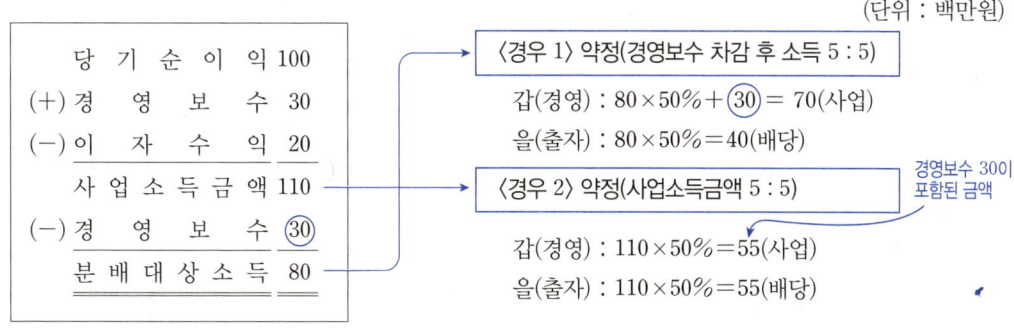

사례2 공동사업장의 결손금 분배

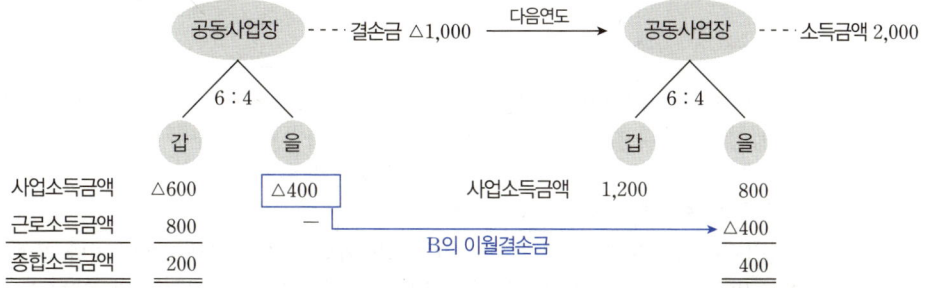

◁**세부내용1**▷ 공동사업장의 이자비용

> 공동사업에 출자하기 위하여 차입한 금액에 대한 지급이자는 해당 공동사업장의 사업과 관련한 차입금 지급이자로 볼 수 없으므로 필요경비에 산입할 수 없다(소집행 27-55-21). 다만, 총수입금액을 얻기 위하여 직접 사용된 부채에 대한 지급이자는 필요경비에 산입된다(소령 55 13호).

◁**세부내용2**▷ 공동사업장의 세액공제

> ① 기장세액공제 : 간편장부대상자에 해당하는 공동사업장으로부터 분배받은 소득금액에 대한 기장세액공제는 거주자별로 계산한다. 다만, 기장세액공제는 해당 거주자별로 100만원을 초과할 수 없다(소집행 56의2-116의3-3).
> ② 성실신고 확인비용 세액공제 : 성실신고 확인비용에 대한 세액공제는 공동사업자의 구성원별로 계산하며, 해당 구성원별로 연 120만원을 한도로 한다(소득세과-461, 2012.6.1.).

Ⅳ. 그 밖의 소득금액계산의 특례

구 분		내 용
채권 등에 대한 소득금액 계산과 원천징수 특례	채권소득금액 계산 특례	채권에서 발생하는 이자와 할인액은 채권의 상환기간 중에 보유한 개인(거주자 또는 비거주자)에게 그 보유기간의 이자상당액이 각각 귀속되는 것으로 본다.
	보유기간 이자상당액 계산방법	개인의 보유기간 이자상당액은 매수일(채권발행일 또는 직전 원천징수일)의 다음 날부터 매도일까지의 보유기간에 대하여 약정된 이자계산방식에 따라 다음의 이자율을 적용하여 계산한 금액(물가연동국고채의 경우 원금 증가분 포함)을 말한다. ① 국채·산업금융채권·정책금융채권·예금보험기금채권·예금보험기금채권상환기금채권 및 한국은행통화안정증권을 공개시장에서 통합발행하는 경우 : 표면이자율 ② 그 밖의 채권의 경우 : 표면이자율에 발행시 할인율을 더하고 할증률을 뺀 율
	보유기간 이자상당액 원천징수	(아래 표 참조)

매도자	매수자	원천징수의무자	원천징수
개 인	개 인	–	원천징수의무 없음
개 인	법 인	매수법인	매수법인이 개인의 보유기간의 이자에 대하여 원천징수
법 인	개 인	매도법인(대리)	매도법인이 자신의 보유기간의 이자에 대하여 원천징수
법 인	법 인	매도법인(대리)	매도법인이 자신의 보유기간의 이자에 대하여 원천징수

구 분	내 용
상속의 경우 소득금액의 구분 계산	상속의 경우 피상속인의 소득과 상속인의 소득을 구분하여 각각 소득세를 계산하여야 한다. 다만, 연금계좌의 가입자가 사망하였으나 그 배우자가 연금외수령 없이 해당 연금계좌를 상속으로 승계하는 경우에는 해당 연금계좌에 있는 피상속인의 소득금액은 상속인의 소득금액으로 보아 소득세를 계산한다.
중도 해지로 인한 이자소득금액 계산의 특례	종합소득과세표준 확정신고 후 예금 또는 신탁계약의 중도 해지로 이미 지난 과세기간에 속하는 이자소득금액이 감액된 경우 그 중도 해지일이 속하는 과세기간의 종합소득금액에 포함된 이자소득금액에서 그 감액된 이자소득금액을 뺄 수 있다. 다만, 국세기본법에 따라 과세표준 및 세액의 경정을 청구한 경우에는 그러하지 아니하다. 중도해지로 이자소득감액 — 선택 ┬ 감액된 과세기간의 이자소득금액에서 차감 　　　　　　　　　　　　　　　└ 당초 신고된 과세기간에 대한 경정청구
비거주자 등과의 거래에 대한 소득금액 계산의 특례	우리나라가 조세의 이중과세 방지를 위하여 체결한 조약(이하 "조세조약")의 상대국과 그 조세조약의 상호 합의 규정에 따라 거주자가 국외에 있는 비거주자 또는 외국법인과 거래한 그 금액에 대하여 권한 있는 당국 간에 합의를 하는 경우에는 그 합의에 따라 납세지 관할 세무서장 또는 지방국세청장은 그 거주자의 각 과세기간의 소득금액을 조정하여 계산할 수 있다. 거주자의 소득금액조정의 신청절차 등은 「국제조세조정에 관한 법률 시행령」 제17조(소득금액 계산의 특례 신청절차 등)를 준용한다.

정리1 채권의 보유기간 이자상당액의 원천징수의무자

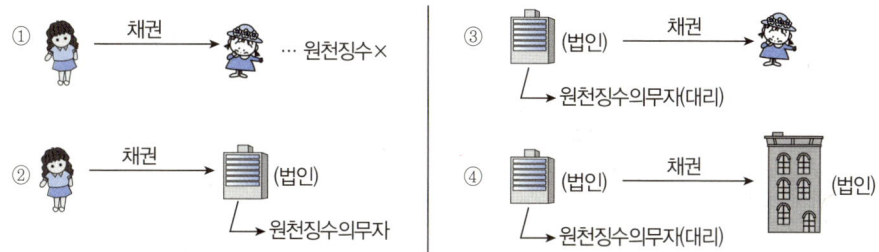

정리2 물가연동국고채의 원금증가분(소칙 88조의4) … 2015.1.1. 이후 발행 **2차**

$$\text{원금증가분}^{*1)} = \text{채권의 액면가액} \times \left(\text{매도일 또는 이자 등 지급일의 물가연동계수} - \text{발행일 또는 직전 원천징수일의 물가연동계수}^{*2)} \right)$$

*1) 원금증가분이 0보다 작은 경우에는 없는 것으로 봄
*2) 발행일의 물가연동계수가 직전 원천징수일의 물가연도계수보다 클 경우에는 발행일의 물가연동계수를 적용함

> 10년 만기 물가연동국고채(액면금액 100,000,000원, 6개월 이표채, 표면이자율 연 2%), 20×1.3.31. 100,000,000원 매입(발행일 물가연동계수 1.00000), 20×1.9.30. 102,000,000원 매도(매도일 물가연동계수 1.01300), 표면이자는 9.30. 별도수령함. 채권의 보유기간이자는? (1년은 365일로 계산함)
>
> ※ 약정된 이자계산 방식 : $\dfrac{\text{채권의}}{\text{액면가액}} \times \dfrac{\text{매도일 또는 이자지급일의}}{\text{물가연동계수}} \times \dfrac{\text{연이자율}}{2} \times \dfrac{\text{보유일수}}{\text{6개월 일수}}$

① 원금증가분 : $100,000,000 \times (1.01300 - 1.00000) = 1,300,000$

② 액면이자 : $100,000,000 \times 1.01300^{*1)} \times (2\%/2) \times \dfrac{183^{*2)}}{183} = 1,013,000$

　*1) 매도일의 물가연동계수
　*2) 보유기간 : 매수일의 다음 날(4.1.)~매도일(9.30.)

③ 보유기간이자(①+②) : 2,313,000

　☞ 채권의 매매차익(비열거소득) : $102,000,000 - 101,300,000 = 700,000$

사례 중도해지에 따라 이자소득이 감소한 경우

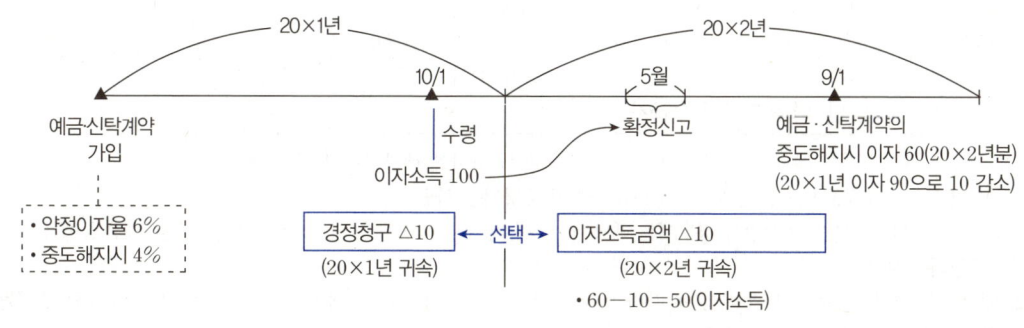

 종합소득 과세표준의 계산

Ⅰ. 과세표준의 계산구조

```
    종 합 소 득 금 액
(−) 소   득   공   제     종합소득공제, 조세특례제한법상 소득공제
    종 합 소 득 과 세 표 준
```

📖 종합소득에서 미공제된 소득공제는 퇴직소득과 양도소득에서 공제할 수 없으며, 다음 연도로 이월되지 않는다. 종합소득공제는 연 단위로 공제하므로 월할계산하지 아니한다.

Ⅱ. 종합소득공제

구 분		내 용
1. 인적공제	기본공제	대상자 1명당 150만원
	추가공제	장애인공제, 경로우대자공제, 부녀자공제, 한부모공제
2. 연금보험료공제		공적연금보험료 납부액 : 전액 공제
3. 주택담보노후연금 이자비용공제		Min[해당 과세기간에 발생한 주택담보노후연금 이자비용, 200만원]
4. 특별소득공제		보험료공제, 주택자금공제

※ 인적공제의 합계액이 종합소득금액을 초과하는 경우 그 초과하는 공제액은 없는 것으로 한다.

1. 기본공제

기본공제 : 종합소득이 있는 거주자(자연인만 해당함)에 대해서는 다음 중 어느 하나에 해당하는 사람의 수에 1명당 연 150만원을 곱하여 계산한 금액을 그 거주자의 해당 과세기간의 종합소득금액에서 공제한다. → 법인 아닌 단체 ×

구 분	관 계	나 이	과세기간의 소득금액
(1) 본 인	해당 거주자(소득자 본인)	—	—
(2) 배우자	거주자의 배우자	—	100만원 이하 (총급여액 500만원 이하의 근로소득만 있는 경우 포함)
(3) 부양가족	① 직계존속*1) ② 직계비속과 입양자*2) ③ 형제자매 ④ 위탁아동 ⑤ 국민기초생활보장 수급자	60세 이상 20세 이하*3) 20세 이하 또는 60세 이상 20세 이하 —	

*1) 직계존속이 재혼한 경우에는 그 배우자로서 다음 중 어느 하나에 해당하는 사람을 포함한다.
    (가) 거주자의 직계존속과 혼인(사실혼 제외) 중임이 증명되는 사람
    (나) 거주자의 직계존속이 사망한 경우에는 해당 직계존속의 사망일 전날을 기준으로 혼인(사실혼 제외) 중에 있었음이 증명되는 사람
*2) 입양자란 「민법」 또는 「입양특례법」에 따라 입양한 양자 및 사실상 입양상태에 있는 사람으로서 거주자와 생계를 같이 하는 사람을 말한다.
*3) 20세 이하 : 20세가 되는 날과 그 이전 기간을 말한다.(이하 같음) 개정

[정리] 기본공제 대상자

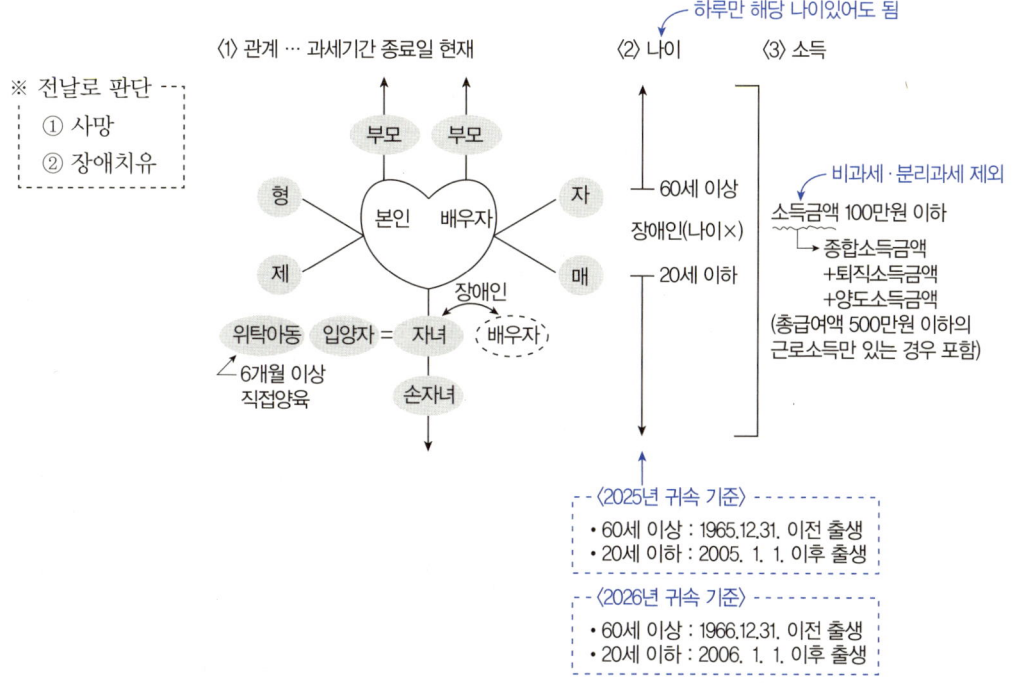

◀세부내용▶ 기본공제시 유의사항(소집행 50-0-1,3,4)

① 비거주자의 경우 인적공제 중 비거주자 본인 외의 자에 대한 공제는 하지 않는다.
② 과세기간 또는 부양기간이 1년 미만인 경우에도 월할 계산하지 아니하고 연 150만원을 공제한다.
③ 거주자와 이혼한 부인은 거주자와 생계를 같이하더라도 공제대상 배우자의 범위에 포함되지 않는다.
④ 근로소득이 있는 거주자와 법률혼 관계에 있지 않는 배우자는 공제대상 배우자에 해당하지 않는다.
⑤ 직계비속의 배우자(며느리, 사위 등) 및 형제자매의 배우자(제수, 형수 등)는 기본공제대상에 해당하지 않는다. 다만, 장애인인 직계비속의 장애인 배우자는 기본공제 대상이 될 수 있다.
⑥ 직계존속이 재혼한 경우에 있어서 그 배우자의 직계존비속은 공제대상 부양가족에서 제외한다.
⑦ 거주자가 배우자의 사망으로 재혼한 경우 사망한 배우자의 직계존속은 공제대상 부양가족에서 제외한다.
⑧ 국내에서 거주하는 외국인 거주자(A : 외국에 국적이 있는 자)가 본국 거주 비거주자인 직계존속(C)을 부양하고 있음이 확인되거나, 또는 거주자(B)의 외국인배우자의 직계존속(D)이 해외 본국에서 거주하고 있는 경우로서 해당 거주자가 부양하고 있음이 확인되는 경우 직계존속(C, D)은 거주자(배우자)의 직계존속이므로 기본공제대상자에 포함된다.

📖 공제대상자 판정기준

나이요건의 특례	① 장애인은 나이의 제한을 받지 아니한다. ② 해당 과세기간 중에 공제대상 나이에 해당되는 날이 있는 경우에는 공제대상자로 본다.
소득금액의 범위	기본공제대상자 판정시의 소득금액은 소득세법상의 소득금액(필요경비 차감후 금액)을 말한다. 따라서 비열거소득 및 비과세소득·분리과세소득은 포함하지 아니한다. 연간소득금액 = 종합소득금액 + 퇴직소득금액 + 양도소득금액 📌 • 근로소득금액 150만원만 있는 사람(○), 이자소득 2,000만원만 있는 사람 (○), 기타소득금액 300만원을 분리과세 선택한 사람(○), 원천징수되지 않은 국외배당 120만원만 있는 사람(×) • 퇴직급여가 150만원인 사람(×), 양도소득금액이 100만원인 사람(○) • 총급여액 300만원(근로소득금액 90만원)과 공적연금소득금액 20만원이 있는 사람(×)
공제대상자의 판정시기	해당 과세기간 종료일 현재의 상황에 따른다. 다만, 과세기간 종료일 전에 사망한 사람 또는 장애가 치유된 사람에 대해서는 사망일 전날 또는 치유일 전날의 상황에 따른다.

부양가족의 범위	해당 거주자(배우자 포함)와 특정한 관계에 있는 자로서 생계를 같이하는 부양가족에 해당되는 자를 말한다.
	① 생계를 같이 하는 부양가족은 주민등록표의 동거가족으로서 해당 거주자의 주소·거소에서 현실적으로 생계를 같이 하는 사람으로 한다. 다만, 다음의 사람은 동거하지 아니하여도 생계를 같이하는 사람으로 본다.
	  (가) 직계비속·입양자
	  (나) 직계비속·입양자를 제외한 동거가족의 경우에는 취학, 질병의 요양, 근무상·사업상 형편 등으로 본래의 주소·거소를 일시 퇴거한 경우
	  (다) 직계존속(배우자의 직계존속 포함)이 주거의 형편에 따라 별거하고 있는 경우
	② 직계비속 또는 입양자와 그 배우자가 모두 장애인일 경우에는 그 배우자를 포함한다.
	③ 위탁아동이란 아동복지법에 따른 가정위탁을 받아 양육하는 아동(18세 미만인 사람)으로서 해당 과세기간에 6개월 이상 직접 양육한 위탁아동(아동복지법에 따라 보호기간이 연장된 경우로서 20세 이하인 위탁아동 포함)을 말한다. 다만, 직전 과세기간에 소득공제를 받지 못한 경우에는 해당 위탁아동에 대한 직전 과세기간의 위탁기간을 포함하여 계산한다.
	④ 계부·계모(의붓아버지와 의붓어머니), 의붓자녀도 직계존속 또는 직계비속에 포함한다.

2. 추가공제 : 기본공제대상자가 추가공제 사유에 해당하는 경우

구 분	추가공제사유	추가공제액
(1) 장애인	장애인, 장애아동 중 발달재활서비스를 지원받고 있는 사람, 상이자 및 이와 유사한 사람으로서 근로능력이 없는 사람, 희귀성난치질환자 등^{주)} 개정	1명당 연 200만원
(2) 경로우대자	70세 이상인 경우	1명당 연 100만원
(3) 부녀자	해당 과세기간에 종합소득금액이 3천만원 이하인 거주자 본인이 다음 중 어느 하나에 해당하는 경우 ① 배우자(소득 유무에 관계 없음)가 있는 여성 ② 배우자가 없는 여성(미혼, 사별, 이혼 등의 사유에 관계 없음)으로서 기본공제대상자인 부양가족이 있는 세대주	연 50만원
(4) 한부모	배우자가 없는 사람으로서 기본공제대상자인 직계비속 또는 입양자가 있는 경우 ☞ 주의 : 배우자가 해당 연도 중 사망하여 기본공제를 적용받는 경우 한부모공제는 적용배제(단, 이혼시 한부모공제 적용가능)	연 100만원

주) 희귀성난치질환등 또는 이와 유사한 질병·부상으로 인해 중단 없이 주기적인 치료가 필요한 사람으로서 의료기관의 장이 취업·취학 등 일상적인 생활에 지장이 있다고 인정하는 사람 개정

✅ **추가공제의 중복적용** : 동일한 사람이 2 이상의 추가공제사유에 해당하는 경우 또는 하나의 추가공제사유에 2명 이상이 해당하는 경우 추가공제는 중복하여 적용함. 단, 부녀자공제와 한부모공제에 모두 해당되는 경우 한부모공제를 적용함.

사례 인적공제

(1) 거주자 갑(여성, 52세) : 사업소득금액 30,000,000원, 양도소득금액 20,000,000원
(2) 부양가족 현황

구 분	나 이	비 고
배우자	45세	총급여액 400만원과 퇴직급여 100만원 있음
부 친	80세	2025년 9월 1일 사망함(항시 치료를 요하는 중증환자였음)
모 친	72세	상장주식 매매차익 1,000만원 있음(소액주주임)
시아버지	68세	주거형편상 별거하고 있으며, 소득 없음
장 남	23세	장애인이며, 사업소득금액 2,000,000원 있음
장 녀	18세	국외예금이자 120만원 있음(국내원천징수 없음)
차 녀	14세	영국유학으로 별거하고 있으며, 소득 없음

구 분	기본공제	추가공제	비 고
갑	○	50만원	배우자가 있는 여성으로서 종합소득금액이 3,000만원 이하이므로 부녀자공제 대상임
배우자	−	−	근로소득만 있는 경우가 아니므로 소득금액 100만원 이하의 요건을 충족하여야 함 근로소득금액 120만원 + 퇴직소득금액 100만원 = 220만원
부 친	○	100만원 200만원	사망일 전날인 8월 31일로 공제시기를 판단함, 70세 이상 장애인
모 친	○	100만원	소액주주의 상장주식 매매차익은 비열거소득임, 70세 이상
시아버지	○	−	60세 이상이며, 주거형편상 별거하여도 생계를 같이하는 사람으로 봄
장 남	−	−	장애인(나이 제한 없음)이나 소득금액이 100만원을 초과함
장 녀	−	−	소득금액이 100만원을 초과함(∵ 국외예금이자는 무조건 종합과세됨)
차 녀	○	−	직계비속은 동거하지 않아도 생계를 같이하는 사람으로 봄
합계	5명	450만원	

⇒ 인적공제 : 1,500,000 × 5명 + 4,500,000 = 12,000,000

정리 한부모공제 … 기본공제대상자인 자녀 있음

구 분	배우자(소득 없음)	근로자 본인
① 해당 연도 중 배우자가 사망한 경우	기본공제 ○	한부모공제 ×
② 해당 연도 중 배우자와 이혼한 경우	기본공제 ×	한부모공제 ○

📖 공제대상자가 중복되는 경우의 처리 등

구 분	내 용
공제대상자의 결정	거주자의 공제대상가족이 동시에 다른 거주자의 공제대상가족에 해당하는 경우 소득공제신고서에 기재된 바에 따라 그 중 1인의 공제대상가족으로 한다.
추가공제의 적용	기본공제와 추가공제는 다른 거주자가 분리하여 적용받을 수 없다.
신고서에 중복기재하거나 알 수 없는 경우	둘 이상의 거주자가 서로 자기의 공제대상가족으로 하여 신고서에 적은 경우 또는 누구의 공제대상가족으로 할 것인가를 알 수 없는 경우에는 다음에 따른다. ① 거주자의 공제대상배우자가 다른 거주자의 공제대상부양가족에 해당하는 때에는 공제대상배우자로 한다. ② 거주자의 공제대상부양가족이 다른 거주자의 공제대상부양가족에 해당하는 때에는 직전 과세기간에 부양가족으로 인적공제를 받은 거주자의 공제대상부양가족으로 한다. 다만, 직전 과세기간에 부양가족으로 인적공제를 받은 사실이 없는 때에는 해당 과세기간의 종합소득금액이 가장 많은 거주자의 공제대상부양가족으로 한다.
거주자가 사망 또는 출국한 경우	① 해당 과세기간의 중도에 사망하였거나 외국에서 영주하기 위하여 출국한 거주자의 공제대상가족으로서 상속인 등 다른 거주자의 공제대상가족에 해당하는 자에 대하여는 피상속인 또는 출국한 거주자의 공제대상가족으로 한다. ② 피상속인 또는 출국한 거주자에 대한 인적공제액이 소득금액을 초과하는 경우에는 그 초과하는 부분은 상속인 또는 다른 거주자의 소득금액에서 이를 공제할 수 있다.

3. 연금보험료공제

구 분	내 용
연금보험료공제	종합소득이 있는 거주자가 공적연금 관련법에 따른 기여금 또는 개인부담금을 납입한 경우 해당 과세기간의 종합소득금액에서 납입한 연금보험료를 전액 공제한다.
연금보험료공제의 공제순서	인적공제, 연금보험료공제, 주택담보노후연금 이자비용공제, 특별소득공제 및 조세특례제한법에 따른 소득공제를 모두 합한 금액이 종합소득금액을 초과하는 경우 그 초과하는 금액을 한도로 연금보험료공제를 받지 아니한 것으로 본다. ☞ 연금보험료공제를 받지 아니한 금액은 추후 연금수령시 과세제외기여금으로 비과세되기 때문에 연금가입자에게 유리하도록 연금보험료공제를 다른 소득공제보다 후순위로 공제하는 것이다.

4. 주택담보노후연금 이자비용공제

구 분	내 용
공제요건	다음의 요건을 모두 갖춘 주택담보노후연금이어야 한다. ① 한국주택금융공사법에 따른 주택담보노후연금보증을 받아 지급받거나 금융기관의 주택담보노후연금일 것 ② 주택담보노후연금 가입 당시 담보권의 설정대상이 되는 주택(연금소득이 있는 거주자의 배우자 명의의 주택 포함)의 기준시가가 12억원 이하일 것
공제금액	연금소득이 있는 거주자가 주택담보노후연금을 받은 경우에는 다음의 금액을 해당 과세기간 연금소득금액에서 공제한다. 공제액*＝Min[해당 연도에 발생한 주택담보노후연금 이자비용, 200만원] * 공제액이 연금소득금액을 초과하는 경우 그 초과금액은 없는 것으로 한다.

사례1 연금보험료공제

국민연금보험료 100납입 　　　　　연금보험료 공제

- 회사부담 50(비용처리)
- 본인부담 50 ────────→ 50
  └ 과세소득에 포함되어 있음

- 회사부담 100 ┬ 회사분 50
  　　　　　　└ 본인분 50 ──────→ 50
  　　　　　　　└ 추가로 과세소득에 더함
- 본인부담　0

사례2 연금보험료공제의 공제순서

종합소득금액　1,000
소 득 공 제　1,040 ←── 연금보험료공제 포함
초 과 액　　　 40
　　　　　　　　┬ if 50 → 미공제분 40
　　　　　　　　└ if 30 → 미공제분 30

사례3 주택담보노후연금 이자비용공제

(1) 종합소득금액
　이자소득금액　25,200,000원
　연금소득금액 　1,800,000원
　종합소득금액　27,000,000원
(2) 주택담보노후연금 이자비용 발생액 : 2,100,000원

- 소득공제액 : Min[① 2,100,000, ② 2,000,000, ③ 1,800,000]=1,800,000
  　　　　　　　　　　　　　　　　　　　　└ 연금소득금액

5. 특별소득공제

보험료공제와 주택자금공제를 특별소득공제라 하며, 특별소득공제액은 근로소득금액을 한도로 공제한다.

(1) 보험료공제

> 근로소득자(일용근로자 제외)가 해당 과세기간에 국민건강보험법, 고용보험법 또는 노인장기요양보험법에 따라 근로자가 부담하는 보험료를 지급한 경우 그 금액을 해당 과세기간의 근로소득금액에서 공제한다. → 사회보험료는 전액 공제함.

(2) 주택자금공제

> 주택자금공제는 주택임차자금 원리금상환액 소득공제 및 장기주택저당차입금 이자상환액공제를 말하며, 해당 과세기간의 근로소득금액에서 공제한다. 주택자금공제액을 계산할 때 조세특례제한법상 주택청약종합저축 소득공제(조특법 87조 ②)가 있는 경우에는 그 소득공제를 포함하여 공제한도를 적용한다.

1) 공제대상

구 분	공 제 대 상
주택임차자금 원리금상환액 소득공제 (소법 52조 ④)	과세기간 종료일 현재 주택을 소유하지 아니한 세대의 세대주(세대주가 주택자금공제를 받지 아니하는 경우에는 세대의 구성원을 말하며, 대통령령으로 정하는 외국인을 포함한다)로서 근로소득이 있는 거주자가 국민주택규모의 주택[주거에 사용하는 오피스텔, 주택 및 오피스텔에 딸린 토지를 포함하며, 그 딸린 토지가 건물이 정착된 면적에 5배(도시지역 밖은 10배)를 초과하는 경우 해당 주택 및 오피스텔은 제외한다]을 임차하기 위하여 주택임차자금 차입금*의 원리금 상환액을 지급하는 경우 * 주택임차자금의 대출기관(금융회사 등) 또는 대부업 등을 경영하지 아니하는 거주자로부터의 차입금(단, 거주자로부터의 차입금은 해당 과세기간의 총급여액이 5천만원 이하인 사람만 해당함)
장기주택저당 차입금이자 상환액공제 (소법 52조 ⑤)	근로소득이 있는 거주자로서 주택을 소유하지 아니하거나 1주택을 보유한 세대의 세대주(세대주가 주택자금공제를 받지 아니하는 경우에는 세대의 구성원 중 근로소득이 있는 자를 말하며, 대통령령으로 정하는 외국인을 포함한다)가 취득 당시 주택의 기준시가가 6억원 이하인 주택을 취득하기 위하여 그 주택에 저당권을 설정하고 금융회사등 또는 주택도시기금으로부터 차입한 장기주택저당 차입금(주택을 취득함으로써 승계받은 것 포함)의 이자상환액. 다만, 세대구성원이 보유한 주택을 포함하여 과세기간 종료일 현재 2주택 이상을 보유한 경우에는 적용하지 아니한다.

2) 공제액

구 분	공 제 액	공 제 한 도[1]
① 주택청약종합저축 소득공제 (조특법 87조 ②)	저축납입액(연 300만원 한도)×40%	(①+②) 연 400만원 한도
② 주택임차자금 원리금상환액 소득공제	원리금상환액×40%	
③ 장기주택저당차입금의 이자상환액공제	이자상환액×100%	

추가 공제한도 (①+②+③): 연 800만원(차입금의 상환기간이 15년 이상인 장기주택저당차입금에 대하여 적용함)[2]

[1] 공제한도를 초과하는 경우 그 초과하는 금액은 없는 것으로 한다.
[2] 장기주택저당차입금이 다음에 해당하는 경우에는 연 800만원 대신 다음의 금액을 공제한도로 한다.

구 분	차입금 상환기간	이자지급방식	and/or	차입금상환방법	공제한도
A	15년 이상	고정금리	and	비거치식 분할상환	연 2,000만원
B		고정금리	or	비거치식 분할상환	연 1,800만원
C	10년 이상	고정금리	or	비거치식 분할상환	연 600만원

> **사례1** 보험료공제와 주택자금공제

근로소득자(총급여액 7,000만원) 갑(세대주)의 보험료공제액, 주택자금공제액과 주택청약종합저축 소득공제액

> (1) 보험료 지출내역
> ①「국민연금법」에 따른 연금보험료 납부액 : 3,800,000원(본인이 부담한 1,900,000원 포함)
> ②「국민건강보험법」에 따른 건강보험료 납부액 : 4,400,000원(본인이 부담한 2,200,000원 포함)
> ③「노인장기요양보험법」에 따라 본인이 부담한 노인장기요양보험료 납부액 : 140,000원
> ④「고용보험법」에 따라 본인이 부담한 고용보험료 납부액 : 90,000원
> ⑤ 본인을 피보험자로 하는 자동차 종합보험료 납부액 : 1,500,000원
> (2) 무주택 세대주로서 주택관련 지출내역
> ① 주택청약종합저축 납입액 : 3,600,000원
> ② 국민주택임차를 위한 차입금의 원리금 상환액 : 8,000,000원
> ③ 국민주택임차를 위한 월세지급액 : 12,000,000원

(1) 보험료공제 : 2,200,000(건강)+140,000(노인장기요양)+90,000(고용)=2,430,000
   ※ 근로자 본인이 부담한 보험료를 소득공제하며, 본인 부담분 보험료를 회사가 대신 부담한 경우에도 총급여액에 포함하고 해당 금액을 소득공제한다.
   ☞ 국민연금보험료는 연금보험료 공제대상이며, 자동차 종합보험료는 보험료세액공제 대상(100만원을 한도로 하며, 세액공제율은 12%)이다.

(2) 주택자금공제 : $\text{Min}\begin{bmatrix} ① \ 8,000,000 \times 40\% = 3,200,000 \\ ② \ (한도) \ 4,000,000 - (3) = 2,800,000 \end{bmatrix} \Rightarrow 2,800,000$

(3) 주택청약종합저축 소득공제 : Min[3,600,000, (한도) 3,000,000]×40%=1,200,000
   ☞ 월세지급액은 월세세액공제(월세 연 1천만원 한도, 공제율 15%) 대상이다.

> **사례2** 주택자금공제

근로소득자(총급여액 7,000만원)인 갑(세대주)의 주택자금공제액과 주택청약종합저축 소득공제액

> (1) 주택청약종합저축 납입액 : 2,500,000원(2025.12.1.까지 무주택자임)
> (2) 장기주택저당차입금의 원금과 이자상환액 : 19,000,000원(원금 10,000,000원, 이자 9,000,000원)
>   (기준시가 6억원인 주택이며, 취득일은 2025.12.2.이고, 차입금상환기간 15년, 변동금리방식과 비거치식 분할상환방식임)

(1) 주택자금공제 : 9,000,000(이자상환액)
(2) 주택청약종합저축 소득공제 : Min[2,500,000, (한도) 3,000,000]×40%=1,000,000
※ 공제한도 : (1)+(2)=10,000,000(연 1,800만원 한도)
☞ 차입금상환기간 15년이고 비거치식 분할상환방식인 경우 한도액은 1,800만원이다.

◀세부내용▶ 공제대상 중 대통령령으로 정하는 외국인 : 다음의 요건을 모두 갖춘 거주자를 말함

① 다음 중 어느 하나에 해당하는 사람일 것
  (가) 「출입국관리법」에 따라 등록한 외국인
  (나) 「재외동포의 출입국과 법적 지위에 관한 법률」에 따라 국내거소신고를 한 외국국적동포
② 다음 중 어느 하나에 해당하는 사람이 주택자금공제 및 주택청약종합저축 소득공제(조특법 87②)를 받지 않았을 것
  (가) 거주자의 배우자
  (나) 거주자와 같은 주소 또는 거소에서 생계를 같이 하는 사람으로서 다음의 어느 하나에 해당하는 사람
    (ㄱ) 거주자의 직계존비속(그 배우자 포함) 및 형제자매
    (ㄴ) 거주자의 배우자의 직계존비속(그 배우자 포함) 및 형제자매

✎ 고정금리 방식과 비거치식 분할상환 방식
① 고정금리 방식 : 차입금의 70% 이상의 금액에 상당하는 분에 대한 이자를 상환기간 동안 고정금리(5년 이상의 기간 단위로 금리를 변경하는 경우 포함)로 지급하는 경우
② 비거치식 분할상환 방식 : 상환기간 동안 이자만 상환하는 기간(이하 '거치기간')이 1년 이내이고 거치기간 종료일이 속하는 과세기간부터 차입금 상환기간의 말일이 속하는 과세기간까지 매년 다음 계산식에 따른 금액 이상의 차입금을 상환하는 경우(이 경우 상환기간 연수 중 1년 미만의 기간은 1년으로 봄) 개정

$$\frac{차입금의\ 70\%}{상환기간\ 연수} \times \frac{해당\ 과세기간의\ 차입금\ 상환월수}{12}$$

6. 종합소득공제 등의 배제

구 분	내 용
① 분리과세대상 소득만 있는 경우	분리과세이자소득, 분리과세배당소득, 분리과세연금소득과 분리과세기타소득만이 있는 자에 대해서는 종합소득공제를 적용하지 아니한다.
② 소득공제 증명서류를 제출하지 아니한 경우	과세표준 확정신고를 하여야 할 자가 소득공제를 증명하는 서류를 제출하지 아니한 경우에는 거주자 본인에 대한 기본공제와 표준세액공제만을 공제한다. 다만, 과세표준 확정신고 여부와 관계없이 그 서류를 나중에 제출한 경우에는 그러하지 아니하다.
③ 수시부과 결정의 경우	기본공제 중 거주자 본인에 대한 기본공제만을 공제한다.

📖 공동사업에 대한 소득공제 등 특례(☞ 5장에서 설명한 내용임)

> 연금보험료공제 또는 조세특례제한법에 따른 소득공제를 적용하거나 연금계좌세액공제를 적용하는 경우 공동사업합산과세 규정에 따라 소득금액이 주된 공동사업자의 소득금액에 합산과세되는 특수관계인이 지출·납입·투자·출자 등을 한 금액이 있으면 주된 공동사업자의 소득에 합산과세되는 소득금액의 한도에서 주된 공동사업자가 지출·납입·투자·출자 등을 한 금액으로 보아 주된 공동사업자의 합산과세되는 종합소득금액 또는 종합소득 산출세액을 계산할 때에 소득공제 또는 세액공제를 받을 수 있다(소법 54조의2).

정리1 주택자금공제의 공제대상자

구 분	다음의 근로소득자
① 주택임차자금 차입금의 원리금 상환액	과세기간 종료일(12.31.) 현재 무주택 세대의 세대주 (or 세대구성원)
② 장기주택저당차입금 이자상환액	무주택 or 1주택 세대의 세대주(or 세대구성원)
③ 주택청약종합저축 납입액(조특법 87조 ②)	과세기간 중 무주택 세대의 세대주 또는 세대주의 배우자 (총급여액 7천만원 이하인 경우) 개정

정리2 소득자별 공제대상 소득공제

구 분		근로소득자	사업소득자	그 외 종합소득자
종합 소득 공제	인적공제(기본공제, 추가공제)	○	○	○
	연금보험료공제	○	○	○
	주택담보노후연금 이자비용공제	×	×	×(연금소득자 ○)
	특별소득공제(보험료공제, 주택자금공제)	○	×	×
조특법상 소득공제 (주요내용)	신용카드 등 사용금액 소득공제	○	×	×
	벤처투자조합 출자 등 소득공제	○	○	○
	소기업·소상공인공제부금 소득공제	×(대표이사 ○)*	○	×
	주택청약종합저축 소득공제	○	×	×
	우리사주조합 출자금액 소득공제(조합원)	○	×	×

* 소기업·소상공인공제부금 가입대상 : 소기업·소상공인 범위에 포함되는 개인사업자 및 영리법인의 대표자

Ⅲ. 조세특례제한법상 소득공제

1. 신용카드등 사용금액에 대한 소득공제(일몰기한 : 2025.12.31.)

(1) 공제대상

[신용카드 등 사용자의 범위]
① 근로소득자 본인(일용근로자 제외)
② 배우자(연간 소득금액 100만원 이하 또는 총급여액 500만원 이하의 근로소득만 있는 자)
③ 생계를 같이하는 직계존비속(배우자의 직계존속 포함)과 입양자(연간 소득금액 100만원 이하 또는 총급여액 500만원 이하의 근로소득만 있는 자)*
  * 나이의 제한은 없으나 다른 거주자가 기본공제를 받은 사람은 제외함.(형제자매, 위탁아동, 수급자의 사용액은 공제대상 아님)

재화·용역 구입
① 신용카드
② 직불카드·기명식선불카드·직불전자지급수단·기명식선불전자지급수단·기명식전자화폐·현금영수증

[신용카드 가맹점 등]
국내사업자
(외국법인과 비거주자의 국내사업장 포함)

(2) 소득공제액의 계산

신용카드 등 사용금액이 총급여액의 25%(최저 사용금액)를 초과하는 경우 초과금액에 공제율을 곱한 금액(한도액의 범위)을 근로소득금액에서 공제한다.

(1) 신용카드 등 소득공제액

구 분	사용액 A	최저사용금액 B	초과 사용액[5] C=A−B	공제율 D	공제액 C×D
① 대중교통 이용액			①	40%	공제액
② 전통시장 사용액[1]			②	40%	공제액
③ 문화체육 사용액[2] 개정 (종전 : 도서등)			③	30%	공제액
④ 직불카드 등 사용액[3]			④	30%	공제액
⑤ 신용카드 사용액[4]			⑤	15%	공제액
계		총급여액×25%			소득공제합계

(2) 한도액 : 기본한도＋추가한도 개정

총급여액	기본한도	추가한도
7천만원 이하인 경우	연간 300만원	Min[(가), (나)] (가) 기본 한도초과액 (나) Min[대중교통 이용액×40%＋전통시장 사용액×40%＋문화체육 사용액×30%, 연간 300만원]
7천만원 초과인 경우	연간 250만원	Min[(가), (나)] (가) 기본 한도초과액 (나) Min[대중교통 이용액×40%＋전통시장 사용액×40%, 연간 200만원]

*1) 전통시장 구역 안의 준대규모 점포와 사업자 단위 과세 사업자로서 전통시장 구역 안의 사업장과 전통시장 구역 밖의 사업장의 신용카드 등 사용금액이 구분되지 아니하는 사업자에 대한 사용액은 제외한다.

*2) 문화체육 사용액 : 해당 과세연도의 총급여액이 7천만원 이하인 경우에 간행물(유해간행물 제외) 구입, 신문 구독, 문화예술공연 관람, 박물관·미술관·영화상영관 입장료, 체육시설(수영장·체육단련장) 이용분(2025.7.1.부터 시행) 개정
*3) 직불카드 등 사용액 : 직불카드, 기명식선불카드, 직불전자지급수단, 기명식선불전자지급수단, 기명식전자화폐, 현금영수증 사용분(전통시장 사용분, 대중교통 이용분 및 총급여액 7천만원 이하 자의 문화체육 사용분 제외)
*4) 신용카드 사용분(전통시장 사용분, 대중교통 이용분 및 총급여액 7천만원 이하 자의 문화체육 사용분 제외)
*5) 초과 사용액을 ① 대중교통 이용액, ② 전통시장 사용액, ③ 문화체육 사용액, ④ 직불카드 등 사용액, ⑤ 신용카드 사용액의 순으로 순차적으로 사용한 것으로 보아 해당 금액에 공제율을 곱하여 소득공제액을 계산한다.
※ 신용카드등사용금액이 ①, ② 및 ③의 금액에 중복하여 해당하는 경우에는 그중 하나에 해당하는 것으로 보아 소득공제를 적용한다.

Check

사례1 신용카드 등 사용금액 소득공제(Ⅰ)

(1) 거주자 갑의 총급여액 : 60,000,000원
(2) 갑의 신용카드 등 사용금액(모두 소득공제 대상이며, 전년도 대비 소비증가분 없음)
  ① 직불카드 사용액 : 8,000,000원(대중교통 이용액 2,000,000원과 문화체육비 1,000,000원 포함)
  ② 신용카드 사용액 : 25,000,000원(전통시장 사용액 4,000,000원 포함)

• 신용카드 등 사용금액 소득공제 : 5.1   (단위 : 백만원)

구 분	사용액	최저 사용금액	초과 사용액	공제율	소득공제액
대중교통	2		2	40%	0.8
전통시장	4		4	40%	1.6
문화체육	1		1	30%	0.3
직불카드 등	8-2-1=5		5	30%	1.5
신용카드	25-4=21		6	15%	0.9
합 계	33	60×25%=15	18		5.1

* 총급여액 7천만원 이하인 경우

사례2 신용카드 등 사용금액 소득공제(Ⅱ)

(1) 거주자 갑의 총급여액 : 80,000,000원
(2) 갑의 신용카드 등 사용금액(사례 1과 같음)

• 신용카드 등 사용금액 소득공제 : 4.35   (단위 : 백만원)

구 분	사용액	최저 사용금액	초과 사용액	공제율	소득공제액
대중교통	2		2	40%	0.8
전통시장	4		4	40%	1.6
직불카드 등	8-2=6		6	30%	1.8
신용카드	25-4=21		1	15%	0.15
합 계	33	80×25%=20	13		4.35

* 총급여액 7천만원 초과인 경우
☞ 문화체육 사용액은 총급여액이 7천만원 이하가 아니므로 구분하지 않음

(3) 신용카드 등 사용금액에서 제외되는 금액

구 분	제 외 대 상
이중공제배제	① 사업소득과 관련된 비용 또는 법인의 비용에 해당하는 경우 ② 정당(후원회 및 각 급 선거관리위원회 포함)에 신용카드 등으로 결제하여 기부하는 정치자금(세액공제를 적용받은 경우에 한정함) ③ 고향사랑 기부금(세액공제를 적용받은 경우만 해당함) ④ 세액공제를 적용받은 월세액
과세표준 양성화에 기여하지 못하는 사용액	⑤ 외국에서의 신용카드 사용액 ⑥ 건강보험료, 노인장기요양보험료, 고용보험료, 연금보험료 및 각종 보험계약(생명보험·손해보험 등)에 의한 보험료 및 공제료 ⑦ 어린이집, 유치원 및 학교(대학원 포함)의 수업료·입학금·보육비용 기타 공납금 ⑧ 국세·지방세, 전기료·수도료·가스료·전화료(정보사용료와 인터넷 이용료 포함)·아파트관리비·텔레비전시청료(종합유선방송 이용료 포함) 및 도로통행료 ⑨ 상품권 등 유가증권 구입비 ⑩ 리스료(자동차대여료 포함) ⑪ 취득세 또는 등록면허세가 부과되는 재산의 구입비용(예 자동차, 주택, 선박) 단, 중고자동차 구입금액의 10%는 신용카드 등 사용금액에 포함 ⑫ 부가가치세 과세 업종 외의 업무를 수행하는 국가·지방자치단체 또는 지방자치단체조합(의료기관, 보건소 및 도서·신문·공연·박물관·미술관사용분으로 인정되는 문화체육관광부장관이 지정하는 법인 또는 사업자는 제외)에 지급하는 사용료·수수료 등의 대가(예 여권발급수수료, 공영주차장주차료, 휴양림이용료) ⑬ 차입금 이자상환액, 증권거래수수료 등 금융·보험용역과 관련한 지급액, 수수료, 보증료 및 이와 비슷한 대가(예 대출이자, 펀드수수료, 계좌이체수수료) ⑭ 「특정 금융거래정보의 보고 및 이용 등에 관한 법률」의 가상자산거래에 대하여 가상자산사업자에게 지급하는 대가 ⑮ 관세법에 따른 보세판매장, 제주도여행객 지정면세점, 선박 및 항공기에서 판매하는 면세물품의 구입비용
불법행위	⑯ 물품 또는 용역의 거래 없이 신용카드 등을 교부받거나 실제 매출금액을 초과하여 신용카드 등의 매출전표를 교부받는 행위 ⑰ 위장카드가맹점에서 교부받은 매출전표

☑ 신용카드 등 사용금액 소득공제 및 특별세액공제 적용방법(적용 : ○)

구 분	내 용	신용카드 등 소득공제	세액공제
교육비	① 초등학교 취학 전 아동의 학원·체육시설 등의 수강료	○	○
	② 위 ① 외의 사설학원 수강료	○	×
	③ 중·고등학생의 교복구입비	○	○(50만원 한도)
	④ 부양가족의 대학원 교육비	×	×
	⑤ 어린이집, 유치원 및 학교의 수업료·입학금·보육비용 기타 공납금, 본인의 대학원 교육비	×	○
의료비	세액공제 대상 의료비 지출액	○	○
보험료	보장성보험료	×	○

[사례3] 신용카드 등 사용금액 소득공제(Ⅲ)

(1) 갑의 총급여액 : 70,000,000원
(2) 동거가족 : 배우자(근로소득금액 20,000,000원 있음), 장녀(21세, 소득 없음), 모친(58세, 소득 없음)
(3) 신용카드 등 사용내역(전년도 대비 소비증가분 없음)

카드 명의	카드 종류	사용내역	금액
갑(본인)	신용카드	국내 재화·용역구입비	25,500,000원
		전통시장 사용액	4,000,000원
		대중교통 이용액	2,000,000원
		장녀의 대학수업료 납부액(교육비 세액공제 받음)	9,000,000원
	직불카드	상품권 구입비	1,000,000원
		해외 물품구입비	5,000,000원
	현금영수증	병원의 질병치료비(의료비 세액공제 받음)	4,200,000원
배우자	신용카드	국내 재화·용역구입비	10,000,000원
	직불카드	아파트관리비	4,000,000원
장녀	직불카드	문화예술공연비(법정요건 충족함)	500,000원
		인천공항 면세점에서 국내 물품 구입액	700,000원
모친	직불카드	도서구입비(법정요건 충족함)	2,500,000원
		중고자동차 구입비	8,000,000원

• 신용카드 등 사용금액 소득공제 : 6   (단위 : 백만원)

구분	사용액	최저 사용금액	초과 사용액	공제율	소득공제액
대중교통	2		2	40%	0.8
전통시장	4		4	40%	1.6
문화체육	0.5+2.5=3		3	30%	0.9
직불카드 등	4.2+8*1×10%=5		5	30%	1.5
신용카드	25.5		8	15%	1.2
합 계	39.5	70×25%=17.5	22		6

3.3 ③
③*2
한도 → 6
합계

*1 중고자동차 구입비
*2 총급여액 7천만원 이하인 경우

☞ 신용카드등 사용금액

구분	내용
공제 대상	국내재화 용역구입비, 의료비(세액공제받은 것 포함), 중고자동차 구입비(구입금액의 10%)
제외 대상	배우자의 사용분(∵ 소득금액 연 100만원 초과함), 대학수업료 납부액, 상품권구입비, 해외물품구입액, 아파트 관리비, 면세점 사용액

2. 그 밖의 소득공제

구 분	내 용
벤처투자조합 출자 등에 대한 소득공제 (조특법 16조)	거주자가 2025.12.31.까지 다음 중 어느 하나에 해당하는 출자 또는 투자를 하는 경우 그 출자일 또는 투자일이 속하는 과세연도(*의 경우는 벤처기업 등에 해당하게 된 날이 속하는 과세연도)의 종합소득금액에서 공제(거주자가 출자일 또는 투자일이 속하는 과세연도부터 출자 또는 투자 후 2년이 되는 날이 속하는 과세연도까지 1과세연도를 선택하여 공제시기 변경을 신청하는 경우에는 신청한 과세연도의 종합소득금액에서 공제)함.

구 분	소득공제액	한 도
① 벤처투자조합[*1], 민간재간접벤처투자조합, 신기술사업투자조합 또는 전문투자조합에 출자하는 경우 ② 벤처기업투자신탁의 수익증권에 투자하는 경우(거주자 1명당 3천만원 한도) ③ 창업·벤처전문사모집합투자기구에 투자하는 경우	출자·투자금액의 10%	종합소득 금액의 50%
④ 개인투자조합이 거주자로부터 출자받은 금액을 해당 출자일이 속하는 과세연도의 다음 과세연도 종료일까지 벤처기업 또는 창업 후 3년 이내의 중소기업으로서 기술우수기업 등(이하 '벤처기업등')에 투자하는 경우[*2] ⑤ 벤처기업 등에 투자하는 경우[*2] ⑥ 온라인소액투자중개의 방법으로 모집하는 창업 후 7년 이내의 중소기업으로서 기술우수기업 등의 지분증권에 투자하는 경우[*2]	출자·투자금액 중 3천만원 이하분 100%, 3천만원 초과 5천만원 이하분 70%, 5천만원 초과분 30%	

*1) 벤처투자조합에 출자하는 경우 : 다음의 금액을 소득공제를 적용받을 수 있는 투자액으로 함

$$\text{거주자가 벤처투자조합에 출자한 금액} \times \frac{\text{벤처투자조합이 벤처기업등에 투자한 금액}}{\text{벤처투자조합의 출자액 총액}}$$

*2) 투자 당시에는 벤처기업 등에 해당하지 아니하였으나, 투자일부터 2년이 되는 날이 속하는 과세연도까지 벤처기업 등에 해당하게 된 경우에도 적용한다.

☞ 타인의 출자지분이나 투자지분 또는 수익증권을 양수하는 방법으로 출자하거나 투자하는 경우에는 소득공제를 적용하지 아니한다.

구 분	내 용
소기업·소상공인 공제부금에 대한 소득공제 (조특법 86조의3 ①)	거주자가 소기업·소상공인공제에 가입하여 납부하는 공제부금에 대해서 다음의 금액을 사업소득금액(법인의 대표자로서 해당 과세기간의 총급여액이 8천만원 이하인 거주자의 경우에는 근로소득금액, 2015.12.31. 이전 공제 가입자는 종합소득금액)에서 공제함 (2018.12.31. 이전 가입자는 소득금액별 한도만 적용하여 공제함). 개정 (종전 : 7천만원) 소기업·소상공인공제부금 소득공제 = Min[①, ②] ① Min$\left[\begin{array}{l}\text{공제부금 납부액}\\\text{소득금액별 한도액*}\end{array}\right] \times \dfrac{(\text{사업소득금액} - \text{부동산임대업의 소득금액})}{\text{사업소득금액}}$ ② (한도) 사업소득금액 − 부동산임대업의 소득금액 * 소득금액별 한도액

사업소득금액(또는 근로소득금액)	한도액
4천만원 이하	600만원 개정 (종전 : 500만원)
4천만원 초과 6천억원 이하	500만원 개정(안)(종전 : 300만원)
6천만원 초과 1억원 이하	400만원 개정(안)(종전 : 300만원)
1억원 초과	200만원

구 분	내 용
주택청약종합저축 소득공제 (조특법 87조 ②)	근로소득이 있는 거주자(일용근로자 제외)로서 해당 과세기간의 총급여액이 7천만원 이하이며 해당 과세기간 중 주택을 소유하지 않은 세대의 세대주 또는 세대주의 배우자가 2025.12.31까지 해당 과세기간에 주택청약종합저축에 납입하는 경우 다음의 금액을 근로소득금액에서 공제함(단, 과세기간 중에 주택 당첨 및 주택청약종합저축 가입자가 청년우대형주택청약종합저축에 가입하는 것 등 외의 사유로 중도해지한 경우에는 해당 과세기간에 납입한 금액은 공제하지 아니함) 개정 (배우자까지 적용 확대) 주택청약종합저축 소득공제* = Min[저축납입액, 300만원] × 40% * 소득세법상 주택자금공제와 합하여 공제한도를 적용한다. (☞ 특별소득공제 중 주택자금공제 참조)
우리사주조합출자에 대한 소득공제 (조특법 88조의4 ①)	우리사주조합원이 우리사주를 취득하기 위하여 우리사주조합에 출자하는 경우 다음의 금액을 해당 연도의 근로소득금액에서 공제함 우리사주조합 소득공제 = Min[해당 연도의 출자금액, 400만원(1,500만원*)] * 벤처기업 등의 우리사주조합원의 경우 : 1,500만원
고용유지중소기업 상시근로자에 대한 소득공제 (조특법 30조의3 ③)	고용유지중소기업에 근로를 제공하는 상시근로자에 대하여 2026.12.31.이 속하는 과세연도까지 다음의 금액을 해당 과세연도의 근로소득금액에서 공제할 수 있음(공제한도 : 1천만원) 소득공제 = (직전 과세연도의 해당 근로자 연간 임금총액 − 해당 과세연도의 해당 근로자 연간 임금총액) × 50%
청년형 장기집합투자증권 저축에 대한 소득공제 (조특법 91조의20)	법령으로 정하는 청년으로서 소득기준*을 충족하는 거주자가 청년형장기집합투자증권저축에 2025.12.31.까지 가입하는 경우 다음의 금액을 해당 과세기간의 종합소득금액에서 공제함 개정 (1년 연장) 소득공제액 = 계약기간 동안 각 과세기간에 납입한 금액 × 40% * 소득기준 : 다음 중 어느 하나에 해당하는 소득기준을 충족할 것 ① 직전 과세기간의 총급여액이 5천만원 이하일 것(직전 과세기간에 근로소득만 있거나 근로소득과 종합소득과세표준에 합산되지 아니하는 종합소득만 있는 경우로 한정하고, 비과세소득만 있는 경우는 제외한다) ② 직전 과세기간의 종합소득과세표준에 합산되는 종합소득금액이 3천8백만원 이하일 것(직전 과세기간의 총급여액이 5천만원을 초과하는 근로소득이 있는 경우 및 비과세소득만 있는 경우는 제외한다)

소득세 소득공제 등의 종합한도 대상(조특법 132조의2 ①) : 한도액 2,500만원

① 소득세법상 특별소득공제 중 주택자금공제
② 주택청약종합저축 소득공제(조특법 87조 ②)
③ 신용카드 등 사용금액에 대한 소득공제(조특법 126조의2)
④ 벤처투자조합 출자 등에 대한 소득공제(해당 내용의 구분 중 ④, ⑤, ⑥에 출자 또는 투자하는 경우는 제외) (조특법 16조)
⑤ 소기업·소상공인 공제부금에 대한 소득공제(조특법 86조의3)
⑥ 우리사주조합 출자에 대한 소득공제(조특법 88조의4 ①)
⑦ 장기집합투자증권저축 소득공제(조특법 91조의16)

종합소득세액의 계산

Ⅰ. 종합소득세액의 계산구조

```
    종 합 소 득 과 세 표 준
(×) 기       본       세       율
    종 합 소 득 산 출 세 액
(−) 감  면  공  제  세  액 … 소득세법과 조세특례제한법상 세액감면과 세액공제
    종 합 소 득 결 정 세 액 … ≧0
(+) 가                 산                세
    종 합 소 득 총 결 정 세 액 … 총부담세액
(−) 기       납       부       세       액   중간예납세액+원천납부세액+수시부과세액+예정신고납부세액
                                            +납세조합 징수세액과 공제액
    차   감   납   부   세   액 … 다음 연도 5월 중에 신고·납부
```

Ⅱ. 기본세율

과세표준	세율
1,400만원 이하	6%
1,400만원 초과 5,000만원 이하	840,000 + 1,400만원 초과액×15%
5,000만원 초과 8,800만원 이하	6,240,000 + 5,000만원 초과액×24%
8,800만원 초과 1억5천만원 이하	15,360,000 + 8,800만원 초과액×35%
1억 5천만원 초과 3억원 이하	37,060,000 + 1억5천만원 초과액×38%
3억원 초과 5억원 이하	94,060,000 + 3억원 초과액×40%
5억원 초과 10억원 이하	174,060,000 + 5억원 초과액×42%
10억원 초과	384,060,000 + 10억원 초과액×45%

Ⅲ. 산출세액

1. 금융소득에 대한 세액계산 특례 … 비교과세

(1) 기준금융소득[*1]이 2천만원을 초과하는 경우

> 종합소득 산출세액 : Max[①, ②]
> ① 일반산출세액 : 2천만원×14% + (과세표준−2천만원)×기본세율
> ② 비교산출세액(분리과세시 세액) : Max[a, b]
>   a. 기준금융소득[*2]×원천징수세율[*3] + (출자공동사업자의 배당소득+다른 종합소득금액[*4]−소득공제)×기본세율
>   음수(△)→'0'
>   b. 기준금융소득[*2]×원천징수세율[*3] + 출자공동사업자의 배당소득×14% + (다른 종합소득금액[*4]−소득공제)
>   ×기본세율
>   음수(△)→'0'

[*1] 기준금융소득=조건부과세 금융소득+국내에서 원천징수되지 않은 금융소득
[*2] 기준금융소득 : 배당가산액을 가산하지 아니하며, 사업소득의 결손금·이월결손금과 종합소득공제를 공제하기 전의 금액이다. (∴ 금융소득의 총수입금액)
[*3] 원천징수세율(원천징수되지 않은 금융소득 포함) : 14%[비영업대금의 이익 25%(적격P2P금융은 14%)]
[*4] 다른 종합소득금액 : 사업소득의 결손금·이월결손금을 공제한 경우에는 공제한 후의 금액이다.

(2) 기준금융소득이 2천만원 이하인 경우

> 종합소득 산출세액=기준금융소득이 2천만원을 초과하는 경우의 ② 비교산출세액

사례1 금융소득 세액계산 특례

(1) 소득자료(별도의 언급이 없는 한 원천징수는 적법하게 이행되었다고 가정함)   (단위 : 원)

구 분	<경우 1>	<경우 2>
① 비영업대금의 이익(적격P2P금융 아님)	3,000,000	4,000,000
② 국내은행 정기예금 이자	20,000,000	9,000,000
③ 국외배당(국내에서 원천징수되지 않음)	4,000,000	5,000,000
④ 비상장법인 배당	18,000,000	1,000,000
⑤ 출자공동사업자 배당	9,000,000	10,000,000
⑥ 사업소득금액	5,000,000	20,000,000

(2) 종합소득공제액 : 6,000,000원(경우 1과 경우 2 모두 동일함)

〈경우 1〉

1. 과세표준

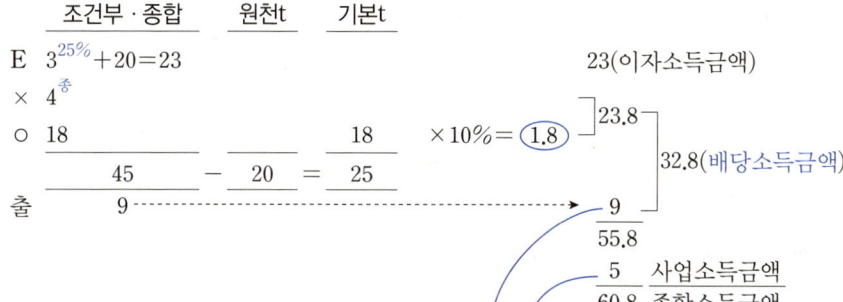

2. 산출세액 : Max[①, ②]=7.89
   ① 일반 : $20 \times 14\% + (54.8-20) \times$ 기본t $= 6.76$
   ② 비교 : Max
   ┌ a. $3 \times 25\% + 42 \times 14\% + (9+5-6) \times$ 기본t $= 7.11$
   └ b. $3 \times 25\% + 42 \times 14\% + 9 \times 14\% + (5-6) \times$ 기본t $= \boxed{7.89}$
   　　　　　　　　　　　　　　　　　　　　△1 → 0

〈경우 2〉

1. 과세표준

```
        조건부·종합
    E   4^{25%}+9=13
    ×   5^{종}      ┄┄→ 5
    ○   1
        ─────
         19
    출   10 ┄┄→ 10
        ─────
         15   배당소득금액
         20   사업소득금액
         35   종합소득금액
     (-) 6    종합소득공제
         ─────
         29   과 세 표 준
```

2. 산출세액 : Max[①, ②]=3.04
   ① $5 \times 14\% + (10+20-6) \times$ 기본t $= 3.04$
   ② $5 \times 14\% + 10 \times 14\% + (20-6) \times$ 기본t $= 2.94$

2. 부동산매매업자에 대한 세액계산 특례 ··· 비교과세

구 분	제 외 대 상
부동산매매업의 범위	부동산매매업 : 한국표준산업분류에 따른 비주거용 건물건설업(건물을 자영건설하여 판매하는 경우만 해당)과 부동산 개발 및 공급업(다만, 주거용 건물 개발 및 공급업은 제외하나, 구입한 주거용 건물을 재판매하는 경우는 포함한다.)
세액계산특례 적용 대상	부동산매매업자의 종합소득금액에 다음에 해당하는 자산의 매매차익이 있는 경우 ① 비사업용 토지 ② 미등기자산 ③ 분양권 ④ 조정대상지역에 있는 주택으로서 1세대 2주택(조합원입주권 또는 분양권 포함) 이상인 주택 ※ 단, 조정대상지역에 있는 주택을 2년 이상 보유한 다주택(1세대 2주택 이상)자가 해당 주택을 2022.5.10.부터 2026.5.9.까지 양도하는 경우에는 제외함 **개정** (1년 연장)
세액계산방법	종합소득 산출세액 : Max[①, ②] ① 일반산출세액 : 종합소득 과세표준×기본세율 ② 비교산출세액 : (종합소득 과세표준−부동산 매매차익$^{*1)}$)×기본세율＋(부동산 매매차익$^{*1)}$−장기보유특별공제−양도소득기본공제$^{*2)}$)×양도소득세율$^{*3)}$ *1) 부동산 매매차익＝매매가액−필요경비(취득가액·자본적 지출·양도비용) *2) 양도소득기본공제 : 거주자별로 250만원을 공제하며, 해당 과세기간에 여러 가지 자산을 양도한 경우에는 먼저 양도한 자산부터 먼저 공제한다. 다만, 미등기양도자산은 공제하지 않는다. *3) 양도소득세율 : 비사업용토지 '기본세율＋10%(지정지역 20%)' 적용세율, 미등기자산 70%, 분양권 60%(1년 미만 보유 70%) ☞ 양도소득세 참조

3. 주택임대소득에 대한 세액 계산의 특례 ··· 비교과세

구 분	내 용
분리과세 주택임대소득	해당 과세기간에 주거용 건물 임대업에서 발생한 총수입금액의 합계액*이 2천만원 이하인 자의 주택임대소득 * 사업자가 공동사업자인 경우에는 공동사업장에서 발생한 주택임대수입금액의 합계액을 손익분배비율에 의해 공동사업자에게 분배한 금액을 각 사업자의 주택임대수입금액에 합산한다.

비교과세	종합소득 결정세액 : ①과 ② 중 선택
	① 종합과세시 세액 : 분리과세 주택임대소득을 종합소득에 포함하여 계산한 종합소득 결정세액
	② 분리과세시 세액 : (a)＋(b)
	  (a) 분리과세 주택임대소득에 대한 사업소득금액×14%−세액감면$^{*2)}$
	    ↳[총수입금액×[1−50%(등록임대주택은 60%)]−200만원(등록임대주택은 400만원)$^{*1)}$]
	  (b) (a) 외의 종합소득 결정세액
	*1) 분리과세 주택임대소득을 제외한 해당 과세기간의 종합소득금액이 2천만원 이하인 경우에만 200만원(등록임대주택은 400만원)을 공제함.
	*2) 조특법상 소형주택 임대사업자에 대한 세액감면(조특법 96조 ①)을 말한다.

확정신고 의무	분리과세 주택임대소득만 있는 경우에도 확정신고를 하여야 한다.
사업자등록	분리과세 주택임대소득만 있는 사업자의 경우에도 사업자등록을 하여야 한다. → 미등록시 주택임대수입금액의 0.2%를 미등록가산세로 부과함.

4. 연금소득에 대한 세액 계산의 특례 ··· 비교과세 (☞ 제4장 연금소득 참조)

사례2 세부담 최소화 가정하에 금융소득에서의 이월결손금 공제액

(1) 종합소득금액 : 은행정기예금이자 101,000,000원, 부동산임대업의 사업소득금액 4,000,000원
(2) 종합소득공제액 : 2,000,000원
(3) 부동산임대업 외의 사업소득의 이월결손금 : 15,000,000원(전기분)

(단위 : 백만원)

1. 이자소득금액 101 $\dfrac{15}{}$ =101   2. 세부담 최소화 가정에 따른 이월결손금 공제액
   사업소득금액   4   −4 = 0   ① 일반 : 20×14%+(99−20)×기본t=16
                    $\overline{}$ 11 101   ② 비교 : 101×14%+(0−2)×기본t = 14.14
                                   (−) 2   △2 → 0   금융소득에서 공제할 금액
   과세표준   99   1.86÷24%=7.75

   ☞ 배당소득금액인 경우 : (일반산출세액−비교산출세액−Gross−up금액)÷한계세율

사례3 부동산매매업자의 세액계산특례

(1) 종합소득금액 : 310,000,000원(등기되지 아니한 비사업용 토지의 매매차익 포함)
(2) 비사업용 토지(보유기간 3년)의 양도가액 500,000,000원, 취득가액 200,000,000원, 양도비용 10,000,000원
(3) 종합소득 과세표준 : 295,000,000원

- 종합소득 산출세액 : Max[①, ②]=203,300,000

  ① 일반 : 37,060,000+(295,000,000−150,000,000)×38%=92,160,000
  ② 비교 : (295,000,000−290,000,000*)×기본t+290,000,000×70%=203,300,000

  → 미등기자산은 장기보유특별공제 및 기본공제(250만원) 대상아님

  * 500,000,000−200,000,000−10,000,000=290,000,000

사례4 주택임대소득에 대한 세액계산의 특례

(1) 국내에 2주택을 소유한 거주자 갑의 주택임대소득 관련 자료(임대기간 : 1.1.~12.31.)
    ① A주택(법령에 따라 임대주택으로 등록함)의 연간 임대료수입 : 20,000,000원
    ② 단순경비율법으로 계산한 A주택의 사업소득금액 : 10,000,000원(단순경비율 50% 가정)
(2) 갑은 기타소득금액 15,000,000원이 있으며, 종합소득공제액은 5,000,000원이다.
(3) 표준세액공제를 적용받으며, 자료 외의 다른 사항 및 세액감면은 고려하지 말 것

- 종합소득 결정세액 : Min[(1), (2)]=1,090,000

  (1) 종합과세시 세액 : 1,670,000

      ① 종합소득금액 : 10,000,000(A주택의 사업소득금액)+15,000,000(기타소득금액)=25,000,000
      ② 종합소득 과세표준 : 25,000,000−5,000,000=20,000,000
      ③ 종합소득 산출세액 : 20,000,000×기본t=1,740,000
      ④ 종합소득 결정세액 : 1,740,000−70,000(표준세액공제)=1,670,000

  (2) 분리과세시 세액 : ①+②=1,090,000

      ① 분리과세 주택임대소득 결정세액 : [20,000,000×(1−60%*)−4,000,000*]×14%=560,000
      ② ① 외의 종합소득 결정세액 : (15,000,000−5,000,000)×기본t− 70,000(표준세액공제)=530,000

      * 임대주택등록사업자이며, 다른 종합소득금액이 2천만원 이하임

Ⅳ. 소득세법상 세액공제

1. 자녀세액공제

구 분	내 용			
공제대상	종합소득이 있는 거주자의 기본공제대상자에 해당하는 자녀(입양자 및 위탁아동 포함. 이하 '공제대상자녀') 및 손자녀가 있는 경우			
자녀세액공제액	구 분(①+②)			자녀세액공제액
	① 공제대상자녀 및 손자녀로서 8세 이상인 사람의 수	1명인 경우		연 25만원 개정 (종전 : 15만원)
		2명인 경우		연 55만원 개정 (종전 : 35만원)
		3명 이상인 경우		연 55만원+2명 초과 1명당 연 40만원 개정 (종전 : 35만원, 30만원)
	② 해당 과세기간에 출산하거나 입양신고한 공제대상자녀 (주의 : 손자녀는 대상아님)	첫째인 경우		연 30만원
		둘째인 경우		연 50만원
		셋째 이상인 경우		연 70만원

2. 연금계좌세액공제

구 분	내 용
공제대상	종합소득이 있는 거주자가 연금계좌 납입액(이연퇴직소득과 연금계좌에서 다른 연금계좌로 계약을 이전함으로써 납입되는 금액은 제외)이 있는 경우
연금계좌 세액공제액	연금계좌세액공제액 : (①+②)×12%(또는 15%[*1]) ① Min[연금저축계좌 납입액(한도 : 연 600만원)+퇴직연금계좌 납입액, 900만원] ② Min[ISA 만기 시 연금계좌 전환금액[*2]×10%, 300만원[*3]] *1) 15% 적용 : 종합소득금액이 4천5백만원 이하(근로소득만 있는 경우 총급여액 5천5백만원 이하)인 거주자 *2) 개인종합자산관리계좌(ISA)의 계약기간이 만료된 날부터 60일 이내에 해당 계좌 잔액의 전부 또는 일부를 연금계좌로 납입한 경우 그 납입한 금액('전환금액')을 납입한 날이 속하는 과세기간의 연금계좌 납입액(①)에 포함한다. *3) 직전 과세기간과 해당 과세기간에 걸쳐 납입한 경우에는 300만원에서 직전 과세기간에 적용된 금액을 차감한 금액으로 한다.

3. 특별세액공제

보험료세액공제, 의료비세액공제, 교육비세액공제, 기부금세액공제(이하 '항목별 세액공제')와 표준세액공제

(1) 보험료세액공제

구 분	내 용
공제대상	근로소득자(일용근로자 제외)가 보장성보험료*를 지급한 경우(저축성 보험×)
공제대상 보험료	① 일반 보장성보험료 : 기본공제대상자를 피보험자로 하는 보장성보험료(장애인 전용 보장성보험료는 제외) ② 장애인 전용 보장성보험료 : 기본공제대상자 중 장애인을 피보험자 또는 보험수익자로 하는 보험료
보험료 세액공제액	보험료세액공제액 : ①+② ① 일반 보장성보험료 : Min[보험료, 연 100만원]×12% ② 장애인 전용 보장성보험료 : Min[보험료, 연 100만원]×15%

사례1 자녀세액공제

<경우 1>			<경우 2>		
구분	나이	비고	구분	나이	비고
장녀	21세	대학생, 소득 없음	장남	22세	장애인, 소득 없음
장남	18세	고등학생, 소득 없음	차남	19세	국외이자 120만원 있음
차녀	8세	초등학생, 소득 없음	장녀	17세	소득 없음
위탁아동	14세	중학생, 양육기간 6개월	차녀	0세	올해 7.1. 출생, 소득 없음

〈경우1〉 자녀세액공제 : 950,000원(8세 이상 3명 : 장남, 차녀, 위탁아동)
　　　　　※ 기본공제대상자가 아닌 사람 : 장녀(20세 이하 아님)
〈경우2〉 자녀세액공제 : 550,000(8세 이상 2명 : 장남, 장녀)+700,000(넷째 출산)=1,250,000원
　　　　　※ 기본공제대상자가 아닌 사람 : 차남(소득금액 100만원 이하 아님)

사례2 연금계좌세액공제

(단위 : 원)

다음의 소득이 있는 거주자	연금계좌 납입액		연금계좌세액공제액
	연금저축	퇴직연금	
종합소득금액 5천만원	7,000,000	4,000,000	Min[6,000,000(한도)+4,000,000, 9,000,000] ×12%=1,080,000
총급여액 5천5백만원	5,000,000	3,000,000	Min[5,000,000+3,000,000, 9,000,000]×15% =1,200,000
종합소득금액 4천만원	7,000,000	−	6,000,000(한도)×15%=900,000
총급여액 6천만원	−	9,500,000	9,000,000(한도)×12%=1,080,000
종합소득금액 6천만원	35,000,000*	5,000,000	{Min[6,000,000(한도)+5,000,000, 900만원]+ Min[33,000,000×10%, 300만원]}×12%=1,440,000

* 개인종합자산관리계좌 만기 시 전환금액 33,000,000원 포함 금액임

사례3 보험료세액공제

(1) 건강보험료·노인장기요양보험료 및 고용보험료 합계(피보험자 : 본인) : 1,600,000원
(2) 자동차보험료(피보험자 : 본인) : 800,000원(보험기간 2025.7.1.~2026.6.30.)
(3) 생명보험료(피보험자 : 22세인 장남) : 500,000원
(4) 장애인전용 보장성 보험료(피보험자 : 21세인 차남) : 1,500,000원
(5) 교육보험료(피보험자 : 10세인 장녀, 만기환급금이 납입보험료 초과함) : 2,000,000원

• 보험료세액공제 : ① 일반보장성 : 800,000×12%=96,000
　　　　　　　　　② 장애인전용 : 1,000,000(한도)×15%=150,000 ┘ 246,000

　※ 건강보험료 등은 보험료 공제(소득공제) 대상임, 장남은 기본공제대상자(20세 이하)가 아님,
　　 차남은 장애인(나이요건 없음)이므로 기본공제 대상자임, 교육보험료는 저축성보험임.
　☞ 보험료의 보험기간이 2 이상의 과세기간에 걸쳐 있는 경우에도 안분계산하지 아니하고 지출한 연도에 공제함.

* 보장성보험 : 생명보험, 상해보험, 화재·도난이나 그 밖의 손해를 담보하는 가계에 관한 손해보험, 「수산업협동조합법」, 「신용협동조합법」 또는 「새마을금고법」에 따른 공제, 「군인공제회법」 등에 따른 공제, 주택 임차보증금의 반환을 보증하는 것을 목적으로 하는 보험·보증(보증대상 임차보증금이 3억원을 초과하는 경우는 제외)

(2) **의료비세액공제**

구 분	내 용
공제대상	근로소득자(일용근로자 제외)가 기본공제대상자(나이 및 소득의 제한을 받지 아니함)를 위하여 공제대상 의료비를 지급한 경우
공제대상 의료비	근로자가 직접 부담하는 다음 중 어느 하나에 해당하는 의료비(보험회사·공제사업자 등으로부터 지급받은 실손의료보험금은 제외함) ① 진찰·치료·질병예방을 위하여 의료법 제3조의 의료기관(한의원·조산원 포함)에 지급하는 비용 ② 치료·요양을 위하여 약사법에 따른 의약품(한약 포함)을 구입하고 지급하는 비용 ③ 장애인 보장구 및 의사·치과의사·한의사 등의 처방에 따라 의료기기를 직접 구입하거나 임차하기 위하여 지출한 비용 ④ 시력보정용 안경 또는 콘택트렌즈 구입을 위하여 지출한 비용으로서 기본공제대상자(나이 및 소득의 제한을 받지 아니함) 1명당 연 50만원 이내의 금액 ⑤ 보청기를 구입하기 위하여 지출한 비용 ⑥ 노인장기요양보험법에 따른 장기요양급여에 대한 비용으로서 실제 지출한 본인부담금 ⑦ 「장애인활동 지원에 관한 법률」에 따른 활동지원급여에 대한 비용으로서 실제 지출한 본인부담금 ⑧ 「모자보건법」에 따른 산후조리원에 산후조리 및 요양의 대가로 지급하는 비용으로서 출산 1회당 200만원 이내의 금액
의료비 세액공제액	의료비세액공제액 : A+B+C ① 일반의료비[*1] : 의료비 − 총급여액 × 3% = 공제액(연 700만원 한도) ② 특정의료비[*2] : (+)전 액 　　　　　　　　　　　　　　　　　　대상액 × 15% = A ③ 미숙아·선천성이상아 의료비[*3] : (+)전 액 × 20% = B ④ 난임시술비[*4] (+)전 액 × 30% = C ①의 의료비가 총급여액의 3%에 미달하는 경우 그 미달액을 뺌 ①과 ②의 의료비(④의 경우는 ①부터 ③까지의 의료비)의 합계액이 총급여액의 3%에 미달하는 경우 그 미달액을 뺌 *1) 일반의료비 : 특정의료비, 미숙아·선천성이상아 의료비 및 난임시술비를 제외한 의료비 *2) 특정의료비 : 해당 거주자(소득자 본인), 장애인, 과세기간 개시일 현재 6세 이하(6세가 되는 날과 그 이전 기간을 말함)인 사람, 과세기간 종료일 현재 65세 이상인 사람, 중증질환자, 희귀난치성질환자, 결핵환자를 위하여 지급한 의료비 개정 *3) 「모자보건법」에 따른 미숙아 및 선천성이상아를 위하여 지급한 다음의 의료비 　(개) 미숙아의 경우 : 보건소장 또는 의료기관의 장이 미숙아 출생을 원인으로 미숙아가 아닌 영유아와는 다른 특별한 의료적 관리와 보호가 필요하다고 인정하는 치료를 위하여 지급한 의료비 　(내) 선천성이상아의 경우 : 해당 선천성이상 질환을 치료하기 위하여 지급한 의료비 *4) 난임시술비(난임시술과 관련하여 처방을 받은 약사법 제2조에 따른 의약품 구입비용 포함) : 「모자보건법」에 따른 보조생식술에 소요된 비용

▼ **공제대상이 아닌 의료비** : 외국 소재 대학병원에 지급하는 비용, 미용·성형수술을 위한 비용, 건강증진을 위한 의약품 구입비용(예 보약 구입비), 사내복지기금으로부터 지급받은 의료비

사례 의료비세액공제

(단위 : 원)

구 분	〈경우1〉 총급여액 6천만원	〈경우2〉 총급여액 7천만원
① 본인의 질병치료비(실손의료보험금 100만원 지급받음)	1,500,000	–
② 장녀의 질병치료비, 안경구입비 60만원 포함	8,600,000	–
③ 장남의 정밀건강진단비 90만원과 성형수술비 300만원	3,900,000	–
④ 부친(68세)의 치료목적 한약구입비	700,000	800,000
⑤ 차남(장애인)의 장애치료비	800,000	200,000
⑥ 배우자의 난임시술비	2,000,000	2,500,000
⑦ 삼남(6세 8개월)의 질병치료비	1,000,000	–
⑧ 차녀의 미숙아 의료비	–	3,000,000
⑨ 배우자의 산후조리원 요양비용(차녀 출산)	–	3,000,000

〈경우1〉

① 일반 : (8,500,000 + 900,000) − 60,000,000 × 3% = ~~7,600,000~~ (7,000,000 한도) (안경구입비 10만원 제외, 성형수술비 제외)
② 특정 : 500,000 + 700,000 + 800,000 + 1,000,000 = 3,000,000 (실손의료보험금 제외)
  $10,000,000 × 15\% = 1,500,000$
③ 난임 : $2,000,000 × 30\% = 600,000$
  2,100,000 의료비세액공제액

〈경우2〉

① 일반 : 2,000,000 − 70,000,000 × 3% = △100,000 (산후조리원 비용 200만원 한도)
② 특정 : 800,000 + 200,000 = 1,000,000
  $900,000 × 15\% = 135,000$
③ 미숙아 등 : $3,000,000 × 20\% = 600,000$
④ 난임 : $2,500,000 × 30\% = 750,000$
  1,485,000 의료비세액공제액

☞ 특정의료비 : 본인, 부친(과세기간 종료일 현재 65세 이상), 차남(장애인), 삼남(과세기간 개시일 현재 6세 이하)의 의료비

(3) 교육비세액공제

$$교육비세액공제 = (일반교육비 + 직업능력개발훈련비 + 장애인특수교육비) \times 15\%$$

① 일반교육비

구 분	내 용

| 공제대상 | 근로소득자(일용근로자 제외)가 다음의 피교육자를 위하여 교육비를 지급한 경우 |

교육기관의 범위	피교육자의 범위	공제한도
①「유아교육법」,「초·중등교육법」,「고등교육법」 또는 특별법에 의한 학교, 고등학교졸업 이하의 학력이 인정되는 평생교육시설·전공대학·원격대학, 학위취득과정 및 이와 유사한 국외교육기관[1] (본인을 제외한 피교육자의 경우 대학원 제외)[2]	거주자(본인)	없음
	기본공제대상자 (나이 제한 없음)인 배우자, 직계비속, 입양자, 위탁아동, 형제자매 ※ 소득요건은 충족해야함	• 대학생 : 1명당 연 900만원 • 초등학교 취학 전 아동과 초·중·고등학생 : 1명당 연 300만원
② 영유아보육법에 의한 어린이집		
③ 학원 또는 체육시설[3]		

*1) 국외 교육기관 : 국외에 소재하는 교육기관으로서 우리나라의「유아교육법」에 따른 유치원,「초·중등교육법」또는「고등교육법」에 따른 학교에 해당하는 것. 국외교육기관의 학생을 위하여 교육비를 지급하는 거주자가 국내에서 근무하는 경우에는 과세기간 종료일 현재 대한민국 국적을 가진 거주자가 교육비를 지급한 학생(초등학교 취학 전 아동과 초등학생·중학생의 경우에는 다음 중 어느 하나에 해당하는 사람으로 한정함)만 해당한다.
  ①「국외유학에 관한 규정」에 따른 자비유학의 자격이 있는 사람
  ②「국외유학에 관한 규정」에 따라 유학을 하는 자로서 부양의무자와 국외에서 동거한 기간이 1년 이상인 사람
  ☞ 고등학생과 대학생은 유학자격의 요건은 없으며, 영유아 및 취학 전 아동을 위하여 지출하는 국외학원교육비는 공제대상이 아님.
*2) 본인의 경우 : 대학(전공대학, 원격대학 및 학위취득과정 포함) 또는 대학원의 1학기 이상에 해당하는 교육과정과 고등교육법에 따른 시간제과정 포함(☞ 배우자 및 부양가족 제외)
*3) 학원·체육시설의 범위 : 초등학교 취학 전 아동이 학원 또는 체육시설에서 월 단위로 실시하는 교습과정(1주 1회 이상 실시하는 과정만 해당함)의 교습을 받는 경우를 말한다.(☞ 본인 제외)
  ☞ 초·중·고등학생 등의 학원비는 공제대상이 아니다.
  ✐ 직계존속, 직계비속·입양자와 그 배우자가 모두 장애인인 경우의 그 배우자, 수급자는 교육비세액공제대상이 아님.

| 교육비의 범위 | ① 수업료·입학금·보육비용·수강료 및 그 밖의 공납금
② 학교급식법, 유아교육법, 영유아보육법 등에 따라 급식을 실시하는 학교, 유치원, 어린이집, 학원 및 체육시설(초등학교 취학 전 아동의 경우만 해당함)에 지급한 급식비
③ 초·중등교육법에 따른 학교에서 구입한 교과서대금(초·중·고등학교의 학생만 해당함)
④ 교복 구입비용(중·고등학교의 학생만 해당함. 학생 1명당 연 50만원 한도)
⑤ 초·중등교육법, 유아교육법, 영유아보육법에 따른 학교, 유치원, 어린이집, 학원 및 체육시설(초등학교 취학 전 아동의 경우만 해당함)에서 실시하는 방과후 학교나 방과후 과정 등의 수업료 및 특별활동비(학교, 유치원, 어린이집, 학원 및 체육시설에서 구입한 도서 구입비와 학교 외에서 구입한 초·중·고등학교의 방과후 학교 수업용 도서의 구입비 포함)
⑥ 초·중등교육법에 따른 학교에서 교육과정으로 실시하는 현장체험학습에 지출한 비용 (초·중·고등학교의 학생만 해당함. 학생 1명당 연 30만원 한도) |

사례1 교육비세액공제액 … 부양가족은 모두 기본공제대상자임

구 분	교육비 내역	금액	비 고
근로자 본인 (42세)	대학원 등록금	15,000,000원	사규에 따라 학자보조금 5,000,000원 수령 (법령으로 정한 요건 충족함)
	직업능력개발훈련 수강료	1,000,000원	지원금 수령액 800,000원 차감 전 금액
배우자 (40세)	대학원 수강료	9,500,000원	
	직업능력개발훈련 수강료	2,000,000원	
장남(21세)	대학교 등록금	9,600,000원	사규에 따라 학자보조금 1,000,000원 수령
차남 (18세)	고등학교 수업료	1,000,000원	학교로부터 장학금 500,000원 수령
	방과후 학교 수업료	250,000원	수업용 도서 구입비 100,000원 포함
	현장체험학습비	500,000원	교육과정으로 실시하는 현장체험학습
	학교급식비	1,100,000원	
	교과서대금	100,000원	학교에서 구입한 교과서 대금
	교복구입비	600,000원	
	피아노 학원비	900,000원	주 2회 실시하는 과정
	대학수학능력시험응시료 등	150,000원	대학입학전형료 100,000원 포함
삼남 (6세)	유치원 수업료	2,400,000원	
	영어학원비	1,200,000원	주 1회 실시하는 과정
부친(65세)	평생교육시설 수강료	5,000,000원	원격대학형태 평생교육시설

- 교육비세액공제

  ① 공제대상 : $(15,000,000 - 5,000,000) + (1,000,000 - 800,000) + 9,000,000^{*1)} + 2,900,000^{*2)} + 3,000,000^{*3)}$
  $= 25,100,000$

  *1) 장남 : $9,600,000 \rightarrow$ 900만원 한도
  *2) 차남 : $(1,000,000 - 500,000) + 250,000 + 300,000(현장체험학습비) + 1,100,000 + 100,000$
     $+ 500,000(교복구입비) + 150,000 = 2,900,000 \leftarrow$ 300만원 이내
  *3) 삼남 : $2,400,000 + 1,200,000 = 3,600,000 \rightarrow$ 300만원 한도

  ② 세액공제 : $25,100,000 \times 15\% = 3,765,000$

☞ 배우자의 대학원 수강료 및 직업능력개발훈련 수강료 : 근로자 본인만 대상이므로 공제대상 아님

☞ 장남의 학자보조금 수령액 : 근로소득으로 과세되므로 교육비 지출액에서 차감하지 않음

학자금지원액	총급여액	교육비 지출액
비과세되는 경우	불포함	불포함
과세되는 경우	포 함	포 함

☞ 차남의 피아노 학원비 : 초등학교 취학 전 아동이 아니므로 공제대상 아님

☞ 부친의 평생교육시설 수강료 : 직계존속의 일반교육비는 공제대상 아님

구 분	내 용

교육비의 범위	⑦ 고등교육법 제34조 제3항의 시험 응시를 위하여 지급한 교육비(대학수학능력시험응시료) 및 고등교육법 제34조의4에 따른 입학전형료(대학입학전형료)
	⑧ 근로소득자가 본인의 학자금 대출*(등록금에 대한 대출에 한정함)의 원리금 상환에 지출한 교육비(원리금 상환 연체로 인하여 추가로 지급하는 금액, 원리금 중 감면받거나 면제받은 금액, 지방자치단체 또는 공공기관 등으로부터 학자금을 지원받아 상환한 금액 제외)
	   * 학자금대출의 범위
	     (가)「한국장학재단 설립 등에 관한 법률」에 따른 취업 후 상환 학자금 대출과 일반 상환 학자금 대출
	     (나)「농어업인 삶의 질 향상 및 농어촌지역 개발촉진에 관한 특별법 시행령」에 따른 농어촌 출신 대학생의 학자금 융자지원 사업을 통한 학자금대출
	     (다)「한국주택금융공사법」에 따라 한국주택금융공사가 금융기관으로부터 양수한 학자금 대출
	     (라)「한국장학재단 설립 등에 관한 법률」에 따른 전환대출, 구상채권 행사의 원인이 된 학자금 대출 등
	   ☞ 배우자 또는 부양가족이 학자금 대출을 받아 지급하는 교육비는 제외한다.

일반교육비 공제대상액	일반교육비 공제대상액＝Min[① 교육비총액－비과세 장학금·학자금*, ② 공제한도]
	* 소득세 또는 증여세가 비과세되는 장학금 또는 학자금
	  (가) 근로자 본인의 비과세 학자보조금
	  (나) 사내근로복지기금으로부터 받은 장학금등
	  (다) 재학 중인 학교로부터 받은 장학금등
	  (라) 근로자인 학생이 직장으로부터 받은 장학금등
	☞ 비과세되는 6세 이하 자녀의 보육수당(월 20만원 이내의 금액)은 교육비에서 차감하지 아니함(소집행 59의 4－118의 6－3)

② 직업능력개발훈련비

구 분	내 용
공제대상	근로소득자가 자신을 위하여 직업능력개발훈련시설에서 실시하는 직업능력개발훈련을 위하여 지급한 수강료
직업능력개발훈련비 공제대상액	직업능력개발훈련비 공제대상액＝직업능력개발훈련을 위한 수강료－수강지원금* * 고용보험법에 따른 근로자의 직무능력 향상을 위한 지원금

③ 장애인특수교육비

구 분	내 용
공제대상	근로소득자(일용근로자 제외)가 기본공제대상자인 장애인(소득의 제한을 받지 아니함)을 위하여 다음의 기관에 지급하는 장애인특수교육비(장애인의 재활교육을 위하여 지급하는 비용) ① 사회복지시설 및 보건복지부장관이 장애인 재활교육을 실시하는 기관으로 인정한 비영리법인 ② 위 ①의 시설 또는 법인과 유사한 것으로서 외국에 있는 시설 또는 법인 ③「장애아동복지지원법」에 따라 지방자치단체가 지정한 발달재활서비스 제공 기관(과세기간 종료일 현재 18세 미만인 사람만 해당함)
장애인특수교육비 공제대상액	장애인특수교육비 공제대상액＝장애인특수교육비－지원금* *「장애아동복지지원법」에 따라 국가 또는 지방자치단체로부터 지원받는 금액

▼ 이혼 등의 사유로 기본공제에서 제외된 사람을 위한 보험료 등의 지출액

보험료세액공제·의료비세액공제·교육비세액공제를 적용할 때 과세기간 종료일 이전에 혼인·이혼·별거·취업 등의 사유로 기본공제대상자에 해당되지 아니하게 되는 종전의 배우자·부양가족·장애인 또는 과세기간 종료일 현재 65세 이상인 사람을 위하여 이미 지급한 금액이 있는 경우에는 그 사유가 발생한 날까지 지급한 금액에 대한 세액공제액을 해당 과세기간의 근로소득에 대한 종합소득 산출세액에서 공제한다.

예 6.30.에 이혼한 배우자를 위하여 1.1.부터 6.30.까지 지출한 의료비
→ 이혼한 배우자는 기본공제대상이 아니나, 이혼 전에 배우자를 위하여 지출한 의료비는 공제함.

> 사례2 교육비세액공제
>
> (1) 근로자 본인 : 대학원의 최고경영자과정(6개월) 수강료 20,000,000원, 대학교 학자금 대출의 원리금 상환액 2,000,000원
> (2) 장남(15세, 소득없음) : 중학교 교육비 2,800,000원(교복구입비 700,000원과 학교에서 교육과정으로 실시하는 현장체험학습비 400,000원 포함)
> (3) 차남(8세, 소득없음) : 초등학교 교육비 10,000,000원(교복구입비 800,000원 포함)
> (4) 장녀(6세, 소득없음) : 유치원 교육비 3,500,000원(현장체험학습비 600,000원 포함)
> (5) 배우자(43세, 소득없음) : 대학원의 최고경영자과정(1학기) 수강료 15,000,000원, 대학교 학자금 대출의 원리금 상환액 1,500,000원
> (6) 모친(65세, 장애인, 소득없음) : 장애인 특수교육비 4,000,000원

- 교육비세액공제
  ① 공제대상 : $20,000,000+2,000,000+2,500,000^{*1)}+3,000,000^{*2)}+2,900,000^{*3)}+4,000,000=34,400,000$
    *1) 장남 : $2,800,000-200,000$(교복구입비 50만원 한도)$-100,000$(현장체험학습비 30만원 한도)
        $=2,500,000$
    *2) 차남 : $10,000,000-800,000$(교복구입비)$=9,200,000$ → 300만원 한도
    *3) 장녀 : $3,500,000-600,000$(현장체험학습비)$=2,900,000$ ← 300만원 이내
  ② 세액공제 : $34,400,000\times15\%=5,160,000$

  ☞ 교육비 공제대상이 아닌 것
    • 근로자 본인 외의 대학 또는 대학원의 1학기 이상에 해당하는 교육과정 수강료(최고경영자과정 수강료)
    • 근로자 본인 외의 학자금 대출의 원리금 상환액
    • 초등학생의 교복구입비(∵중학생, 고등학생만 공제대상)
    • 유치원생의 현장체험학습비(∵초등학생, 중학생, 고등학생만 공제대상)

  ☞ 직계존속(모친)의 교육비 : 장애인특수교육비는 공제대상이나, 일반교육비는 공제대상 아님

(4) 기부금세액공제

구 분	내 용
공제대상	거주자(사업소득만 있는 자는 제외하되, 연말정산대상 사업소득만 있는 자*는 포함한다)가 지급한 기부금이 있는 경우 * 간편장부대상자인 보험모집인, 방문판매원, 음료품 배달원
기본공제대상자가 지출한 기부금	기본공제대상자(나이의 제한을 받지 아니하며, 다른 거주자의 기본공제를 적용받은 사람은 제외)가 지급한 기부금도 공제대상임 ☑ 유의 : 정치자금기부금과 고향사랑기부금은 거주자 본인이 지출한 금액만 기부금에 포함됨
기부금세액공제액의 계산	[1단계] 기부금 공제한도 | 구 분	기부금 한도액
정치자금기부금	기준소득금액*
고향사랑 기부금	기준소득금액* − 정치자금기부금
특례기부금	기준소득금액* − 정치자금기부금 − 고향사랑 기부금 * 기준소득금액=종합소득금액+필요경비산입 기부금−원천징수세율 적용 금융소득금액
우리사주조합 기부금	(기준소득금액−정치자금기부금−고향사랑 기부금−특례기부금)×30%
일반기부금	① 종교단체기부금이 없는 경우 : A×30% ② 종교단체기부금이 있는 경우 : A×10%+Min[A×20%, 종교단체 외의 일반기부금] A=기준소득금액−정치자금기부금−고향사랑 기부금−특례기부금−우리사주조합기부금 | ☑ 정치자금기부금과 고향사랑 기부금은 아래 [2단계] 세액공제대상 기부금과 [3단계] 기부금 세액공제액과는 별도로 구분하여 세액공제를 적용함 [2단계] 세액공제대상 기부금 세액공제대상 기부금=특례기부금공제액+우리사주조합기부금공제액+일반기부금공제액−기부금 중 필요경비산입액 [3단계] 기부금 세액공제액(특례·우리사주조합·일반기부금) 다음의 금액을 종합소득 산출세액(필요경비에 산입한 기부금이 있는 경우 사업소득에 대한 산출세액[*1]은 제외함)에서 공제한다.[*2] 기부금 세액공제액=세액공제대상 기부금×15%(1천만원 초과분 30%) *1) 사업소득에 대한 산출세액=종합소득 산출세액 × $\dfrac{\text{사업소득금액}}{\text{종합소득금액}}$ *2) 이 경우 특례기부금과 일반기부금이 함께 있으면 특례기부금을 먼저 공제한다.

(5) 표준세액공제

구 분		표준세액공제
① 근로소득이 있는 거주자로서 **특별소득공제**나 **항목별 세액공제** 및 조세특례제한법상 **월세세액공제** 신청을 하지 아니한 경우		연 13만원
② 종합소득이 있는 거주자(근로소득이 있는 자 제외)로서 조세특례제한법상 **의료비세액공제, 교육비세액공제** 및 **월세세액공제** 신청을 하지 아니한 경우	성실사업자의 경우	연 12만원
	위 외의 경우	연 7만원

> **사례** 기부금세액공제
>
> (1) 본인 기부금(사업자 아님)
>   ① 이재민 구호금품   25,000,000원
>   ② 사회복지법인 기부금   4,300,000원
>   ③ 종교단체기부금   9,500,000원
> (2) 기본공제대상자인 부양가족의 기부금
>   ① 배우자의 정당기부금   1,500,000원
>   ② 장녀의 장학법인기부금   200,000원
> (3) 종합소득금액 75,000,000원(금융소득금액 30,000,000원 포함)

① 특례 : 25,000,000
   일반 : 4,300,000 + 9,500,000 + 200,000 = 14,000,000
② 기준소득금액 : 75,000,000 − 20,000,000 = 55,000,000
   └→ 원천징수세율 적용 금융소득
③ 일반기부금 한도
   30,000,000* × 10% + Min[30,000,000* × 20%, 4,500,000] = 7,500,000
                                        └→ 종교단체 기부금 외의 기부금
   * 55,000,000 − 25,000,000 = 30,000,000
   cf) Min[30,000,000 × 30%, 30,000,000 × 10% + 4,500,000] = 7,500,000
④ 세액공제 대상 : 25,000,000 + 7,500,000 = 32,500,000
                              └→ 일반기부금 한도내 금액
⑤ 기부금세액공제 : 10,000,000 × 15% + 22,500,000 × 30% = 8,250,000

※ 정치자금기부금은 본인분만 세액공제 대상임

기본공제대상자에 대한 특별세액공제 적용 요건

구 분		대상자	배우자 및 부양가족		
			관계요건	나이 요건*1)	소득 요건
(1) 보험료세액공제		근로소득자	○	○	○
(2) 의료비세액공제		근로소득자	○	×	×
(3) 교육비 세액공제	① 일반교육비	근로소득자	○*2)	×	○
	② 직업능력개발훈련비		×*3)	—	—
	③ 장애인특수교육비		○*4)	×	×
(4) 기부금세액공제*5)		거주자(사업소득만 있는 자*6)는 제외)	○	×	○

*1) 배우자와 장애인은 나이요건에 제한을 받지 아니한다. 다만, 소득 요건(소득금액 100만원 이하, 근로소득만 있는 경우에는 총급여액 500만원 이하)은 충족하여야 한다.

*2) ① 직계존속, ② 직계비속·입양자와 그 배우자가 모두 장애인인 경우의 그 배우자, ③ 수급자는 제외한다.

*3) 직업능력개발훈련비는 근로소득자 본인분만 세액공제 대상이다.

*4) 장애인인 ① 직계존속, ② 직계비속·입양자와 그 배우자가 모두 장애인인 경우의 그 배우자, ③ 수급자의 장애인특수교육비도 포함한다.

*5) 기부금은 기본공제대상자(나이의 제한을 받지 아니하며, 다른 거주자의 기본공제를 적용받은 사람은 제외)가 지출한 기부금도 근로자 본인이 기부금세액공제를 적용받을 수 있다. 다만, 정치자금기부금과 고향사랑 기부금은 거주자 본인이 지출한 금액만 기부금세액공제를 적용받는다.

*6) 사업소득만 있는 자는 기부금을 사업소득금액 계산시 필요경비에 산입한다. 다만, 원천징수되는 사업소득으로서 연말정산대상 사업소득이 있는 자(간편장부대상자인 보험모집인, 방문판매원, 음료품 배달원)는 기부금세액공제를 적용한다.

특별세액공제의 적용 방법

구 분	근로소득자		성실사업자		사업자		그 외 종합소득이 있는 사람*4)
	신청	미신청*1)	신청	미신청*2)	연말정산 대상사업자	그 외의 사업자*3)	
보험료세액공제	○						
의료비세액공제	○		○				
교육비세액공제	○		○				
기부금세액공제	○				○		○
표준세액공제		13만원		12만원	7만원	7만원	7만원

*1) 근로소득자로서 특별소득공제, 항목별세액공제 및 월세세액공제를 신청하지 않은 사람

*2) 성실사업자로서 조특법상 의료비세액공제, 교육비세액공제 및 월세세액공제를 신청하지 않은 사업자

*3) 성실신고확인대상사업자로서 성실신고확인서를 제출한 자는 조특법상 의료비세액공제, 교육비세액공제 및 월세세액공제를 신청하지 아니한 경우에 7만원의 표준세액공제를 적용한다.

*4) 사업소득과 같이 있는 경우를 포함한다. 사업소득과 사업소득 외의 종합소득이 있는 사람은 기부금을 사업소득 계산시 필요경비에 산입하며, 필요경비에 산입하지 않은 기부금은 종합소득 산출세액(사업소득에 대한 산출세액 제외)에서 기부금세액공제를 적용받을 수 있다. 이 경우 표준세액공제 연 7만원(성실사업자로서 조특법상 의료비세액공제, 교육비세액공제 및 월세세액공제를 신청하지 아니한 사업자는 연12만원)을 함께 적용받는다.

정리1 소득자별 세액공제 적용방법

구 분	적용방법
근로소득자	①과 ② 중 큰 금액 ① (보험료공제+주택자금공제)×한계세율+항목별세액공제+월세세액공제 ② 표준세액공제(13만원)
조세특례제한법상 성실사업자	①과 ② 중 큰 금액. if 다른 종합소득도 있으면 (+기부금세액공제) ① 의료비세액공제+교육비세액공제+월세세액공제 ② 표준세액공제(12만원)
소득세법상 성실사업자	표준세액공제(12만원). if 다른 종합소득도 있으면 (+기부금세액공제)
성실신고확인대상 사업자로서 성실신고 확인서 제출자	①과 ② 중 큰 금액. if 다른 종합소득도 있으면 (+기부금세액공제) ① 의료비세액공제+교육비세액공제+월세세액공제 ② 표준세액공제(7만원)
위 외 종합소득자	표준세액공제(7만원)+기부금세액공제(if 연말정산대상 사업소득 외의 사업소득만 있으면 적용 안됨)

정리2 소득세법상 성실사업자, 조세특례제한법상 성실사업자, 성실신고확인대상사업자

구 분	내 용

소득세법상 성실사업자	다음의 요건을 모두 갖춘 사업자(소법 59조의4 ⑨)
	① 다음 중 어느 하나에 해당하는 사업자일 것
	  ㉮ 신용카드가맹점 및 현금영수증가맹점으로 모두 가입한 사업자
	  ㉯ 전사적 기업자원 관리설비 또는 판매시점정보관리시스템설비를 도입한 사업자 등 기획재정부령으로 정하는 사업자
	② 복식부기장부 또는 간편장부를 비치·기록하고, 그에 따라 소득금액을 계산하여 신고할 것(추계조사결정이 있는 경우 해당 과세기간은 제외)
	③ 사업용계좌를 신고하고, 해당 과세기간에 사업용계좌를 사용하여야 할 금액의 2/3 이상을 사용할 것

조특법상 성실사업자	소득세법에 따른 성실사업자로서 다음의 요건을 모두 갖춘 자(조특법 122조의3 ①) ① 해당 과세기간의 수입금액으로 신고한 금액이 직전 3개 과세기간의 연평균 수입금액(과세기간이 3개 과세기간에 미달하는 경우에는 사업의 개시일이 속하는 과세기간과 직전 과세기간의 연평균 수입금액을 말함)의 50%를 초과할 것. 다만, 사업장의 이전 또는 업종의 변경 등 법령으로 정하는 사유로 수입금액이 증가하는 경우는 제외한다. ② 해당 과세기간 개시일 현재 2년 이상 계속하여 사업을 경영할 것 ③ 국세의 체납사실, 조세범처벌사실, 세금계산서·계산서 등의 발급 및 수령 의무 위반, 소득금액 누락사실 등을 고려하여 법령으로 정하는 요건에 해당할 것
성실신고확인 대상사업자	복식부기의무자 중 수입금액이 업종별로 일정 규모 이상인 사업자로서 성실한 납세를 위하여 필요하다고 인정되어 종합소득 확정신고를 할 때에 비치·기록된 장부와 증명서류에 의하여 계산한 사업소득금액의 적정성을 세무사(세무사법에 따라 등록한 공인회계사 포함), 세무법인 또는 회계법인이 확인하고 작성한 성실신고확인서를 제출하여야 하는 사업자

4. 외국납부세액공제 · 배당세액공제 및 근로소득세액공제

구 분	대상자	내 용
외국납부 세액공제	거주자	외국납부세액공제액 : Min[①, ②] ① 외국납부세액$^{*1)}$ ② 한도액$^{*2)}$: 종합소득 산출세액 × $\dfrac{\text{국외원천소득금액}^{*3)}}{\text{종합소득금액}}$ *1) 직접외국납부세액(가산세 제외) + 의제외국납부세액 *2) 한도액은 국별한도방식으로 하며, 한도초과액은 10년간 이월하여 공제받을 수 있다. 다만, 사업자는 이월공제기간 내에 공제받지 못한 경우 그 공제받지 못한 외국소득세액은 이월공제기간의 종료일 다음 날이 속하는 과세기간의 소득금액을 계산할 때 필요경비에 산입할 수 있다.(2015년 이후 한도초과액부터 10년간 이월공제함) *3) 국외원천소득금액 = 국외에서 발생한 소득으로서 거주자의 종합소득금액의 계산에 관한 규정을 준용하여 산출한 금액 − 세액감면 또는 면제 대상 국외원천소득 × 세액감면 또는 면제 비율 − 종합소득금액을 계산할 때 필요경비에 산입된 금액(국외원천소득이 발생한 국가에서 과세할 때 필요경비에 산입된 금액 제외)으로서 국외원천소득에 대응하는 직 · 간접비용 ☞ 사업자는 직접외국납부세액에 대해서 세액공제 대신 필요경비에 산입할 수 있다.
배당세액 공제	거주자	배당세액공제액 : Min[①, ②] ① 배당가산액(Gross-up 금액) ② 한도액 : 종합소득 산출세액 − 비교산출세액
근로소득 세액공제	근로소득자	(1) 상용근로자 : Min[①, ②] ① 세액공제액 | 근로소득에 대한 종합소득 산출세액*	근로소득세액공제액
---	---
130만원 이하	산출세액* × 55%
130만원 초과	715,000 + (산출세액* − 130만원) × 30% | * 종합소득 산출세액 × $\dfrac{\text{근로소득금액}}{\text{종합소득금액}}$ ② 한도액 (근로소득산출세액 1,383,334원인 경우) | 총급여액	세액공제 한도액
---	---
3,300만원 이하	74만원
3,300만원 초과 7,000만원 이하	Max [74만원 − (총급여액 − 3,300만원) × 8/1,000 , 66만원] (→4,300만원 미만인 경우 효과 ○)
7,000만원 초과 1억2천만원 이하	Max [66만원 − (총급여액 − 7,000만원) × 1/2 , 50만원] (→7,032만원 미만인 경우 효과 ○)
1억2천만원 초과	Max [50만원 − [(총급여액 − 1억2천만원) × 1/2] , 20만원] (→1억 2,040만원 미만인 경우 효과 ○)	 (2) 일용근로자 : 산출세액 × 55%

사례1 외국납부세액공제

(1) 근로소득금액 20,000,000원, 사업소득금액 40,000,000원(국외원천소득금액 10,000,000원 포함)
(2) 종합소득 과세표준 : 50,000,000원
(3) 종합소득 산출세액 : 6,240,000원
(4) 외국납부세액 : 1,500,000원

- 외국납부세액공제 : Min[①, ②] = 1,040,000
  ① 외국납부세액 : 1,500,000
  ② 한도액 : $6,240,000 \times \dfrac{10,000,000}{60,000,000^*} = 1,040,000$ (소득금액비율)

  * 종합소득금액 : 20,000,000 + 40,000,000 = 60,000,000

사례2 배당세액공제

(1) 배당가산액(Gross-up 금액) : 100,000원
(2) 산출세액

	〈경우1〉	〈경우2〉
① 일반산출세액 :	1,000,000원	1,000,000원
② 비교산출세액 :	950,000원	1,100,000원

- 배당세액공제 : Min[①, ②] = 50,000   Min[①, ②] = 0
  ① 배당가산액 : 100,000   ① 100,000
  ② 한도액 : 1,000,000 − 950,000 = 50,000   ② 1,100,000 − 1,100,000 = 0

[취지] 종합소득산출세액에서 배당세액공제를 차감한 세액이 분리과세시 세액(비교산출세액)보다 작아지는 것을 방지

사례3 근로소득세액공제

(1) 종합소득금액 : 사업소득금액 47,000,000원, 근로소득금액 33,000,000원(총급여액 45,000,000원)
(2) 종합소득 과세표준 : 60,000,000원
(3) 종합소득 산출세액 : 8,640,000원

1. 근로소득에 대한 산출세액 : $8,640,000 \times \dfrac{33,000,000}{80,000,000} = 3,564,000$ (소득금액비율)

2. 근로소득세액공제 : Min[①, ②] = 660,000
   ① 세액공제액 : 715,000 + (3,564,000 − 1,300,000) × 30% = 1,394,200
   ② 한도액 : Max$\begin{bmatrix} 740,000 - (45,000,000 - 33,000,000) \times 8/1,000 = 644,000 \\ 660,000 \end{bmatrix}$ ⇒ 660,000

5. 기장세액공제와 재해손실세액공제

구 분	대상자	내 용
기장세액공제	간편장부 대상사업자 (☞ 부록 참조)	간편장부대상자가 종합소득 과세표준확정신고를 할 때 복식부기에 따라 기장하여 소득금액을 계산하고 재무상태표·손익계산서·합계잔액시산표 및 조정계산서를 제출하는 경우 **기장세액공제액 : Min[①, ②]** ① 종합소득 산출세액 × $\dfrac{\text{기장된 사업소득금액}}{\text{종합소득금액}}$ × 20% ② 한도액 : 연간 100만원 ※ 기장세액공제의 적용 배제 ① 비치·기록한 장부에 의하여 신고하여야 할 소득금액의 20% 이상을 누락하여 신고한 경우 ② 기장세액공제와 관련된 장부 및 증명서류를 해당 과세표준 확정신고기간 종료일부터 5년간 보관하지 아니한 경우. 다만, 천재지변 등 부득이한 사유(화재·전쟁의 재해를 입거나 도난을 당한 경우 등)에 해당하는 경우에는 그러하지 아니한다.
재해손실세액공제	사업자	사업자가 해당 과세기간에 천재지변이나 그 밖의 재해로 <u>사업용 자산총액의 20% 이상</u>에 해당하는 자산을 상실하여 납세가 곤란하다고 인정되는 경우 ① 재해손실세액공제액 {| 구 분	재해손실세액공제액 |} {| 재해발생일 현재 미납부 소득세	재해발생일 현재 부과되지 아니한 소득세와 미납된 사업소득에 대한 소득세액[*1] × 자산상실비율[*2] |} {| 재해발생일이 속하는 과세기간의 소득세	재해발생일이 속하는 과세기간의 사업소득에 대한 소득세액[*1] × 자산상실비율[*2] |} ② 한도액 : 상실된 자산의 가액

구 분	재해손실세액공제액
재해발생일 현재 미납부 소득세	재해발생일 현재 부과되지 아니한 소득세와 미납된 사업소득에 대한 소득세액[*1] × 자산상실비율[*2]
재해발생일이 속하는 과세기간의 소득세	재해발생일이 속하는 과세기간의 사업소득에 대한 소득세액[*1] × 자산상실비율[*2]

[*1] 사업소득에 대한 소득세액은 다음과 같이 계산한다.

$$(\text{산출세액} - \text{배당세액공제} \cdot \text{기장세액공제} \cdot \text{외국납부세액공제} + \text{가산세}) \times \dfrac{\text{사업소득금액}}{\text{종합소득금액}}$$

[*2] 자산상실비율 = $\dfrac{\text{상실된 사업용 자산가액}}{\text{상실 전 사업용 총자산가액}}$

① 자산상실비율은 **사업자별**로 자산총액을 기준으로 하여 사업자의 소득별로 계산하는 것이므로 1사업장 단위로 계산하지 않는다.(∴ 사업장별이 아님)

구 분	내 용
상실된 자산가액	① 재해자산이 보험에 가입되어 있음으로써 보험금을 수령할 때에도 동 보험금을 차감하지 않음 ② 상실한 타인 소유의 자산으로서 변상책임이 있는 것은 포함함 ③ 예금, 받을어음, 외상매출금 등은 해당 채권추심에 관한 증서가 소실된 경우에도 이를 포함하지 않음
상실 전 사업용 총자산가액	① 사업용 자산(<u>토지 제외</u>) ② 상실한 타인소유의 자산으로서 그 상실에 대한 변상책임이 해당 사업자에게 있는 것 ③ 재해손실세액공제를 하는 소득세의 과세표준금액에 이자소득금액 또는 배당소득금액이 포함되어 있는 경우에는 그 소득금액과 관련되는 예금·주식 기타의 자산

② 재해발생의 비율은 재해발생일 현재의 장부가액에 의하여 계산하되, 장부가 소실 또는 분실되어 장부가액을 알 수 없는 경우에는 납세지 관할세무서장이 조사확인한 재해발생일 현재의 가액에 의하여 이를 계산한다.

6. 전자계산서 발급전송 세액공제

구 분	대상자	내 용
전자계산서 발급전송 세액공제	사업자	다음 중 어느 하나에 해당하는 사업자가 전자계산서를 2027.12.31.까지 발급(전자계산서 발급명세를 전자계산서 발급일의 다음 날까지 국세청장에게 전송한 경우로 한정함)한 경우 [개정] (3년 연장) ① 해당 과세기간에 신규로 사업을 개시한 사업자 ② 직전 과세기간의 사업장별 총수입금액이 3억원 미만인 사업자 세액공제액(연간 한도 : 100만원) = 전자계산서 발급 건수 × 200원

> [사례] 기장세액공제
>
> (1) 사업자 유형 : 간편장부대상자
> (2) 종합소득금액 : 사업소득금액 30,000,000원(복식부기로 장부기장함)
>   기타소득금액 20,000,000원(복식부기로 장부기장함)
>   계   <u>50,000,000원</u>
> (3) 종합소득 산출세액 : 9,000,000원

- 기장세액공제액 : 1,000,000

$$9{,}000{,}000 \times \frac{30{,}000{,}000}{50{,}000{,}000} \times 20\% = 1{,}080{,}000 \rightarrow 한도 : 1{,}000{,}000$$

≪세부내용≫ 재해손실세액공제의 적용여부(소집행 58-118-4)

① 재해발생일 현재 과세기간의 종료로 납세의무가 성립하였으나 과세표준신고기한이 경과하지 아니한 소득세는 '부과할 소득세로서 납부할 소득세'에 해당하여 재해손실세액공제를 적용받을 수 있다.
② 소득세 중간예납세액으로 기납부한 세액 및 부가가치세액은 재해손실세액공제대상이 아니다.
③ 추계조사결정방법에 의하여 과세표준과 세액을 결정하는 경우에도 재해손실세액공제는 적용한다.

[정리] 소득별 세액공제

구 분	세액공제
이자소득	외국납부세액공제(<u>한도초과액은 10년간 이월공제</u>)* ※ 사업소득은 직접외국납부세액에 대해서 필요경비산입 선택 가능(의제외국납부세액 ×)
배당소득	배당세액공제
사업소득	기장세액공제, 재해손실세액공제, 전자계산서 발급전송 세액공제
근로소득	근로소득세액공제
연금소득	
기타소득	
퇴직소득	외국납부세액공제(<u>한도초과액은 이월공제 ×</u>) ※ 양도소득은 필요경비산입 선택 가능
양도소득	

* 사업자가 한도초과액을 이월공제기간 내에 공제받지 못한 경우 그 공제받지 못한 외국소득세액은 이월공제기간의 종료일 다음 날이 속하는 과세기간의 소득금액을 계산할 때 필요경비에 산입할 수 있음.

Ⅴ. 조세특례제한법상 세액공제

구 분	대상자	내 용
정치자금기부금 세액공제 (조특법 76조 ①)	거주자	거주자가 정치자금법에 따라 정당(같은 법에 따른 후원회 및 선거관리위원회 포함)에 기부한 정치자금 → 이월공제규정 없음 {| 정치자금기부금	세액공제액 | | 10만원 이하분 | 기부금액×100/110 | | 10만원 초과분* | 3천만원까지의 기부금액×15% +3천만원 초과분 기부금액×25% |} * 사업자의 경우 : 10만원 초과분은 세액공제를 적용하지 아니하고 이월결손금을 뺀 후의 소득금액 범위에서 필요경비에 산입함
고향사랑 기부금 세액공제 (조특법 58조)	거주자	거주자가「고향사랑 기부금에 관한 법률」에 따라 고향사랑 기부금을 지방자치단체에 기부한 경우 → 이월공제규정 없음 {| 고향사랑 기부금	세액공제액 | | 10만원 이하분 | 기부금×100/110 | | 10만원 초과 2천만원 이하분* 개정 | (기부금-10만원)×15%(특별재난지역의 경우 30%) 개정(안) |} * 사업자의 경우 : 10만원 초과분은 세액공제를 적용하지 아니하고 이월결손금을 뺀 후의 소득금액 범위에서 필요경비에 산입함
월세세액공제 (조특법 95조의2)	근로소득이 있는 거주자	과세기간 종료일 현재 주택을 소유하지 아니한 세대의 세대주(세대주가 월세세액공제, 주택자금공제를 받지 아니하는 경우에는 세대의 구성원을 말하며, 법령으로 정하는 외국인을 포함한다)로서 해당 과세기간의 총급여액이 8천만원 이하인 근로소득이 있는 거주자(해당 과세기간에 종합소득금액이 7천만원을 초과하는 사람은 제외)가 국민주택규모의 주택이거나 기준시가 4억원 이하인 주택(오피스텔 및 고시원업의 시설 포함)을 임차하기 위하여 월세액을 지급하는 경우 월세세액공제액=Min[월세액, 1천만원]×15%(또는 17%*) * 해당 과세기간의 총급여액이 5천 500만원 이하인 근로소득이 있는 근로자(종합소득금액이 4천5백만원을 초과하는 사람은 제외)의 경우 : 17%
성실사업자등의 의료비세액공제· 교육비세액공제· 월세세액공제 (조특법 122조의3)	조특법상 성실사업자와 성실신고 확인서 제출자	조세특례제한법상 성실사업자와 소득세법상 성실신고확인대상 사업자로서 성실신고확인서를 제출한 자는 2026.12.31.까지 다음의 세액공제액을 해당 과세연도의 사업소득에 대한 종합소득 산출세액에서 공제한다. (단, ①·②·③의 합계액이 해당 과세연도의 소득세를 초과하는 경우 그 초과금액은 없는 것으로 함) ① 의료비세액공제 : 의료비 지출액×15%(미숙아·선천성이상아 의료비는 20%, 난임시술비는 30%) ② 교육비세액공제 : 교육비 지출액×15% ③ 월세세액공제(종합소득금액이 7천만원 이하인 경우) : 　Min[월세액, 1천만원]×15%(종합소득금액이 4천500만원 이하인 경우는 17%) ☑ 의료비, 교육비 및 월세액은 근로소득자의 의료비('총급여액의 3%'는 '사업소득금액의 3%'로 함), 교육비(직업능력개발훈련비 제외) 및 월세액 규정을 준용하여 계산함

구 분	대상자	내 용
전자신고세액공제 (조특법 104조의8①)	납세자	납세자가 직접 전자신고의 방법으로 소득세, 양도소득세 또는 법인세 과세표준 신고를 하는 경우에는 해당 납부세액에서 2만원(소득세법에 따라 과세표준확정신고의 예외에 해당하는 자가 과세표준확정신고를 한 경우에는 추가로 납부하거나 환급받은 결정세액과 1만원 중 적은 금액)을 공제한다.
혼인세액공제 (조특법 92조) 신설	거주자	거주자가 2026.12.31. 이전에 혼인신고를 한 경우에는 1회(혼인신고 후 그 혼인이 무효가 되어 수정신고 또는 기한 후 신고를 한 경우는 제외함)에 한정하여 혼인신고를 한 날이 속하는 과세기간의 종합소득산출세액에서 50만원을 공제함

☞ 그 밖의 조세특례제한법상 세액공제 : 연구·인력개발비에 대한 세액공제, 통합투자세액공제 등 다수

> **사례** 성실사업자 등의 의료비세액공제·교육비세액공제 및 월세세액공제
>
> (1) 종합소득금액 : 사업소득금액 30,000,000원(총수입금액 80,000,000원),
>   금융소득금액 25,000,000원
> (2) 종합소득 산출세액 : 6,930,000원
> (3) 보험료 지출액 : 생명보험료(피보험자 : 본인) 1,500,000원
> (4) 의료비 지출액 : 장남(장애인)의 의료비 5,500,000원, 본인의 의료비 500,000원
> (5) 교육비 지출액 : 차남의 대학 교육비 10,000,000원, 삼남의 고등학교 교육비 3,500,000원
> (6) 국민주택규모의 주택을 임차하고 지급한 월세액 : 8,000,000원
>   (과세기간 종료일 현재 무주택 세대의 세대주임)

(1) 의료비세액공제

 일반 : 0 − 30,000,000 × 3% = △900,000 (700만원 한도)
 특정 : 5,500,000 + 500,000 = 6,000,000
   5,100,000 × 15% = 765,000

(2) 교육비세액공제

 대학 교육비 : ~~10,000,000~~ (9,000,000 한도)
 고등학교 교육비 : ~~3,500,000~~ (3,000,000 한도)
   12,000,000 × 15% = 1,800,000 ← 종합소득금액이 4,500만원 이하가 아님

(3) 월세세액공제 : Min[8,000,000, (한도) 10,000,000] × 15% = 1,200,000

(4) 세액공제 합계 : 3,765,000 ← 종합소득금액이 7천만원 이하인 경우 적용함

※ 세액공제 한도

 종합소득 산출세액 × $\dfrac{\text{사업소득금액}}{\text{종합소득금액}}$ = 사업소득에 대한 산출세액

 $6{,}930{,}000 \times \dfrac{30{,}000{,}000}{55{,}000{,}000} = 3{,}780{,}000$

☞ 보험료세액공제는 근로소득자만 적용함

✏️ 소득자별 공제대상 세액공제

구 분			근로소득자	사업자	그 외 종합소득자
소득세법상 세액공제	자녀세액공제		○	○	○
	연금계좌세액공제		○	○	○
	특별 세액 공제	보험료세액공제 의료비세액공제 교육비세액공제	○	×	×
		기부금세액공제	○	×*2)	○
		표준세액공제	13만원 (선택)*1)	7만원(성실사업자12만원)	7만원
	외국납부세액공제		○	○	○
	배당세액공제		×	×	×(배당소득자○)
	근로소득세액공제		○	×	×
	기장세액공제		×	○(간편장부대상자)	×
	재해손실세액공제		×	○	×
	전자계산서발급전송세액공제		×	○	×
조특법상 세액공제	정치자금기부금 세액공제		○	○(10만원 이하분)*3)	○
	고향사랑 기부금 세액공제		○	○(10만원 이하분)*4)	○
	의료비세액공제, 교육비세액공제		×	×(성실사업자 등○)*5)	×
	월세세액공제		○	×(성실사업자 등○)*5)	×

*1) 근로소득자는 '특별소득공제, 항목별 세액공제 및 월세세액공제'를 공제하지 않은 사람만 표준세액공제를 적용받는다.
*2) 사업자는 특례·일반기부금에 대하여 사업소득금액 계산시 필요경비에 산입한다. 다만, 연말정산대상 사업자는 기부금세액공제를 적용받는다.
*3) 사업자는 정치자금기부금에 대하여 10만원까지는 세액공제를 받고 10만원 초과분은 필요경비에 산입한다.
*4) 사업자는 고향사랑 기부금에 대하여 10만원까지는 세액공제를 받고 10만원 초과분은 필요경비에 산입한다.
*5) 조세특례제한법상 성실사업자와 소득세법상 성실신고확인대상사업자로서 성실신고확인서를 제출한 자를 말한다. 의료비세액공제, 교육비세액공제 및 월세세액공제를 적용받으면 표준세액공제(성실사업자 12만원, 성실신고확인대상사업자 7만원)를 적용받지 못한다.

VI. 세액감면

구 분	소득세법상 감면대상(소법59조의25)	감면율
근로소득	정부 간의 협약에 따라 우리나라에 파견된 외국인이 그 양쪽 또는 한쪽 당사국의 정부로부터 받는 급여	100%
사업소득	거주자 중 대한민국의 국적을 가지지 아니한 자가 선박과 항공기의 외국항행사업으로부터 얻는 소득(상호면세주의에 의함)	100%

✏️ 조세특례제한법에 따른 세액감면 : 중소기업 특별세액감면 등 다수를 규정하고 있음

☑ **세액감면과 세액공제 적용 순서** : 세액감면과 세액공제가 중복되면 다음과 같은 순서에 따라 적용한다.

> ① 세액감면 → ② 이월공제되지 않는 세액공제 → ③ 이월공제되는 세액공제*

* 이월공제되는 세액공제 중에서는 이월된 세액공제를 당기의 세액공제보다 먼저 공제하고, 그 이월된 미공제 금액 간에 중복되는 경우에는 먼저 발생한 것부터 차례대로 공제한다.

📖 **세액감면액 및 세액공제액이 산출세액을 초과하는 경우 적용방법**

(1) 근로소득에 대한 종합소득 산출세액을 한도로 하는 세액공제

> 보험료세액공제, 의료비세액공제, 교육비세액공제 및 월세세액공제의 합계액이 그 거주자의 해당 과세기간의 근로소득에 대한 종합소득 산출세액을 초과하는 경우 그 초과하는 금액은 없는 것으로 한다.
>
> $$\text{종합소득 산출세액} \times \frac{\text{근로소득금액}}{\text{종합소득금액}} = \text{근로소득에 대한 종합소득 산출세액(한도)}$$

(2) 원천징수세율 적용 금융소득금액을 제외한 종합소득 산출세액을 한도로 하는 세액공제

> 자녀세액공제액, 연금계좌세액공제액, 특별세액공제액, 조세특례제한법상 정치자금기부금세액공제, 고향사랑기부금세액공제액 및 우리사주조합기부금세액공제액의 합계액이 그 거주자의 해당 과세기간의 합산과세되는 종합소득 산출세액(원천징수세율을 적용받는 이자소득금액과 배당소득금액에 대한 산출세액 제외)을 초과하는 경우 그 초과하는 금액은 없는 것으로 한다. 개정
>
> 공제기준산출세액(한도)
> $$= \text{종합소득 산출세액} - \text{종합소득 산출세액} \times \frac{\text{원천징수세율 적용 이자·배당소득금액 합계액}}{\text{종합소득금액}}$$
>
> 다만, 그 초과한 금액에 기부금세액공제액이 포함되어 있는 경우 해당 기부금과 일반기부금한도액을 초과하여 공제받지 못한 기부금은 해당 과세기간의 다음 과세기간의 개시일부터 10년 이내에 끝나는 각 과세기간에 이월하여 기부금세액공제액을 계산하여 그 금액을 공제기준산출세액에서 공제한다.

(3) 종합소득 산출세액을 한도로 하는 세액공제 및 세액감면

> 종합소득 산출세액
> (−) 소득세법·조세특례제한법상 공제감면세액 … 산출세액을 한도로 공제함*
> ─────────────────────
> 종합소득 결정세액   … ≥0

* 소득세법 또는 조세특례제한법에 따른 감면액 및 세액공제액의 합계액이 해당 과세기간의 합산과세되는 종합소득 산출세액을 초과하는 경우 그 초과하는 금액은 없는 것으로 보고, 그 초과하는 금액을 한도로 연금계좌세액공제를 받지 아니한 것으로 본다. 다만, 재해손실세액공제액이 종합소득 산출세액에서 다른 세액감면액 및 세액공제액을 뺀 후 가산세를 더한 금액을 초과하는 경우 그 초과하는 금액은 없는 것으로 본다.

✎ **최저한세**

> 사업소득에 대하여 조세특례제한법상 최저한세적용대상인 조세특례 및 감면을 받은 경우
>
> $$\text{최저한세} = \begin{matrix}\text{최저한세대상인 조세특례 및} \\ \text{감면을 적용하기 전 산출세액}\end{matrix} \times \begin{pmatrix} \text{3천만원 이하분 35\%} \\ \text{3천만원 초과분 45\%} \end{pmatrix}$$

8 퇴직소득세

구 분	내 용
(1) 퇴직소득의 범위	퇴직소득은 해당 과세기간에 발생한 다음의 소득으로 한다. ① 사용자 부담금을 기초로 하여 현실적인 퇴직을 원인으로 지급받는 소득 ② 공적연금 관련법에 따라 받는 일시금(2002.1.1. 이후 납입분에 대한 금액) ③ 공적연금 관련법에 따른 일시금을 지급하는 자가 퇴직소득의 일부 또는 전부를 지연하여 지급하면서 지연지급에 대한 이자를 함께 지급하는 경우 해당 이자 ④ 「과학기술인공제회법」에 따라 지급받는 과학기술발전장려금 ⑤ 「건설근로자의 고용개선 등에 관한 법률」에 따라 지급받는 퇴직공제금 ⑥ 종교관련 종사자가 현실적인 퇴직을 원인으로 종교단체로부터 지급받는 소득 ⑦ 2016.1.1. 이후 가입한 소기업·소상공인 공제부금에서 발생한 소득(법정사유)
(2) 퇴직판정의 특례	퇴직으로 보지 않는 경우 : 다음 중 어느 하나에 해당하는 사유가 발생했으나 퇴직급여를 실제로 받지 않은 경우는 퇴직으로 보지 않을 수 있다. ① 종업원이 임원이 된 경우 ② 합병·분할 등 조직변경, 사업양도, 직·간접으로 출자관계에 있는 법인으로의 전출 또는 동일한 사업자가 경영하는 다른 사업장으로의 전출이 이루어진 경우 ③ 법인의 상근임원이 비상근임원이 된 경우 ④ 비정규직 근로자(기간제근로자 또는 단시간근로자)가 정규직 근로자(근로기준법에 따라 근로계약을 체결한 근로자로서 비정규직 근로자가 아닌 근로자)로 전환된 경우 퇴직한 것으로 보는 경우 : 계속근로기간 중에 다음의 사유로 퇴직급여를 미리 지급받은 경우(임원인 근로소득자 포함)에는 그 지급받은 날에 퇴직한 것으로 본다. ① 「근로자퇴직급여 보장법 시행령」에 따른 퇴직금의 중간정산 사유에 해당하는 경우 ② 「근로자퇴직급여 보장법」에 따라 퇴직연금제도가 폐지되는 경우
(3) 공적연금일시금	1) 국민연금 일시금(국민연금과 직역연금의 연계연금 포함) 과세기준금액 : Min[①, ②] ① 과세기준일* 이후 납입한 기여금 또는 개인부담금(사용자부담분 포함)의 누계액과 이에 대한 이자 및 가산이자 ② 실제 지급받은 일시금 − 과세기준일 이전에 납입한 기여금 또는 개인부담금 2) 직역연금 일시금 과세기준금액 = 과세기간 일시금 수령액 × $\dfrac{\text{과세기준일* 이후 기여금 납입월수}}{\text{총기여금 납입월수}}$ * 공적연금 일시금(퇴직소득세가 과세되었거나 비과세 소득인 경우만 해당함)을 반납하고 공적연금 관련법에 따라 재직기간, 복무기간 또는 가입기간을 합산한 경우에는 재임용일 또는 재가입일을 과세기준일로 보아 계산한다. 3) 과세제외기여금등이 있는 경우의 공적연금 일시금 공적연금 일시금 = 과세기준금액 − 과세기준일(2002.1.1.)이후 과세제외기여금등

≪세부내용≫ 소기업·소상공인 공제부금에서 발생하는 소득(조특법 86조의3)

구 분		2015.12.31. 이전 공제가입자[*2]	2016.1.1. 이후 공제가입자
납입시(소득공제)		종합소득금액에서 연 300만원 한도로 소득공제	사업소득금액(또는 근로소득금액)에서 일정액을 한도로 소득공제(p106 참조)
수령시	법정 사유[*1]	이자소득 =환급금−납부액(소득공제 불문)	퇴직소득[*3] =환급금−소득공제받지 못한 납부액
	위 외의 경우	기타소득 =환급금−소득공제받지 못한 납부액	(좌 동)

*1) 법정 사유
① 소기업·소상공인의 폐업 또는 법인의 해산
② 공제 가입자의 사망
③ 법인의 대표자의 지위에서 공제에 가입한 자가 그 법인의 대표자의 지위 상실
④ 60세 이상으로 공제부금 납입월수가 120개월 이상인 공제 가입자가 공제금의 지급 청구
⑤ 「중소기업협동조합법 시행령」 제37조 제1항 제5호부터 제8호까지의 어느 하나에 해당하는 사유
⑥ 해지 전 6개월 이내에 발생한 '천재지변의 발생, 공제가입자의 「해외이주법」에 따른 해외이주, 공제가입자의 3월 이상의 입원치료 또는 요양을 요하는 상해·질병의 발생, 중소기업중앙회의 해산, <u>10년 이상 공제가입자의 법령으로 정하는 경영악화(2025.7.1.이후 시행)</u>, 공제가입자가 「재난 및 안전관리 기본법」상 사회재난 중 특별재난지역으로 선포된 지역의 재난으로 15일 이상의 입원 치료가 필요한 피해를 입은 경우'에 해당하는 사유 개정 (안)

*2) 2015.12.31. 이전 공제 가입자에 대해서는 종전의 규정에 따른다. 다만, 2015.12.31. 이전에 중소기업중앙회에 개정규정의 적용을 신청하는 경우에는 2016.1.1.부터 개정규정을 적용한다.

*3) 근속연수는 공제부금 납입월수를 12로 나누어 계산한 납입연수(1년 미만의 기간은 1년으로 봄)로 한다. 다만, 공제금을 중간정산하여 지급받은 경우에는 그 정산일 후의 납입월수를 12로 나누어 계산한 연수(1년 미만의 기간은 1년으로 봄)로 한다.

[정리] 임원의 퇴직소득(퇴직위로금·퇴직공로금 등 포함)

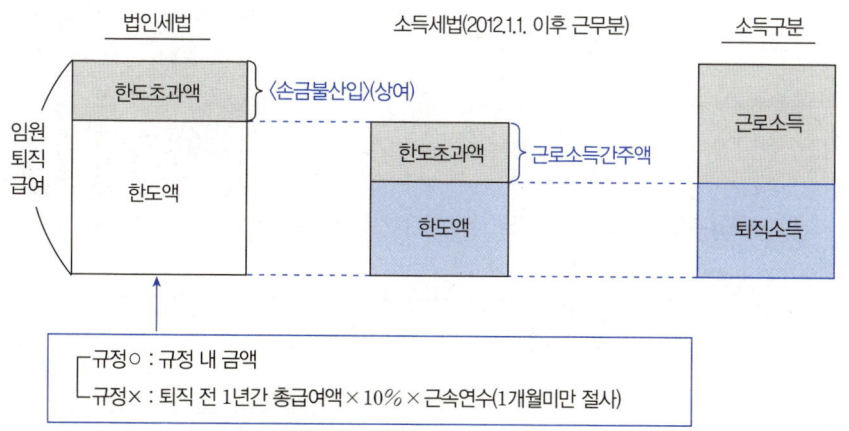

구 분	내 용
(4) 임원의 퇴직 소득 한도액	법인세법상 임원의 퇴직소득금액(공적연금 관련법에 따라 받는 일시금은 제외하며, 2011.12.31.에 퇴직하였다고 가정할 때 지급받을 퇴직소득금액[*1]이 있는 경우에는 그 금액을 뺀 금액) 중 임원퇴직소득 한도액을 초과하는 금액은 근로소득으로 본다. 임원퇴직소득 한도액 = 2019.12.31.부터 소급하여 3년[*2] 동안 지급받은 총급여[*4]의 연평균 환산액 $\times 10\% \times \dfrac{2012.1.1.부터\ 2019.12.31.까지의\ 근무기간[*5]}{12} \times 3$ $+$ 퇴직한 날부터 소급하여 3년[*3] 동안 지급받은 총급여[*4]의 연평균 환산액 $\times 10\% \times \dfrac{2020.1.1.\ 이후의\ 근무기간[*5]}{12} \times 2$ *1) 2011.12.31.에 퇴직하였다고 가정할 때 지급받을 퇴직소득금액 : ①과 ② 중 선택한 금액 ① 퇴직소득금액 $\times \dfrac{2011.12.31.\ 이전\ 근무기간[*5]}{전체\ 근무기간[*5]}$ ② 2011.12.31.에 정관 또는 정관의 위임에 따른 임원 퇴직급여지급규정이 있는 법인의 임원이 2011.12.31.에 퇴직한다고 가정할 때 해당 규정에 따라 지급받을 퇴직소득금액 *2) 2012.1.1.부터 2019.12.31.까지의 근무기간이 3년 미만인 경우 : 해당 근무기간으로 함 *3) 2020.1.1.부터 퇴직한 날까지의 근무기간이 3년 미만인 경우 : 해당 근무기간으로 함 *4) 총급여 : 봉급·급료·보수·세비·임금·상여·수당과 이와 유사한 성질의 급여와 잉여금처분에 의한 상여금의 합계액(비과세소득 제외)을 말한다. 총급여에는 근무기간 중 해외현지법인에 파견되어 국외에서 지급받는 급여를 포함한다. 다만, 정관 또는 정관의 위임에 따른 임원의 급여지급 규정이 있는 법인의 주거보조비, 교육비수당, 특수지수당, 의료보험료, 해외체재비, 자동차임차료 및 실의료비 및 이와 유사한 급여로서 해당 임원이 국내에서 근무할 경우 국내에서 지급받는 금액을 초과해 받는 금액은 제외한다. *5) 근무기간 : 개월 수로 계산한다. 이 경우 1개월 미만의 기간은 1개월로 본다.
(5) 비과세 소득	비과세 근로소득에 대한 규정을 준용
(6) 퇴직소득세 계산구조	(퇴직소득금액 − 근속연수공제[*1]) ÷ 근속연수 × 12 = 환 산 급 여 └→ 퇴직소득공제 ←──────── (−) 환 산 급 여 공 제[*2] 퇴 직 소 득 과 세 표 준 × 기본세율 ÷ 12 × 근속연수 퇴 직 소 득 산 출 세 액 (−) 외 국 납 부 세 액 공 제 퇴 직 소 득 결 정 세 액* * 원천납부세액이 있는 경우 차감하여 차감납부세액 계산 *1) 근속연수공제 | 근속연수*	공제액
5년 이하	100만원 × 근속연수
5년 초과 10년 이하	500만원 + 200만원 × (근속연수 − 5년)
10년 초과 20년 이하	1천500만원 + 250만원 × (근속연수 − 10년)
20년 초과	4천만원 + 300만원 × (근속연수 − 20년) | * 근속연수는 근로를 제공하기 시작한 날 또는 퇴직소득중간지급일의 다음 날부터 퇴직한 날까지로 한다. 다만, 퇴직급여를 산정할 때 근로기간으로 보지 아니한 기간은 근속연수에서 제외한다. 근속연수 계산시 1년 미만은 1년으로 한다.

구 분	내 용
	*2) 환산급여공제

환산급여	공제액
8백만원 이하	환산급여×100%
8백만원 초과 7천만원 이하	8백만원+(8백만원 초과분의 60%)
7천만원 초과 1억원 이하	4천 520만원+(7천만원 초과분의 55%)
1억원 초과 3억원 이하	6천 170만원+(1억원 초과분의 45%)
3억원 초과	1억 5천 170만원+(3억원 초과분의 35%)

Check

사례1 임원의 퇴직소득 한도초과액(근로소득 해당액)

(1) 거주자 갑(임원) : 입사일 2018.1.1. 퇴사일 2025.6.30.
(2) 법인의 퇴직금지급규정에 따라 퇴직금 250,000,000원을 수령하고, 별도로 퇴직위로금 8,000,000원을 수령함
(3) 과세기간별 총급여액
  ① 2018.1.1.~ 2019.12.31. : 매년 100,000,000원
  ② 2020.1.1.~ 2024.12.31. : 매년 150,000,000원(매월 균등액 수령)
  ③ 2025.1.1.~ 2025. 6.30. : 90,000,000원

(1) 퇴직소득 한도액

$100,000,000^{*1)} \times 10\% \times \dfrac{24}{12}^{*2)} \times 3 + 155,000,000^{*3)} \times 10\% \times \dfrac{66}{12}^{*4)} \times 2 = 230,500,000$

*1) 2018.1.1.~2019.12.31. : (100,000,000+100,000,000)÷2=100,000,000
*2) 2018.1.1.~2019.12.31.의 근무기간 : 2년 → 24개월
*3) 2022.7.1.~2025.6.30. : {(150,000,000÷12×6)+150,000,000+150,000,000+90,000,000)}÷3
   =155,000,000
*4) 2020.1.1.~2025.6.30.의 근무기간 : 5년 6개월 → 66개월

(2) 퇴직소득 한도초과액(근로소득 해당액) : 8,000,000+(250,000,000−230,500,000)=27,500,000

사례2 퇴직소득세

(1) 퇴직급여 : 51,000,000원
(2) 입사일 2022.1.10. 퇴사일 2025.12.30.

근속연수공제

(51,000,000−4,000,000)÷4년×12=141,000,000 (환산급여)
(−) 80,150,000* (환산급여공제)
60,850,000 (과세표준)
×기본t÷12×4년
2,948,000 (산출세액)

* 61,700,000+(141,000,000−100,000,000)×45%=80,150,000

구 분	내 용
(7) 퇴직소득의 수입시기	① 일반적인 경우 : 퇴직한 날(현실적인 퇴직일) ② 국민연금법에 따른 일시금과「건설근로자의 고용개선 등에 관한 법률」에 따라 지급받는 퇴직공제금의 경우 : 소득을 지급받는 날(분할하여 지급받는 경우에는 최초로 지급받는 날)
(8) 퇴직소득 과세방법	

	원천징수	① 원 칙 : 원천징수의무자가 퇴직소득을 지급할 때에는 그 퇴직소득 과세표준에 원천징수세율을 적용하여 계산한 소득세를 징수한다. ② 과세이연 : 거주자의 퇴직소득이 다음 중 어느 하나에 해당하는 경우에는 해당 퇴직소득에 대한 소득세를 연금외수령하기 전까지 원천징수하지 아니한다. 이 경우 퇴직소득세가 이미 원천징수된 경우 해당 거주자는 원천징수세액에 대한 환급을 신청할 수 있다. ㈎ 퇴직일 현재 연금계좌에 있거나 연금계좌로 지급되는 경우 ㈏ 퇴직하여 지급받은 날부터 60일 이내에 연금계좌에 입금되는 경우
	퇴직소득세의 정산	① 해당 과세기간에 이미 지급받은 퇴직소득 등에 대하여 정산하는 퇴직소득세는 이미 지급된 퇴직소득과 자기가 지급할 퇴직소득을 합계한 금액(이하 '퇴직소득누계액')에 대하여 퇴직소득세액을 계산한 후 이미 지급된 퇴직소득에 대한 세액을 뺀 금액으로 한다. ② ①에도 불구하고 이미 지급된 퇴직소득 중 이연퇴직소득이 있는 퇴직자가 퇴직소득을 지급받는 경우에는 정산하는 퇴직소득세는 다음 계산식에 따라 계산한 금액으로 한다. 이 경우 퇴직자는 퇴직소득에 대한 원천징수영수증을 원천징수의무자에게 제출할 때 연금계좌취급자로부터 발급받은 연금계좌 현황자료를 함께 제출하거나 연금계좌취급자로 하여금 해당 연금계좌 현황자료를 원천징수의무자에게 제출하게 해야 한다. 개정 (2025.7.1. 이후 시행) $$A-(B+C+D)$$ A : 퇴직소득누계액에 대한 퇴직소득세액 B : 정산전이연퇴직소득세액 = 퇴직소득누계액에 대한 퇴직소득세액 $$\times \frac{\text{정산 전까지의 이연퇴직소득 누계액에서 정산 전까지 인출한 이연퇴직소득 누계액을 뺀 금액}}{\text{퇴직소득누계액}}$$ C : 정산 전까지 지급된 퇴직소득에 대해 원천징수된 세액(환급된 원천징수세액 및 정산 전까지 인출한 이연퇴직소득에 대한 원천징수세액은 제외한다) D : 정산 전까지 인출한 이연퇴직소득을 전액 연금외수령하였다고 가정할 때 계산한 원천징수세액 ③ 퇴직소득세를 정산하는 경우의 근속연수는 이미 지급된 퇴직소득에 대한 근속연수와 지급할 퇴직소득의 근속연수를 합산한 월수에서 중복되는 기간의 월수를 뺀 월수에 따라 계산한다.
	확정신고	다음 연도 5월 1일부터 5월 31일까지 확정신고하여야 한다. 해당 과세기간의 퇴직소득 과세표준이 없을 때에도 확정신고를 하여야 한다. ※ 단, 퇴직소득 원천징수 및 세액정산의 규정에 따라 퇴직소득에 대한 소득세를 납부한 자는 확정신고하지 않아도 된다.

이연퇴직소득세의 계산

구 분	내 용
이연퇴직소득세 계산	원천징수하지 아니하거나 환급하는 퇴직소득세(이연퇴직소득세)는 다음의 계산식(다만, 환급하는 경우의 퇴직소득금액은 원천징수세액을 뺀 금액으로 함)에 따라 계산한다. $$\text{퇴직소득 산출세액} \times \frac{\text{연금계좌로 지급 또는 입금된 금액}}{\text{퇴직소득금액}}$$
이연퇴직소득을 연금외수령하는 경우의 원천징수	이연퇴직소득을 연금외수령하는 경우 원천징수의무자는 다음의 계산식에 따라 계산한 이연퇴직소득세를 원천징수하여야 한다. $$\text{연금외수령 당시 이연퇴직소득세}^* \times \frac{\text{연금외수령한 이연퇴직소득}}{\text{연금외수령 당시 이연퇴직소득}}$$ * 연금외수령 당시 이연퇴직소득세란 해당 연금외수령 전까지의 이연퇴직소득세 누계액에서 인출한 이연퇴직소득의 누계액("인출퇴직소득누계액")에 대한 세액을 뺀 금액을 말하며, 인출퇴직소득 누계액에 대한 세액은 다음의 계산식에 따라 계산한 금액으로 한다. $$\text{이연퇴직소득세 누계액} \times \frac{\text{인출퇴직소득누계액}}{\text{이연퇴직소득누계액}}$$ 위의 계산식을 적용할 때 해당 연금외수령 전까지 퇴직소득세액을 정산한 경우에는 정산후이연퇴직소득세액을 이연퇴직소득세 누계액으로 하고, 정산 전까지 인출한 이연퇴직소득은 이연퇴직소득 누계액 및 인출퇴직소득 누계액에 산입하지 않는다. 개정 (2025.7.1. 이후 시행)

사례 이연퇴직소득세

(1) 퇴직급여 : 65,500,000원
(2) 원천징수세액 : 퇴직소득 산출세액 5,000,000원, 개인지방소득세 500,000원
(3) 퇴직급여 중 36,000,000원을 지급받은 날부터 60일 이내 연금계좌에 입금함

- 이연퇴직소득세(환급하는 퇴직소득세)

$$5,000,000 \times \frac{36,000,000}{(65,500,000 - 5,500,000)} = 3,000,000$$

※ 개인지방소득세 환급세액 : 3,000,000 × 10% = 300,000

이연퇴직소득 36,000,000원 중 연금외수령한 금액 12,000,000원

- 원천징수할 이연퇴직소득세

$$3,000,000 \times \frac{12,000,000}{36,000,000} = 1,000,000$$

이연퇴직소득 24,000,000원 중 연금외수령한 금액 9,600,000원

- 원천징수할 이연퇴직소득세

$$(3,000,000 - 1,000,000) \times \frac{9,600,000}{24,000,000} = 800,000$$

양도소득세

Ⅰ. 양도소득세의 과세대상

구 분			내 용
양도소득의 범위		부동산 등 일정한 자산의 양도	┌ 사업활동인 경우 ………… 사업소득 └ 사업활동이 아닌 경우 …… 양도소득
과세대상자산	1그룹	부동산	토지, 건물(부속된 시설물과 구축물 포함)
		부동산에 관한 권리	① 지상권과 전세권 : 등기 불문 ② 등기된 부동산임차권 : 등기된 경우에만 양도소득세 과세 ③ 부동산을 취득할 수 있는 권리(예 아파트당첨권, 토지상환채권, 주택상환채권, 부동산매매계약을 체결한 자가 계약금만 지급한 상태에서 양도하는 권리)
		기타자산	① 부동산과다보유법인의 주식(특정주식A)주1) ② 부동산과다보유 특정업종법인의 주식(특정주식 B)주1) ③ 특정시설물이용권(주주회원권주1) 포함)(예 골프회원권, 콘도회원권, 헬스클럽이용권) ④ 사업에 사용하는 부동산 및 부동산에 관한 권리와 함께 양도하는 영업권 ⑤ 부동산과 함께 양도하는 이축권[단, 해당 이축권 가액을 감정평가법인등이 감정하여 그 감정가액(둘 이상인 경우는 평균액)을 구분하여 신고하는 경우는 제외]

	2그룹	일반주식주1)
		(기타자산에 해당하는 주식 제외)
			① 상장주식
			  (가) 대주주가 양도하는 주식
			  (나) 대주주에 해당하지 아니하는 자가 증권시장에서의 거래에 의하지 아니하고 양도하는 주식(다만, 상법에 따른 주식의 포괄적 교환·이전 또는 주식의 포괄적 교환·이전에 대한 주식매수청구권 행사로 양도하는 주식은 제외)
			② 비상장주식 : 다음의 주식을 제외하고 과세
			  (가) 대주주 외의 자가 장외시장(Korea Over-The-Counter : K-OTC)에서 장외매매거래로 양도하는 중소·중견기업*의 주식
			    * 양도일 현재 중소기업기본법에 따른 중소기업과 조특법상 중견기업을 말함.
			  (나) 조세특례제한법상 요건을 충족한 벤처기업 등의 주식(조특법 14조)
			③ 해외주식 : 외국법인이 발행하였거나 외국에 있는 시장에 상장된 주식[우리나라의 증권시장에 상장된 주식등과 기타자산에 해당하는 주식등은 제외하고, 내국법인이 발행한 주식등(국외 예탁기관이 발행한 증권예탁증권 포함)으로서 해외 증권시장에 상장된 것은 포함한다]

	3그룹	파생상품등	다음 중 어느 하나에 해당하는 파생결합증권, 장내파생상품 또는 장외파생상품의 거래 또는 행위로 발생하는 소득(파생금융상품의 이자와 파생금융상품의 배당은 제외) ①「자본시장과 금융투자업에 관한 법률」에 따른 장내파생상품으로서 증권시장 또는 이와 유사한 시장으로서 외국에 있는 시장을 대표하는 종목을 기준으로 산출된 지수(해당 지수의 변동성을 기준으로 산출된 지수 포함)를 기초자산으로 하는 상품 ② 차액결제거래(Contract For Difference ; CFD) ③ 주식워런트증권(Equity-Linked Warrant ; ELW) ④ 해외 파생상품시장에서 거래되는 파생상품 ⑤「자본시장과 금융투자업에 관한 법률」에 따른 장외파생상품으로서 경제적 실질이 ①에 따른 장내파생상품과 동일한 상품

주1) 주식의 구분 : 주식은 기타자산인 주식(특정주식과 주주회원권)과 일반주식으로 구분하며, 기타자산인 주식은 기본세율이, 일반주식은 비례세율 또는 2단계 초과누진세율이 적용됨

구 분		내 용
4그룹	신탁 수익권	신탁의 이익을 받을 권리(수익증권 및 투자신탁의 수익권 등 대통령령으로 정하는 수익권[주2] 제외, 이하 '신탁 수익권')의 양도로 발생하는 소득. 다만, 신탁 수익권의 양도를 통하여 신탁재산에 대한 지배·통제권이 사실상 이전되는 경우는 신탁재산 자체의 양도로 본다.

주2) 투자신탁의 수익권 등 대통령령으로 정하는 수익권(양도소득세 과세대상 아님)
① 금전신탁계약의 수익권 또는 수익증권
② 투자신탁의 수익권 또는 수익증권으로서 해당 수익권 또는 수익증권의 양도로 발생하는 소득이 배당소득으로 과세되는 수익권 또는 수익증권
③ 신탁의 이익을 받을 권리에 대한 양도로 발생하는 소득이 배당소득으로 과세되는 수익권 또는 수익증권
④ 위탁자의 채권자가 채권담보를 위하여 채권 원리금의 범위 내에서 선순위 수익자로서 참여하고 있는 경우 해당 수익권(신탁 수익자명부 변동상황명세서 제출해야 함)

정리1 등기된 부동산임차권

임차권 양도 ─ 등기분 : 양도소득
           └ 미등기분 ─ 점포임차권 : 기타소득
                       └ 이외 : 과세제외

정리2 이축권

이축권 양도 ─ 토지·건물과 함께 양도하는 경우* : 양도소득
           └ 위 외의 경우 : 기타소득

* 해당 이축권에 대해서 감정평가법인등이 감정한 가액이 있는 경우 그 가액(감정가액이 둘 이상인 경우 그 감정가액의 평균액)을 구분하여 신고하는 경우는 제외한다(→ 기타소득으로 구분).

≪세부내용1≫ 대주주의 범위

대주주란 주식양도일의 직전 사업연도 종료일(주식등의 양도일이 속하는 사업연도에 새로 설립된 법인의 경우에는 해당 법인의 설립등기일) 현재 지분율이나 시가총액이 다음에 해당하는 자를 말한다. ☞ 대주주 판단기준은 ≪세부내용2≫ 참조

구 분		대주주(지분율 또는 시가총액 중 어느 하나를 갖춘 자)	
		지분율*	시가총액
상장주식	유가증권시장	1% 이상	50억원 이상 **24개정** (2024.12.31. 개정하여 2025.1.1. 이후 계속 적용함)
	코스닥시장	2% 이상	
	코넥스시장	4% 이상	
비상장주식		4% 이상	

* 직전 사업연도 종료일에 지분율이 위의 비율 미만이었으나, 그 후 주식을 취득함으로써 위의 비율 이상이 된 경우에는 그 취득일부터 대주주로 본다.

특정주식 A, B

구 분	내 용
특정주식 A	법인의 자산총액 중 부동산과 부동산권리의 비율*1)이 50% 이상인 법인의 과점주주*2)가 주식을 양도하는 날부터 소급하여 3년 이내 그 법인의 주식의 50% 이상을 해당 과점주주 외의 자에게 양도하는 경우(과점주주가 다른 과점주주에게 양도한 후 양수한 과점주주가 과점주주 외의 자에게 다시 양도하는 경우*3) 포함)에 해당주식 *1) 부동산과 부동산권리의 비율 계산 시 해당 법인이 직접 또는 간접으로 보유한 다른 부동산과다보유법인의 주식가액(부동산 등 보유비율 상당액)을 부동산과 부동산권리의 가액에 더한다. *2) 과점주주 : 법인의 주주 1인과 주권상장법인기타주주 또는 주권비상장법인기타주주가 소유하고 있는 주식등의 합계액이 해당 법인의 주식등의 합계액의 50%를 초과하는 경우 그 주주 1인과 주권상장법인기타주주 또는 주권비상장법인기타주주 *3) 과점주주가 해당 법인의 주식등의 50% 이상을 과점주주 외의 자에게 양도한 주식등 중에서 양도하는 날(여러 번에 걸쳐 양도하는 경우에는 그 양도로 양도한 주식등이 전체 주식등의 50% 이상이 된 날을 말함)부터 소급해 3년 내에 해당 법인의 과점주주 간에 해당 법인의 주식등을 양도한 경우를 말한다.
특정주식 B	자산총액 중 부동산과 부동산 권리의 비율*이 80% 이상인 특정업종(골프장, 스키장, 휴양콘도사업, 전문휴양시설업)의 법인 주식 → 1주 양도 시에도 과세 * 부동산과 부동산 권리의 비율 계산 시 해당 법인이 직접 또는 간접으로 보유한 다른 부동산과다보유 특정업종법인의 주식가액(부동산등 보유비율 상당액)을 부동산과 부동산 권리의 가액에 더한다.

양도

구 분	내 용
양도의 개념	양도 : 자산에 대한 등기·등록과 관계없이 매도, 교환, 현물출자, 대물변제, 경매, 수용 등을 통하여 그 자산을 유상으로 사실상 이전하는 것 부동산 등의 이전 ┌ 유상이전 …… 양도자에게 양도소득세 과세 　　　　　　　　 └ 무상이전 …… 수증자에게 증여세(영리법인은 법인세) 과세
양도로 보지 않는 것	① 도시개발법이나 그 밖의 법률에 따른 환지처분으로 지목 또는 지번이 변경되거나 보류지로 충당되는 경우 ② 토지의 경계를 변경하기 위하여 다음의 요건을 모두 충족하는 토지 교환의 경우 　(가) 토지 이용상 불합리한 지상 경계를 합리적으로 바꾸기 위하여 「공간정보의 구축 및 관리 등에 관한 법률」이나 그 밖의 법률에 따라 토지를 분할하여 교환할 것 　(나) (가)에 따라 분할된 토지의 전체 면적이 분할 전 토지의 전체 면적의 20%를 초과하지 아니할 것 ③ 위탁자와 수탁자 간 신임관계에 기하여 위탁자의 자산에 신탁이 설정되고 그 신탁재산의 소유권이 수탁자에게 이전된 경우로서 위탁자가 신탁 설정을 해지하거나 신탁의 수익자를 변경할 수 있는 등 신탁재산을 실질적으로 지배하고 소유하는 것으로 볼 수 있는 경우 ④ 양도담보의 경우(다만, 양도담보계약을 체결한 후 양도담보요건에 위배하거나 채무불이행으로 인하여 해당 자산을 채무변제에 충당한 때에는 그때에 양도한 것으로 봄) ⑤ 법원의 확정판결에 의한 신탁해지를 원인으로 하는 소유권이전등기를 하는 경우 ⑥ 매매원인무효의 소에 의하여 그 매매사실이 원인무효로 판시되어 환원될 경우 ⑦ 공동소유의 토지를 소유지분별로 단순히 분할만 하는 경우(다만, 공유지분이 변경되는 경우에는 변경되는 부분은 양도로 봄) ⑧ 본인 소유자산을 경매 등으로 자기가 재취득하는 경우(소집행 88-152-3) ⑨ 혼인 중 형성된 실질적인 부부공동재산을 재산분할 청구권의 행사에 따라 소유권이 이전되는 경우(다만, 이혼위자료로 소유권을 이전하는 부분은 양도로 봄)

≪세부내용2≫ 대주주 판단 기준

구 분	대주주 판단 기준
최대주주*인 경우	주주 1인(법인 제외, 이하 같음)과 기타주주[친족관계(국기령 1조의2 1항)·경영지배관계(국기령 1조의2 3항 1호)]의 지분율 합계 또는 시가총액의 합계 → 주권상장법인대주주와 주권비상장법인의 대주주 동일함 [개정]
최대주주가 아닌 경우	① 주권상장법인대주주 : 주주 1인(본인) 보유 주식 ② 주권비상장법인의 대주주 : 주주1인과 기타주주[직계존비속, 배우자(사실상의 혼인관계에 있는 사람 포함), 경영지배관계(국기령 1조의2 3항 1호)]의 지분율 합계 또는 시가총액의 합계

* 최대주주 : 주식의 양도일이 속하는 사업연도의 직전 사업연도 종료일 현재 주주 1인 및 그와 「법인세법 시행령」 제43조 제8항 제1호에 따른 특수관계에 있는 자(같은 호를 적용할 때 친족은 친족관계(국기령 1조의2 1항)의 어느 하나에 해당하는 사람으로 한정하며, 이하 '주주 1인등'이라 함)의 소유주식의 비율 합계가 해당 법인의 주주 1인등 중에서 최대인 경우

사례1 부동산과다보유 특정업종법인의 주식(특정주식 B)

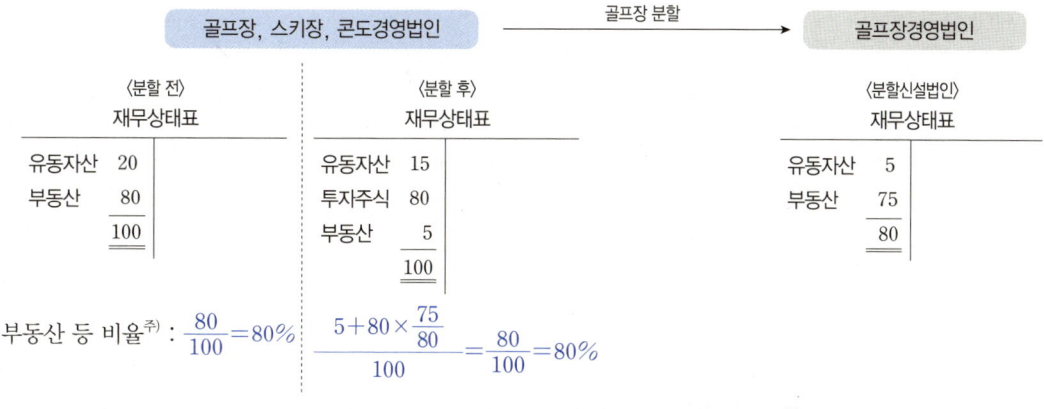

$$주) \frac{부동산 \cdot 부동산권리가액 + \left(투자주식가액^{*1)} \times \frac{다른\ 법인\ 부동산 \cdot 부동산권리가액^{*2)}}{다른\ 법인\ 총자산가액}\right)}{자산총액}$$

*1) 해당 법인이 직접 또는 간접으로 보유한 다른 법인의 주식가액
*2) 다른 법인이 보유하고 있는 국세기본법 시행령(1조의2 ③ 2호, ④)에 따른 경영지배관계에 있는 법인이 발행한 주식가액에 그 경영지배관계에 있는 법인의 부동산등 보유비율을 곱하여 산출한 가액을 더한다.

사례2 이혼시 재산이전 과세여부

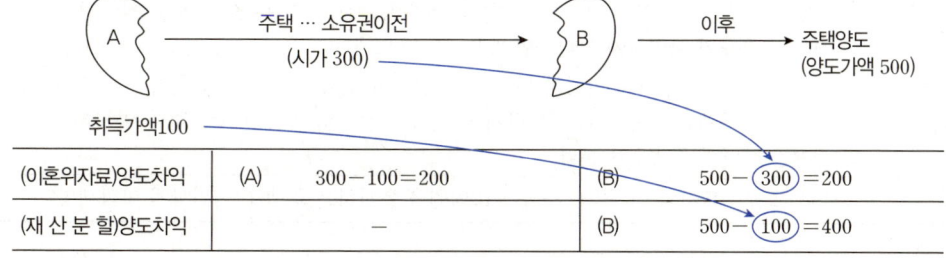

Ⅱ. 비과세 양도소득

1. 「1세대 1주택」의 양도로 발생하는 소득
2. 법령으로 정하는 경우에 해당하는 농지의 교환 또는 분합으로 발생하는 소득
3. 조합원입주권을 1개 보유한 1세대가 조합원입주권을 양도하여 발생하는 소득
4. 파산선고에 의한 처분으로 발생하는 소득
5. 「지적재조사에 관한 특별법」에 따른 경계의 확정으로 지적공부상의 면적이 감소되어 지급받는 조정금 (2012.3.17. 이후 발생한 분부터 적용함)

1.「1세대 1주택」의 양도로 발생하는 소득

> 「1세대 1주택」: 1세대가 양도일(주택의 매매계약을 체결한 후 해당 계약에 따라 주택을 주택 외의 용도로 용도변경하여 양도하는 경우에는 해당 주택의 매매계약일을 말한다. 이하 같다) 현재 국내에 1주택(주택부수토지 포함)을 보유하고 있는 경우로서 해당 주택의 보유기간이 2년* 이상인 주택(다만, 2017.8.3. 이후 취득 당시에 조정대상지역에 있는 주택의 경우에는 해당 주택의 보유기간이 2년* 이상이고 그 보유기간 중 거주기간이 2년 이상인 주택) 개정

* 비거주자가 주택을 3년 이상 계속 보유하고 그 주택에서 거주한 상태로 거주자로 전환된 경우 : 3년

(1) 1세대 요건

구 분	내 용
1세대	거주자 및 그 배우자(법률상 이혼을 하였으나 생계를 같이 하는 등 사실상 이혼한 것으로 보기 어려운 관계에 있는 사람 포함. 이하 같음)가 그들과 같은 주소 또는 거소에서 생계를 같이하는 자[거주자 및 그 배우자의 직계존비속(그 배우자 포함) 및 형제자매]*와 함께 구성하는 가족단위 * 취학, 질병의 요양, 근무상 또는 사업상의 형편으로 본래의 주소·거소에서 일시 퇴거한 사람을 포함한다.
배우자가 없어도 1세대로 보는 경우	① 해당 거주자의 나이가 30세 이상인 경우 ② 배우자가 사망하거나 이혼한 경우 ③ 기획재정부령으로 정하는 소득이 「국민기초생활 보장법」에 따른 기준 중위소득을 12개월로 환산한 금액의 40% 수준 이상으로서 소유하고 있는 주택 또는 토지를 관리·유지하면서 독립된 생계를 유지할 수 있는 경우. 다만, 미성년자의 경우를 제외하되, 미성년자의 결혼, 가족의 사망 등의 사유로 1세대의 구성이 불가피한 경우에는 그러하지 아니하다.

(2) 1주택 요건

1) 주택의 범위

구 분	내 용
주택	주택(주택부수토지[*1] 포함)이란 허가 여부나 공부(公簿)상의 용도구분과 관계없이 세대의 구성원이 독립된 주거생활을 할 수 있는 구조(세대별로 구분된 각각의 공간마다 별도의 출입문, 화장실, 취사시설이 설치되어 있는 구조를 말함)를 갖추어 사실상 주거용으로 사용하는 건물을 말한다. 이 경우 그 용도가 분명하지 아니하면 공부상의 용도에 따른다.
다가구주택	다가구주택은 한 가구가 독립하여 거주할 수 있도록 구획된 부분을 각각 하나의 주택으로 본다. 다만, 다가구주택을 가구별로 양도하지 아니하고 하나의 매매단위로 하여 양도하는 경우에는 그 전체를 하나의 주택으로 본다.
고가주택	주택과 그 부수토지의 실지양도가액이 12억원을 초과하는 주택(12억원까지 비과세함)

구 분	내 용
겸용주택	하나의 건물이 주택과 주택외의 부분으로 복합되어 있는 경우와 주택에 딸린 토지[*2]에 주택외의 건물이 있는 경우에는 그 전부를 주택으로 본다. 다만, 주택의 연면적이 주택 외의 부분의 연면적보다 적거나 같을 때에는 주택외의 부분은 주택으로 보지 아니한다.

구 분	건물	부수토지
주택의 연면적 > 주택 외의 부분의 연면적	전부 주택	전부 주택부수토지임
주택의 연면적 ≤ 주택 외의 부분의 연면적	주택만 주택	건물 연면적으로 안분계산

※ 고가(실지거래가액 12억원 초과) 겸용주택 : 주택과 주택 외의 부분의 연면적에 관계없이 주택 부분만 주택으로 보아 양도소득금액을 계산함

*1) 주택부수토지의 한도(이하 같음) : 주택정착면적 × 다음의 배율

구 분			배 율
도시지역 내의 토지	수도권	주거지역·상업지역·공업지역	3배
		녹지지역	5배
	수도권 밖		
도시지역 밖의 토지			10배

*2) 주택에 딸린 토지 = 전체 토지면적 × 주택의 연면적 / 건물의 연면적

2) 1주택 요건

구 분	내 용
[원 칙]	양도 당시 국내에 1주택만 보유해야 함
[특 례] 양도 당시 2주택을 보유하고 있는 경우에도 1주택을 보유한 것으로 보는 경우	① 일시적으로 2주택이 된 경우 : 국내에 1주택을 소유한 1세대가 그 주택(이하 '종전 주택')을 양도하기 전에 다른 주택(이하 '신규 주택')을 취득(자기가 건설하여 취득한 경우 포함)함으로써 일시적으로 2주택이 된 경우 종전 주택을 취득한 날부터 1년 이상이 지난 후 신규 주택을 취득하고 신규 주택을 취득한 날부터 3년 이내에 종전 주택을 양도하는 경우(3년 이내에 양도하지 못하는 경우로서 대통령령으로 정하는 사유[*1]에 해당하는 경우 포함) ② 상속받은 주택이 있는 경우 : 상속받은 주택[*2]과 그 밖의 주택(상속개시 당시 보유한 주택 또는 상속개시 당시 보유한 조합원입주권이나 분양권에 의하여 사업시행 완료 후 취득한 신축주택만 해당하며, 상속개시일부터 소급하여 2년 이내에 피상속인으로부터 증여받은 주택 또는 증여받은 조합원입주권이나 분양권에 의하여 사업시행 완료 후 취득한 신축주택은 제외한다. 이하 '일반주택')을 국내에 각각 1개씩 소유하고 있는 1세대가 일반주택을 양도하는 경우[*3] ③ 공동상속주택을 소유한 경우 : 공동상속주택[*4] 외의 다른 주택을 양도하는 때에는 해당 공동상속주택은 해당 거주자의 주택으로 보지 아니한다. 다만, 상속지분이 가장 큰 상속인의 경우에는 그러하지 아니하며, 상속지분이 가장 큰 상속인이 2명 이상인 경우에는 그 2명 이상의 사람 중 다음의 순서에 따라 해당 사람이 그 공동상속주택을 소유한 것으로 본다. ㈎ 당해 주택에 거주하는 자 ㈏ 최연장자

구 분	내 용
[특 례] 양도 당시 2주택을 보유하고 있는 경우에도 1주택을 보유한 것으로 보는 경우	④ 동거봉양을 위해 세대를 합침으로써 일시적 2주택이 된 경우 : 1주택을 보유하고 1세대를 구성하는 자가 1주택을 보유하고 있는 60세 이상의 직계존속*5)을 동거봉양하기 위하여 세대를 합침으로써 1세대가 2주택을 보유하게 되는 경우 합친 날부터 10년 이내에 먼저 양도하는 주택의 경우 ⑤ 혼인함으로써 일시적으로 2주택이 된 경우 : 1주택을 보유하는 자가 1주택을 보유하는 자와 혼인함으로써 1세대가 2주택을 보유하게 되는 경우 또는 1주택을 보유하고 있는 60세 이상의 직계존속*5)을 동거봉양하는 무주택자가 1주택을 보유하는 자와 혼인함으로써 1세대가 2주택을 보유하게 되는 경우 각각 혼인한 날부터 10년 이내에 먼저 양도하는 주택의 경우 `24개정`(종전 : 5년, 2024.11.12. 이후 주택을 양도하는 경우부터 적용함) ⑥ 문화유산주택과 일반주택을 보유한 경우 : 문화유산주택(「문화유산의 보존 및 활용에 관한 법률」에 따른 지정문화유산, 국가등록문화유산 및 천연기념물등)과 그 밖의 주택(이하 '일반주택')을 국내에 각각 1개씩 소유하고 있는 1세대가 일반주택을 양도하는 경우 ⑦ 농어촌주택과 일반주택을 보유한 경우 : 다음 중 어느 하나에 해당하는 농어촌주택과 그 밖의 주택(이하 '일반주택')을 국내에 각각 1개씩 소유하고 있는 1세대가 일반주택을 양도하는 경우. 다만, ㈐의 귀농주택에 대해서는 그 주택을 취득한 날부터 5년 이내에 일반주택을 양도하는 경우에 한정하여 적용한다. ㈎ 상속받은 주택(피상속인이 취득 후 5년 이상 거주한 사실이 있는 경우에 한함) ㈏ 이농인(어업에서 떠난 자 포함)이 취득일 후 5년 이상 거주한 사실이 있는 이농주택 ㈐ 영농 또는 영어의 목적으로 취득한 귀농주택 ⑧ 취학, 근무상의 형편, 질병의 요양, 그 밖에 부득이한 사유*6)로 취득한 수도권 밖에 소재하는 주택과 그 밖의 주택(이하 '일반주택')을 국내에 각각 1개씩 소유하고 있는 1세대가 부득이한 사유가 해소된 날부터 3년 이내에 일반주택을 양도하는 경우 ⑨ 장기임대주택[2020.7.10. 이전에 임대사업자등록 신청(임대할 주택을 추가하기 위해 등록사항의 변경 신고를 한 경우 포함)을 한 주택으로 한정함] 또는 장기어린이집과 그 밖의 1주택을 국내에 소유하고 있는 1세대가 거주주택(거주기간이 2년 이상일 것)을 양도하는 경우 `개정` (장기임대주택 보유자의 거주주택 비과세를 횟수 제한 없이 적용, 종전 : 생애 한 차례만 최초 양도분 비과세) ⑩ 장기저당담보주택에 대한 1세대 1주택의 특례 : 1주택을 소유하고 1세대를 구성하는 자가 장기저당담보주택(거주기간의 제한 없음)을 소유하고 있는 직계존속(배우자의 직계존속 포함)을 동거봉양하기 위하여 세대를 합침으로써 1세대가 2주택을 소유하게 되는 경우 먼저 양도하는 주택의 경우(소령 155조의2 ②)

*1) 대통령령으로 정하는 사유 : 다른 주택을 취득한 날부터 3년이 되는 날 현재 '㈎ 한국자산관리공사에 매각을 의뢰한 경우, ㈏ 법원에 경매를 신청한 경우, ㈐ 「국세징수법」에 따른 공매가 진행 중인 경우, ㈑ 재개발사업, 재건축사업 또는 소규모재건축사업등의 시행으로 현금으로 청산을 받아야 하는 토지등소유자가 사업시행자를 상대로 제기한 현금청산금 지급을 구하는 소송절차가 진행 중인 경우 또는 소송절차는 종료되었으나 해당 청산금을 지급받지 못한 경우, ㈒ 재개발사업, 재건축사업 또는 소규모재건축사업등의 시행으로 사업시행자가 토지등소유자를 상대로 신청·제기한 수용재결 또는 매도청구소송 절차가 진행 중인 경우 또는 재결이나 소송절차는 종료되었으나 토지등소유자가 해당 매도대금 등을 지급받지 못한 경우' 중 어느 하나에 해당하는 경우

*2) 상속받은 주택 : 조합원입주권 또는 분양권을 상속받아 사업시행 완료 후 취득한 신축주택을 포함하며, 피상속인이 상속개시 당시 2 이상의 주택(상속받은 1주택이 재개발사업, 재건축사업 또는 소규모재건축사업등의 시행으로 2 이상의 주택이 된 경우 포함)을 소유한 경우에는 다음의 순위에 따른 1주택을 말한다.
  ㈎ 피상속인이 소유한 기간이 가장 긴 1주택
  ㈏ 피상속인이 소유한 기간이 같은 주택이 2 이상일 경우에는 피상속인이 거주한 기간이 가장 긴 1주택
  ㈐ 피상속인이 소유한 기간 및 거주한 기간이 모두 같은 주택이 2 이상일 경우에는 피상속인이 상속개시당시 거주한 1주택
  ㈑ 피상속인이 거주한 사실이 없는 주택으로서 소유한 기간이 같은 주택이 2 이상일 경우에는 기준시가가 가장 높은 1주택(기준시가가 같은 경우에는 상속인이 선택하는 1주택)

*3) 다만, 상속인과 피상속인이 상속개시 당시 1세대인 경우에는 1주택을 보유하고 1세대를 구성하는 자가 직계존속(배우자의 직계존속을 포함하며, 세대를 합친 날 현재 직계존속 중 어느 한 사람 또는 모두가 60세 이상으로서 1주택을 보유하고 있는 경우만 해당한다)을 동거봉양하기 위하여 세대를 합침에 따라 2주택을 보유하게 되는 경우로서 합치기 이전부터 보유하고 있었던 주택만 상속받은 주택으로 본다.

*4) 공동상속주택 : 상속으로 여러 사람이 공동으로 소유하는 1주택을 말하며, 피상속인이 상속개시 당시 2 이상의 주택(상속받은 1주택이 재개발사업, 재건축사업 또는 소규모재건축사업등의 시행으로 2 이상의 주택이 된 경우 포함)을 소유한 경우에는 *2)의 순위에 따른 1주택을 말한다.

*5) 직계존속에는 다음의 사람을 포함한다(이하 같음).
  ㉮ 배우자의 직계존속으로서 60세 이상인 사람
  ㉯ 직계존속(배우자의 직계존속 포함) 중 어느 한 사람이 60세 미만인 경우
  ㉰ 「국민건강보험법 시행령」에 따라 보건복지부장관이 정하여 고시하는 기준에 따라 중증질환자, 희귀난치성질환자 또는 결핵환자 산정특례 대상자로 등록되거나 재등록된 자

*6) 취학, 근무상의 형편, 질병의 요양, 그 밖에 부득이한 사유 : 학교(초등학교·중학교 제외)에의 취학, 직장의 변경이나 전근 등 근무상의 형편, 1년 이상의 치료나 요양을 필요로 하는 질병의 치료 또는 요양, 학교폭력으로 인한 전학(학교폭력대책자치위원회가 피해학생에게 전학이 필요하다고 인정하는 경우에 한한다) (이하 '취학 등 부득이한 사유')
 → 사업상 형편으로 주거를 이전하는 경우에는 비과세대상이 아님.

☞ **2개 이상의 주택을 같은 날 양도하는 경우** : 1세대 1주택 비과세 규정을 적용함에 있어서 2개 이상의 주택을 같은 날에 양도하는 경우에는 해당 거주자가 선택하는 순서에 따라 주택을 양도한 것으로 본다.

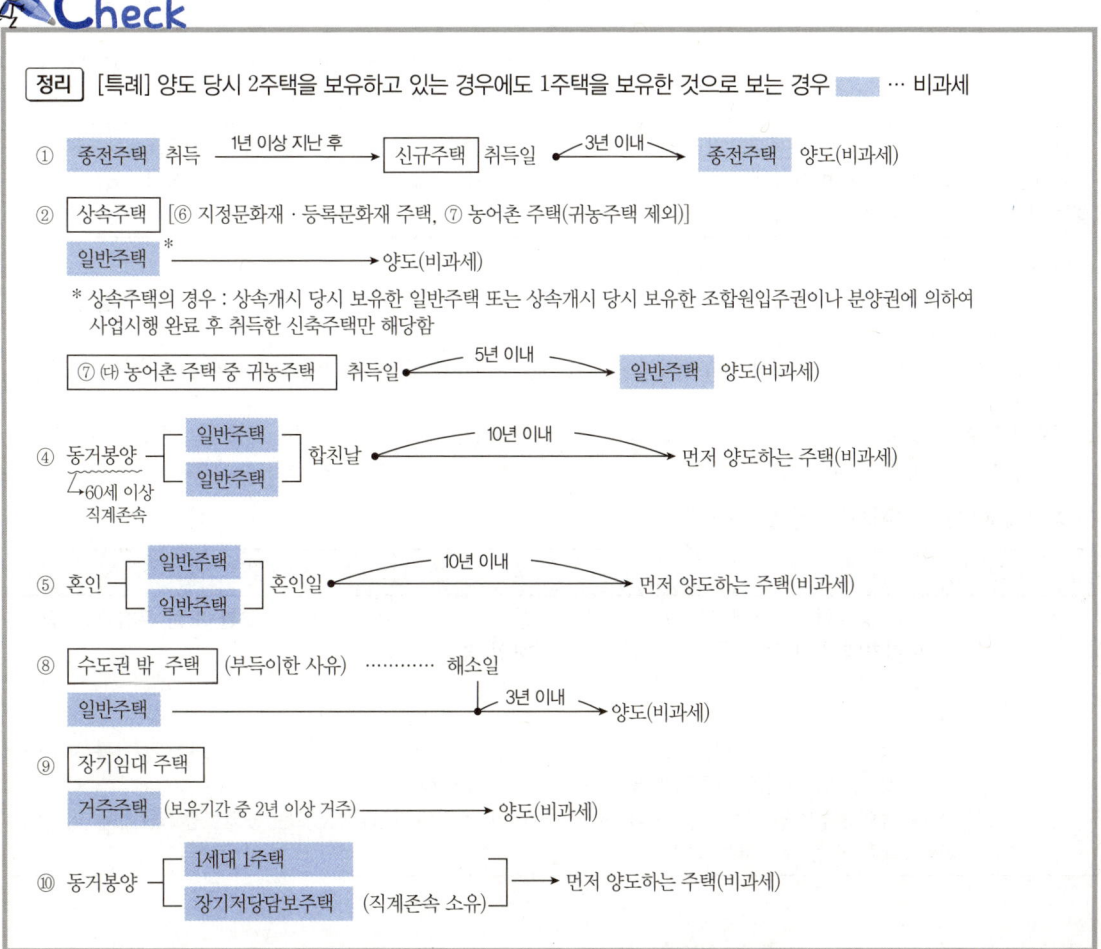

(3) 보유기간 및 거주기간 요건

구 분	내 용
[원 칙]	양도 당시 주택으로 보유기간*1)이 2년(비거주자가 해당 주택을 3년 이상 계속 보유하고 그 주택에서 거주한 상태로 거주자로 전환된 경우에는 3년) 이상이어야 한다. 다만, 2017.8.3. 이후 취득 당시에 조정대상지역에 있는 주택의 경우에는 그 보유기간 중 거주기간*2)이 2년 이상이어야 한다(2017.8.2. 이전에 취득한 조정대상지역에 있는 주택은 보유기간 요건만 충족하면 됨). *1) 보유기간 : 장기보유특별공제의 보유기간 규정에 따른다. 다만, 주택이 아닌 건물을 사실상 주거용으로 사용하거나 공부상의 용도를 주택으로 변경하는 경우 그 보유기간은 해당 자산을 사실상 주거용으로 사용한 날(사실상 주거용으로 사용한 날이 분명하지 않은 경우에는 그 자산의 공부상 용도를 주택으로 변경한 날)부터 양도한 날까지로 한다. *2) 거주기간 : 주민등록표 등본에 따른 전입일부터 전출일까지의 기간(취득 당시에 조정대상지역에 있는 주택으로서 공동상속주택인 경우 거주기간은 해당 주택에 거주한 공동상속인 중 그 거주기간이 가장 긴 사람이 거주한 기간으로 판단함)
[특례 1] 보유기간과 거주기간의 제한이 없는 경우	① 민간건설임대주택, 공공건설임대주택, 공공매입임대주택을 취득하여 양도하는 경우로서 해당 임대주택의 임차일부터 양도일까지의 기간 중 세대전원이 거주(취학 등 부득이한 사유로 세대의 구성원 중 일부가 거주하지 못하는 경우 포함)한 기간이 5년 이상인 경우 ② 사업인정 고시일 전에 취득한 주택 및 그 부수토지의 전부 또는 일부가 협의매수·수용되는 경우(양도일 또는 수용일부터 5년 이내에 양도하는 그 잔존주택 및 부수토지 포함) ③ 해외이주 또는 1년 이상 국외 거주를 필요로 하는 취학·근무상 형편으로 세대전원이 출국하는 경우(다만, 출국일 현재 1주택을 보유하고 있는 경우로서 출국일부터 2년 이내에 양도하는 경우에 한함) ④ 1년 이상 거주한 주택을 취학등 부득이한 사유로 세대 전원이 다른 시(특별시, 광역시, 특별자치시, 행정시 포함)·군으로 주거를 이전하면서 양도하는 경우
[특례 2] 거주기간의 제한이 없는 경우	거주자가 조정대상지역의 공고가 있은 날 이전에 매매계약을 체결하고 계약금을 지급한 사실이 증빙서류에 의하여 확인되는 경우로서 해당 거주자가 속한 1세대가 계약금 지급일 현재 주택을 보유하지 아니하는 경우

📝 **보유기간의 통산**
① 거주하거나 보유하는 중에 소실·무너짐·노후 등으로 인하여 멸실되어 재건축한 주택의 경우에는 그 멸실된 주택과 재건축한 주택에 대한 보유기간
② 비거주자가 해당 주택에서 3년 이상 계속 보유하고 그 주택에서 거주한 상태에서 거주자로 전환된 경우에는 그 주택에 대한 보유기간
③ 상속받은 주택으로서 상속인과 피상속인이 상속개시 당시 동일세대인 경우에는 상속개시 전에 상속인과 피상속인이 동일세대로서 거주하고 보유한 기간

2. 농지의 교환 또는 분합으로 발생하는 소득

구 분	내 용
비과세 대상	다음 중 어느 하나에 해당하는 농지를 교환 또는 분합하는 경우로서 교환 또는 분합하는 쌍방 토지가액의 차액이 가액이 큰 편의 1/4 이하인 경우 ① 국가 또는 지방자치단체가 시행하는 사업으로 인하여 교환 또는 분합하는 농지 ② 국가 또는 지방자치단체가 소유하는 토지와 교환 또는 분합하는 농지 ③ 경작상 필요에 의하여 교환하는 농지. 다만, 교환에 의하여 새로이 취득하는 농지를 3년 이상 농지소재지에 거주하면서 경작하는 경우에 한함. ④ 농어촌정비법·농지법·한국농어촌공사 및 농지관리기금법 또는 농업협동조합법에 의하여 교환 또는 분합하는 농지

구분	
비과세 제외	① 양도일 현재 특별시·광역시(광역시에 있는 군 제외)·특별자치시(특별자치시에 있는 읍·면지역 제외)·특별자치도(행정시의 읍·면지역 제외) 또는 시지역(도·농복합형태의 시의 읍·면지역 제외)에 있는 농지 중 주거지역·상업지역 또는 공업지역 안의 농지로서 이들 지역에 편입된 날부터 3년이 지난 농지 ② 당해 농지에 대하여 환지처분 이전에 농지 외의 토지로 환지예정지의 지정이 있는 경우로서 그 환지예정지 지정일부터 3년이 지난 농지

3. 조합원입주권을 1개 보유한 1세대가 조합원입주권을 양도하여 발생하는 소득

구 분	내 용
비과세 대상	조합원입주권을 1개 보유한 1세대[관리처분계획의 인가일 및 사업시행계획인가일(인가일 전에 기존주택이 철거되는 때에는 기존주택의 철거일) 현재 비과세대상인 기존주택을 소유하는 세대]가 다음 중 어느 하나의 요건을 충족하여 양도하는 경우 ① 양도일 현재 다른 주택 또는 분양권(2022.1.1. 이후 취득분. 이하 같음)을 보유하지 아니할 것 ② 양도일 현재 1조합원입주권 외에 1주택을 소유한 경우(분양권을 보유하지 아니하는 경우로 한정한다)로서 해당 1주택을 취득한 날부터 3년 이내에 해당 조합원입주권을 양도할 것 [3년 이내에 양도하지 못하는 경우로서 대통령령으로 정하는 사유(p144 *1)의 사유) 포함]
비과세 제외	해당 조합원입주권의 실지양도가액이 12억원을 초과하는 경우(고가조합원입주권)

✎ **1세대가 주택과 조합원입주권 또는 분양권을 소유한 경우 비과세 배제**
1세대가 주택과 조합원입주권 또는 분양권을 보유하다가 그 주택을 양도하는 경우에는 비과세를 적용하지 아니한다. 다만, 재건축사업, 재개발사업 또는 소규모재건축사업등의 시행기간 중 거주를 위하여 주택을 취득하는 경우나 '1세대 1주택 특례에 따라 1주택을 보유한 것으로 보는 경우'에는 그러하지 아니하다.

Ⅲ. 양도시기 및 취득시기

구 분	양도시기 및 취득시기
유상양도	① 원칙 : 대금청산일[양수자가 양도소득세(부가세 포함)를 부담하기로 약정한 경우에는 그 양도소득세를 제외한 금액을 청산하면 대금이 청산된 것으로 봄] ② 대금청산일이 분명하지 않은 경우 : 등기·등록접수일 또는 명의개서일 ③ 소유권이전등기일이 대금청산일보다 빠른 경우 : 소유권이전등기 접수일
장기할부조건	소유권이전등기(등록·명의개서) 접수일·인도일 또는 사용수익일 중 가장 빠른 날
상속·증여로 취득한 자산	상속개시일·증여일
자기건설건축물 취득시기	① 원칙 : 사용승인서 교부일 ② 사용승인서 교부일 전에 사실상 사용하거나 임시사용승인을 받은 경우 : 사실상 사용일 또는 임시사용승인을 받은 날 중 빠른 날 ③ 건축허가를 받지 아니하고 건축하는 건축물 : 사실상 사용일
공익사업을 위하여 수용되는 경우	대금청산일, 수용개시일 또는 소유권이전등기 접수일 중 가장 빠른 날. 다만, 소유권에 관한 소송으로 보상금이 공탁된 경우에는 소유권 관련 소송 판결 확정일

◁세부내용▷ **특수한 경우의 취득시기와 양도시기**
① 완성 또는 확정되지 아니한 자산을 양도 또는 취득한 경우로서 해당 자산의 대금을 청산한 날까지 그 목적물이 완성 또는 확정되지 아니한 경우 : 그 목적물이 완성 또는 확정된 날
② 도시개발법 기타 법률에 의한 환지처분으로 인하여 취득한 토지 : 취득시기는 환지 전의 토지의 취득일로 한다. 다만, 교부받은 토지의 면적이 환지처분에 의한 권리면적보다 증가 또는 감소된 경우에는 그 증가 또는 감소된 면적의 토지에 대한 취득시기 또는 양도시기는 환지처분의 공고가 있는 날의 다음 날로 한다.
③ 취득 시기가 분명하지 않은 경우 : 먼저 취득한 자산을 먼저 양도한 것으로 봄(선입선출법)

Ⅳ. 양도소득세의 계산구조

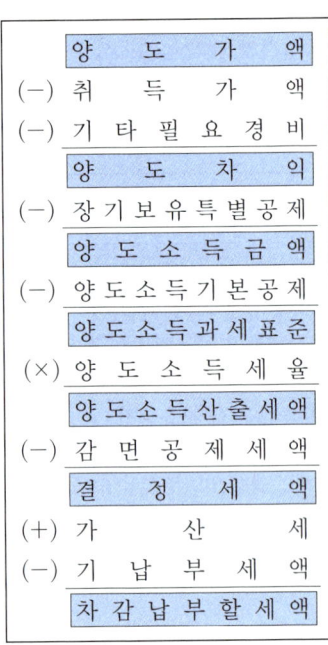

	양 도 가 액	… 실지거래가액
(-)	취 득 가 액	… 실지거래가액
(-)	기 타 필 요 경 비	… 자본적 지출 및 양도비용
	양 도 차 익	
(-)	장 기 보 유 특 별 공 제	… 양도차익 × 공제율
	양 도 소 득 금 액	… 그룹별로 구분 계산(다른 자산의 양도차손 공제)
(-)	양 도 소 득 기 본 공 제	… 양도소득금액의 그룹별로 1인당 연 250만원
	양 도 소 득 과 세 표 준	
(×)	양 도 소 득 세 율	… 자산별 · 보유기간별 · 등기여부에 따라 구분하여 적용
	양 도 소 득 산 출 세 액	
(-)	감 면 공 제 세 액	… 전자신고세액공제(건당 2만원), 조세특례제한법상 감면세액 등
	결 정 세 액	
(+)	가 산 세	… 무신고, 과소신고 · 초과환급, 납부지연, 대주주의 기장 불성실가산세
(-)	기 납 부 세 액	… 예정신고납부세액
	차 감 납 부 할 세 액	

1. 양도가액과 필요경비(취득가액 · 기타필요경비)

구 분	내 용
양도가액과 취득가액	[원칙] 실지거래가액(자산의 양도 또는 취득 당시에 양도자와 양수자가 실제로 거래한 가액으로서 해당 자산의 양도 또는 취득과 대가관계에 있는 금전과 그 밖의 재산가액) [예외] 다음의 경우에는 양도가액 또는 취득가액을 매매사례가액, 감정가액, 환산취득가액 또는 기준시가 등에 따라 추계조사하여 결정 또는 경정할 수 있다. ① 양도 또는 취득 당시의 실지거래가액의 확인을 위하여 필요한 장부 · 매매계약서 · 영수증 기타 증빙서류가 없거나 그 중요한 부분이 미비된 경우 ② 장부 · 매매계약서 · 영수증 기타 증빙서류의 내용이 매매사례가액, 감정평가업자의 감정가액 등에 비추어 거짓임이 명백한 경우
기타필요경비	(1) 실지거래가액을 취득가액으로 하는 경우 : 자본적지출액과 양도비용 (2) 실지거래가액 외의 가액을 취득가액으로 하는 경우 : 필요경비 개산공제 | 구분	필요경비 개산공제액
① 토지, 건물	취득당시 기준시가 × 3%(미등기 0.3%)
② 지상권, 전세권, 등기된 부동산임차권	취득당시 기준시가 × 7%(미등기 1%)
③ 위 외의 자산	취득당시 기준시가 × 1%	

✔ 양도가액, 취득가액 및 기타필요경비의 적용기준

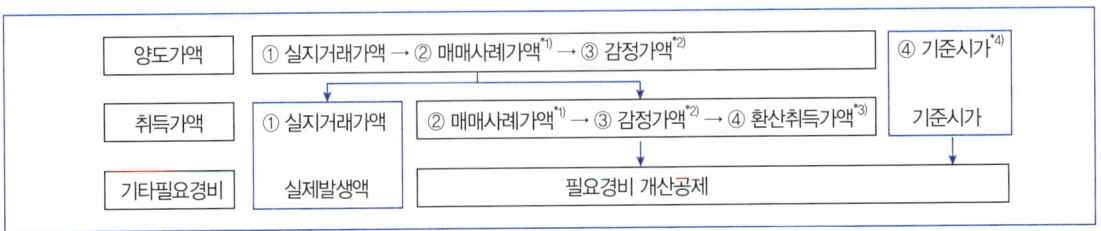

*1) 매매사례가액 : 양도일 또는 취득일 전후 각 3개월 이내에 해당 자산(상장주식 제외)과 동일성 또는 유사성이 있는 자산의 매매사례가 있는 경우 그 가액

*2) 감정가액 : 양도일 또는 취득일 전후 각 3개월 이내에 해당 자산(주식과 출자지분 제외)에 대하여 둘 이상의 감정평가법인등이 평가한 것으로서 신빙성이 있는 것으로 인정되는 감정가액(감정평가기준일이 양도일 또는 취득일 전후 각 3개월 이내인 것에 한정함)이 있는 경우에는 그 감정가액의 평균액 [단, 기준시가가 10억원 이하인 자산(주식과 출자지분 제외)의 경우에는 하나의 감정가액으로 함]

*3) 환산취득가액 : 양도 당시 실지거래가액·매매사례가액·감정가액 × $\dfrac{\text{취득 당시의 기준시가}}{\text{양도 당시의 기준시가}}$

*4) 기준시가

구 분	기준시가
토지	• 일반지역 : 개별공시지가 • 지정지역 : 개별공시지가×배율
건물	• 국세청장 고시가격(지정지역 내 오피스텔과 상업용 건물도 포함)
주택	고시된 개별주택가격 또는 공동주택가격
상장주식	양도일 또는 취득일 이전 1개월간의 종가평균액
비상장주식	「상속세 및 증여세법」의 보충적 평가. 다만, 순손익액은 직전 사업연도의 순손익액을, 순자산가액은 직전 사업연도 말 순자산가액을 사용함(순자산가치의 80%를 하한으로 함).
신탁 수익권	「상속세 및 증여세법」의 보충적 평가방법에 의한 평가액

✎ 환산취득가액 적용시 특례 및 감정가액 또는 환산취득가액 적용에 따른 가산세

구 분	내 용
환산취득가액 적용시 특례	취득가액을 환산취득가액으로 하는 경우에는 환산취득가액과 필요경비개산공제액의 합계액이 실제 자본적 지출과 양도비용의 합계액보다 적은 경우에는 실제 자본적 지출과 양도비용의 합계액을 필요경비로 할 수 있다.(선택) Max[① 환산취득가액＋필요경비개산공제, ② 자본적 지출＋양도비용]
감정가액 또는 환산취득가액 적용에 따른 가산세	거주자가 건물을 신축 또는 증축(증축의 경우 바닥면적 합계가 85㎡를 초과하는 경우에 한정한다)하고 그 건물의 취득일 또는 증축일부터 5년 이내에 해당 건물을 양도하는 경우로서 감정가액 또는 환산취득가액을 그 취득가액으로 하는 경우 다음의 가산세를 결정세액에 더한다. 이는 양도소득 산출세액이 없는 경우에도 적용한다. 가산세＝건물의 감정가액 또는 환산취득가액(증축한 경우 증축한 부분에 한정함)×5%

Check

사례 환산취득가액 … 등기된 토지

구 분	실지거래가액	기준시가
양도가액	100,000,000원	80,000,000원
취득가액	?	20,000,000원
자본적지출액과 양도비용	30,000,000원	−

양 도 가 액   100,000,000
(−) 취 득 가 액   −
(−) 기 타 필 요 경 비   30,000,000
양 도 차 익   70,000,000

Max[①, ②]＝30,000,000

① ┌ 환산취득가액 : $100,000,000 \times \dfrac{20,000,000}{80,000,000} = 25,000,000$
   └ 개산공제액 : 20,000,000×3%　　　　＝　　600,000
　　　　　　　　　　　　　　　　　　　　　25,600,000

② 자본적지출액과 양도비용 : 30,000,000

실지양도가액, 실지취득가액, 자본적 지출액과 양도비용

구 분	내 용

실지양도가액	① **매수자가 양도소득세를 부담한 경우** : 매도자는 양도소득세를 포함한 가액을 양도가액으로 보고, 매수자는 양도소득세를 취득원가로 필요경비에 산입한다.
	② **일괄양도** : 토지와 건물 등을 함께 취득하거나 양도한 경우 전체 실지거래가액은 확인되나 자산별로 구분이 불분명할 때에는 부가가치세법에 따라 안분계산한다.* 이 경우 토지와 건물 등을 구분 기장한 가액이 부가가치세법에 따라 안분계산한 가액과 30% 이상 차이가 있는 경우에는 구분이 불분명한 때로 본다. 다만, 다음 중 어느 하나에 해당하는 경우는 제외한다. 개정
	  ㉮ 다른 법령에서 정하는 바에 따라 토지와 건물등의 가액을 구분한 경우
	  ㉯ 토지와 건물등을 함께 취득한 후 건물등을 철거하고 토지만 사용하는 경우
	  * 선박, 항공기, 차량, 기계장비 및 「입목에 관한 법률」을 적용받는 입목에 대하여 장부가액이 없는 경우에는 상증법상 보충적 평가가액을 기준으로 한다.

실지취득가액	① **취득가액**(「지적재조사에 관한 특별법」에 따른 경계의 확정으로 지적공부상의 면적이 증가되어 징수한 조정금은 제외함)
	  ㉮ 일반적인 경우 : 자산 취득에 실제 소요된 금액(면세전용과 폐업시 잔존재화에 대해 납부하였거나 납부할 부가가치세 포함)
	  ㉯ 상속 또는 증여(부담부증여의 채무액에 해당하는 부분도 포함)받은 자산 : 상속개시일 또는 증여일 현재 「상속세 및 증여세법」에 따라 평가한 가액(세무서장 등이 결정·경정한 가액이 있는 경우 그 결정·경정한 가액으로 함)
	  ㉰ 주식매수선택권을 행사하여 취득한 주식 : 행사 당시의 주식의 시가(∵ 시가와 행사가격의 차액은 근로소득 또는 기타소득으로 과세)
	  ㉱ 합병으로 취득한 주식의 1주당 취득원가 : (피합병법인의 주식취득가액＋합병시 의제배당액－합병대가 중 금전이나 그 밖의 재산가액)÷합병시 교부받은 주식수
	  ㉲ 변칙적인 거래에 대하여 증여세를 과세받은 경우 : 해당 증여재산가액을 취득가액에 더한다. 증여재산가액이 증가되면 취득가액에 더하고 감소되면 뺀다.
	② **취득부대비용** : 취득세, 취득 관련 법무사비용과 중개수수료, 쟁송비용, 매수자 부담 양도소득세 등은 취득가액에 가산한다.
	③ **현재가치할인차금과 감가상각비** : 실제취득가액 적용시 구분계상한 현재가치할인차금은 취득가액에 포함하나, 사업소득금액 계산시 필요경비에 산입하였거나 산입할 현재가치할인차금상각비와 감가상각비는 취득가액에서 차감한다(취득가액을 실지거래가액·매매사례가액·감정가액·환산취득가액·기준시가로 계산하는 경우에도 감가상각비를 차감함).

자본적지출액	자산의 가치를 증가시키거나 내용연수를 연장시키는 지출(2016.2.17.이후 자본적 지출액은 적격증명서류를 수취·보관하거나 실제 지출사실이 금융거래 증명서류에 의하여 확인되는 경우에 한정하여 인정함) 예 자산의 용도변경·개량 및 이용편의를 위해 지출한 비용(재해·노후화 등 부득이한 사유로 인하여 건물을 재건축한 경우 그 철거비용 포함), 개발부담금, 재건축부담금, 「공익사업을 위한 토지 등의 취득 및 보상에 관한 법률」이나 그 밖의 법률에 따라 토지 등이 협의 매수 또는 수용되는 경우로서 그 보상금의 증액과 관련하여 직접 소요된 소송비용·화해비용 등의 금액(증액보상금을 한도로 함)
양도비용	자산을 양도하기 위하여 직접 지출한 비용(양도비용은 적격증명서류를 수취·보관하거나 실제 지출사실이 금융거래 증명서류에 의하여 확인되는 경우에 한정하여 인정함) 예 증권거래세, 양도계약서 작성비용, 공증비용, 인지대, 소개비, 양도소득세 신고서 작성비용, 국민주택채권과 토지개발채권의 매각차손(금융회사 등에 양도함으로써 발생하는 매각차손을 한도로 함), 매매계약에 따른 인도의무를 이행하기 위해 양도자가 지출하는 명도비용, 파생상품의 일임수수료 중 위탁매매수수료 성격의 비용(온라인으로 직접 거래시 부과되는 위탁매매수수료 이하이고 부과기준이 약관 등에 명시될 것)

[사례] 현재가치할인차금상각비와 감가상각비

취득시		사업소득의 필요경비		양도시	
건 물	80	→ 감 가 상 각 비	30	양도가액	200
현재가치할인차금	20	→ 현할차상각비	10	취득가액	60
취 득 가 액	100	⊖	40	양도차익	140

↳ 이중공제방지

[정리] 취득가액 등의 세부내용

① 철거되는 건물의 취득가액
 토지만을 이용하기 위하여 토지와 건물을 함께 취득한 후 해당 건물을 철거하고 토지만을 양도하는 경우 철거된 건물의 취득가액과 철거비용의 합계액에서 철거 후 남아있는 시설물의 처분가액을 차감한 잔액을 양도자산의 필요경비로 산입한다(소집행 97-163-40).

> 필요경비산입=(철거된 건물의 취득가액+철거비용)-철거 후 잔존시설물의 처분가액

 다만, 토지와 건물을 함께 취득하여 장기간 사용 후 건물을 철거하고 나대지 상태로 양도하는 경우에는 건물의 취득가액과 철거비용 등은 토지의 취득가액에 산입하지 아니한다(소집행 97-163-41).

② 이혼시 재산분할로 취득한 자산의 취득가액
 이혼시 재산분할로 취득한 자산을 양도하는 경우 필요경비에 산입할 취득가액은 전소유자(배우자)가 취득한 당시의 취득가액을 적용한다(소집행 97-163-49).

③ 취득시 납부한 제세공과금
 취득시 납부한 취득세·등록세 이에 부가되는 농어촌특별세 및 지방교육세와 인지세 등은 취득가액에 산입하고, 취득세·등록세는 납부영수증이 없는 때에도 취득가액에 포함하며, 지방세법에 따라 감면되는 경우에는 취득가액에 포함되지 않는다(소집행 97-163-20).

④ 매매계약의 해약으로 발생한 위약금
 부동산매매계약의 해약으로 인하여 지급하는 위약금 등은 해당 자산의 양도거래와 직접 관련 없이 발생한 비용이므로 필요경비에 해당되지 아니한다(소집행 97-163-25).

⑤ 자산 취득시 발생한 명도비용
 부동산을 법원경매로 취득하면서 해당 부동산을 점유받기 위하여 소요된 명도비용은 소유권확보를 위한 직접비용으로 볼 수 없으므로 부동산의 취득가액에 포함되지 아니한다(소집행 97-163-18).

⑥ 베란다 샤시, 거실 확장공사비 등
 주택의 이용편의를 위한 베란다 샤시, 거실 및 방 확장공사비, 난방시설 교체비 등의 내부시설의 개량을 위한 공사비는 자본적지출액에 해당된다(소집행 97-163-29).

⑦ 벽지·장판 또는 싱크대 교체비용 등
 정상적인 수선 또는 부동산 본래의 기능을 유지하기 위한 경미한 개량인 벽지·장판의 교체, 싱크대 및 주방기구 교체비용, 옥상 방수공사비, 타일 및 변기공사비 등은 수익적지출에 해당되므로 필요경비에 산입되지 아니한다(소집행 97-163-30).

⑧ 중개수수료를 과다지급한 경우
 중개수수료가 통상의 부동산 취득에 따른 중개수수료에 비해 많다고 하더라도 실지 지급된 금액은 필요경비에 산입된다(소집행 97-163-43).

📖 특수한 경우의 양도가액과 취득가액

구 분	내 용
부당행위계산의 부인	소득세법상 특수관계인과 거래시 부당행위계산 부인규정이 적용되는 자산의 양도가액 또는 취득가액(거래차액이 시가의 5% 이상이거나 3억원 이상인 경우에 한하여 적용함) : 시가* * 시가는 「상속세 및 증여세법」의 규정을 준용하여 평가한 가액으로 한다. 다만, 주권상장법인이 발행한 주식의 시가는 법인세법상 시가로 하며, 중요성기준을 적용하지 않는다. ☞ (적용배제) 개인과 법인 간에 재산을 양수 또는 양도하는 경우로서 그 대가가 법인세법에 의한 시가에 해당되어 법인세법에 의한 부당행위계산의 부인규정이 적용되지 않는 경우에는 양도소득에 대한 부당행위계산의 부인도 적용하지 아니한다. 다만, 거짓 그 밖의 부정한 방법으로 양도소득세를 감소시킨 것으로 인정되는 경우에는 그렇지 않다.
양도가액 이중과세조정	① 법인세법상 특수관계법인(외국법인 포함)에게 자산을 시가보다 고가로 양도한 경우 　　실지양도가액(법인세법상 시가)=양도가액-배당·상여·기타소득으로 처분된 금액 ② 특수관계법인 외의 자에게 자산을 양도한 경우로서 양도자의 증여재산가액이 있는 경우 　　실지양도가액=양도가액-증여재산가액
취득가액 이중과세조정	① 자산을 법인세법상 특수관계법인(외국법인 포함)으로부터 시가보다 저가로 취득한 경우 　　실지취득가액=취득가액+배당·상여·기타소득으로 처분된 금액 ② 상속세나 증여세가 과세된 경우 　　실지취득가액=취득가액+상속재산가액이나 증여재산가액(또는 증여의제이익)±증감액

✎ 부당행위계산의 부인 시 적용하는 시가

구 분	시가 산정방법	감정가액	상장주식
양도소득세 부당행위 (소령 167 ⑤)	「상속세 및 증여세법」의 규정을 준용하여 평가한 가액	둘 이상 감정평가법인등의 감정가액 평균액(기준시가 10억원 이하의 부동산은 1개 감정가액도 인정)	시가(매매사례가액). 단, 장외거래·대량매매 등은 거래일 종가(사실상 경영권 이전이 수반되는 경우에는 20% 할증)
법인세 부당행위 (법령 89)	다음을 순차로 적용 ① 시가(매매사례가액) ② 감정가액(주식과 가상자산 제외) ③ 상증법상 평가액	1개 감정평가법인등의 감정가액(둘 이상은 평균액)	

☞ 종합소득의 부당행위계산의 부인 시 적용하는 시가 : 법인세법 준용(소령 98조 ③, ④)

※ 양도소득세 추계결정 및 경정 시 적용하는 감정가액 : 둘 이상 감정평가법인등의 감정가액 평균액. 다만, 기준시가 10억원 이하인 자산(주식 제외)의 경우에는 하나의 감정가액으로 함(소령 176조의2 ③).

✔ 교환하는 경우 양도가액과 취득가액

구 분	실지거래가액	기준시가로 결정하는 경우
양도가액	교환으로 취득하는 자산의 가액	양도자산의 기준시가
취득가액	취득하기 위하여 양도한 자산의 가액	취득자산의 기준시가

☞ 교환하는 경우 실지거래가액 여부 : 교환대상 부동산에 대한 감정평가법인 등의 객관적인 교환가치에 의해 그 감정가액의 차액에 대한 정산절차를 수반한 교환인 경우에는 실지거래가액을 확인할 수 있다고 할 것이며, 그렇지 아니한 단순한 교환은 실지거래가액을 확인할 수 없는 경우에 해당된다(소집행 96-0-2).

Check

사례1 부당행위계산의 부인

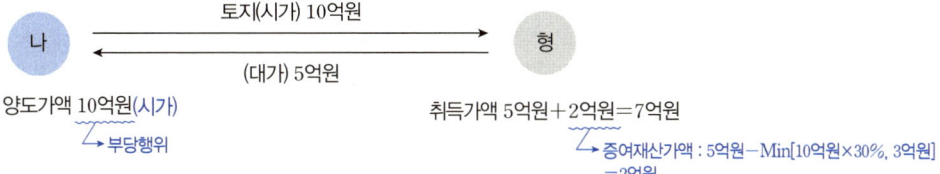

사례2 양도가액 이중과세조정(고가양도)

①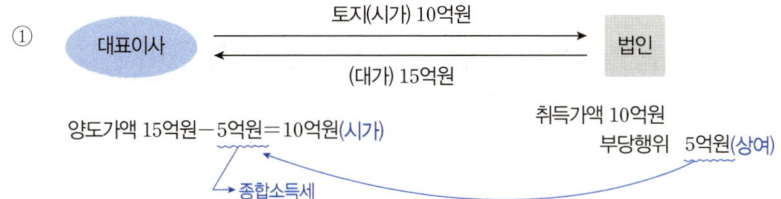

②
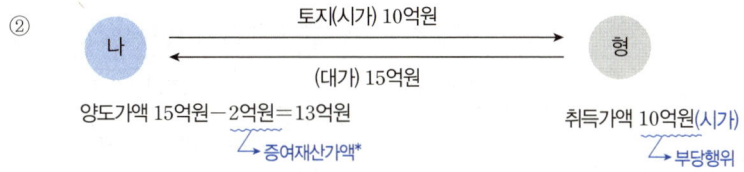

* 증여재산가액 : 시가와의 차액 − Min[시가×30%, 3억원] = 5억원 − Min[10억원×30%, 3억원] = 2억원
☞ 특수관계가 없는 경우 : (요건) 시가와 차액이 30% 이상, 증여재산가액 = 시가와의 차액 − 3억원
   └ 특수관계 없는 법인이나 특수관계 없는 개인이 양수자인 경우

사례3 취득가액 이중과세조정(저가취득)

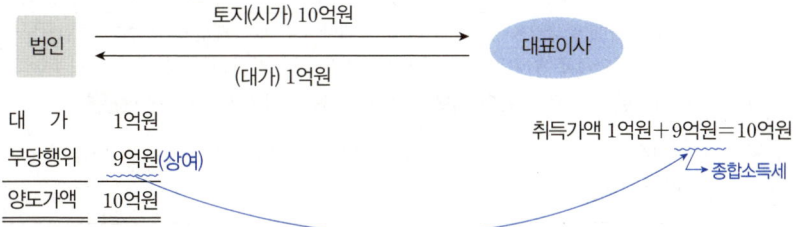

사례4 교환하는 경우 : 양도가액과 취득가액 … 실지거래가액

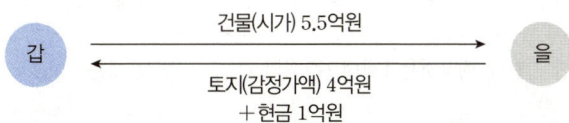

- 건물 양도가액 5억원(=4억원+1억원)
- 토지 취득가액 4.5억원(=5.5억원−1억원)
- 토지 양도가액 4.5억원(=5.5억원−1억원)
- 건물 취득가액 5억원(=4억원+1억원)

2. 장기보유 특별공제

구 분	내 용
공제대상	① 3년 이상 보유한 토지와 건물 ② 조합원입주권(조합원으로부터 취득한 것은 제외하며,「도시 및 주거환경정비법」에 따른 관리처분계획 인가 및 「빈집 및 소규모주택 정비에 관한 특례법」에 따른 사업시행계획인가 전 토지분 또는 건물분의 양도차익으로 한정함)
배제대상	① 미등기자산 ② 조정대상지역에 있는 주택으로서 1세대 2주택(조합원입주권 또는 분양권 포함) 이상인 주택 ※ 단, 조정대상지역에 있는 주택을 2년 이상 보유한 다주택(1세대 2주택 이상)자가 해당 주택을 2022.5.10.부터 2026.5.9.까지 양도하는 경우에는 장기보유특별공제를 적용함. 개정 (1년 연장)
공제액	① 1세대 1주택 외의 자산 장기보유 특별공제액 = 양도차익 × 보유기간별 공제율 | 보유기간[1] | 보유기간별 공제율 | |---|---| | 3년 이상 15년 미만 | 보유연수(1년 미만 절사) × 2% | | 15년 이상 | 30% | ② 1세대 1주택[2] 장기보유 특별공제액 = 양도차익 × (보유기간별 공제율 + 거주기간별 공제율) | 보유기간[1] 또는 거주기간 | 보유기간별 공제율 | 거주기간별 공제율 | |---|---|---| | 2년 이상 3년 미만 (보유기간 3년 이상에 한정함) | | 거주연수(1년 미만 절사) × 4% | | 3년 이상 10년 미만 | 보유연수(1년 미만 절사) × 4% | 거주연수(1년 미만 절사) × 4% | | 10년 이상 | 40% | 40% |

[1] 보유기간 : 자산의 취득일(초일산입)로부터 양도일까지의 기간을 말하며, 아래 자산의 기산일은 다음과 같다.
  ① 증여받은 자산에 대한 이월과세를 적용받는 자산 : 증여한 배우자 또는 직계존비속의 취득일
  ② 가업상속공제가 적용된 비율에 해당하는 자산 : 피상속인의 취득일

[2] 1세대 1주택 : 1세대가 양도일(주택의 매매계약을 체결한 후 해당 계약에 따라 주택을 주택 외의 용도로 용도변경하여 양도하는 경우에는 해당 주택의 매매계약일을 말한다) 현재 국내에 1주택(특례규정의 주택 포함)을 보유하고 보유기간 중 거주기간이 2년 이상인 것(해당 1주택이 공동상속주택인 경우 거주기간은 해당 주택에 거주한 공동상속인 중 그 거주기간이 가장 긴 사람이 거주한 기간으로 판단함) ⓒ 고가주택 및 고가조합원입주권) 개정

☐ 주택이 아닌 건물을 사실상 주거용으로 사용하거나 공부상의 용도를 주택으로 변경하는 경우의 1세대 1주택 비과세 보유기간 및 장기보유특별공제액

> ① 1세대 1주택 비과세 보유기간 : 사실상 주거용으로 사용한 날(불분명 시 공부상 용도변경일)부터 기산함
> ② 장기보유 특별공제액 : 양도차익 × (보유기간별 공제율[1] + 거주기간별 공제율[2])

[1] 보유기간별 공제율(40% 한도) = 주택이 아닌 건물로 보유한 기간에 해당하는 1세대 1주택 외의 자산의 보유기간별 공제율 + 주택으로 보유한 기간에 해당하는 1세대 1주택의 보유기간별 공제율
[2] 주택으로 보유한 기간 중 거주한 기간에 해당하는 1세대 1주택의 거주기간별 공제율

3. 양도소득 기본공제

구 분	내 용
공제대상	모든 양도자산(단, 미등기자산 제외)
공제금액	구분계산 단위인 [1그룹], [2그룹], [3그룹], [4그룹] 별로 각각 연 250만원 공제
공제방법	양도소득금액에 감면소득금액이 있는 경우에는 그 감면소득금액 외의 양도소득금액에서 먼저 공제하고, 감면소득금액 외의 양도소득금액 중에서는 해당 과세기간에 먼저 양도한 자산의 양도소득금액에서부터 순서대로 공제한다(소법 103조 ②).

📖 **양도소득세율**

하나의 자산이 다음에 따른 세율 중 둘 이상에 해당할 때에는 해당 세율을 적용하여 계산한 양도소득 산출세액 중 큰 것을 그 세액으로 한다.

구 분	대 상 자 산		양도소득세율
토지·건물·부동산에 관한 권리	미등기자산		70%
	1년 미만 보유[*1)]	주택, 조합원입주권, 분양권	70%
		그 밖의 자산	50%
	1년 이상 2년 미만 보유[*1)]	주택, 조합원입주권, 분양권	60%
		그 밖의 자산	40%
	2년 이상 보유[*1)]	분양권	60%
		비사업용 토지	"기본세율+10%" 적용세율
		그 밖의 자산	기본세율
기타자산	부동산과다보유법인의 주식과 부동산과다보유 특정업종 법인의 주식으로서 법인의 자산총액 중 비사업용 토지를 50% 이상 보유한 주식		"기본세율+10%" 적용세율
	위 외의 기타자산(등기 및 보유기간 불문)		기본세율
일반주식	대주주	1년 미만 보유한 주식으로서 중소기업[*2)] 외의 법인의 주식	30%
		그 밖의 주식	20%(3억원 초과분 25%)
	대주주가 아닌 자 및 해외주식	중소기업[*2)]의 주식[*3)]	10%
		그 밖의 주식	20%
파생상품	국내·국외 파생상품등의 거래 또는 행위로 발생하는 소득		10%
신탁 수익권	신탁 수익권의 양도로 발생하는 소득		20%(3억원 초과분 25%)

*1) 보유기간 : 해당 자산의 취득일 ~ 양도일. 다만, 다음은 각각 그 정한 날을 그 자산의 취득일로 본다.

구 분	취득일
① 상속받은 자산	피상속인이 그 자산을 취득한 날
② 이월과세가 적용되는 자산	증여자가 그 자산을 취득한 날
③ 법인의 합병·분할(물적분할 제외)로 인하여 합병법인, 분할신설법인 또는 분할·합병의 상대방 법인으로부터 새로 주식등을 취득한 경우	피합병법인, 분할법인 또는 소멸한 분할·합병의 상대방 법인의 주식등을 취득한 날

*2) 중소기업은 「중소기업기본법」에 의한 중소기업에 해당하는 기업을 말한다. 중소기업에 해당하는지 여부의 판정은 주식등의 양도일이 속하는 사업연도의 직전 사업연도 종료일 현재를 기준으로 한다. 다만, 주식등의 양도일이 속하는 사업연도에 새로 설립된 법인의 경우에는 주식등의 양도일 현재를 기준으로 한다.

*3) 해외주식의 경우에는 우리나라의 중소기업의 주식으로서 외국증권시장에 상장된 것을 말한다.

✎ 조정대상지역에 있는 다주택자의 주택에 대한 특례세율

구 분	보유기간	양도소득세율
조정대상지역에 있는 주택으로서 다음의 주택 ① 1세대 2주택에 해당하는 주택 ② 1세대가 주택과 조합원입주권 또는 분양권을 1개 보유한 경우의 해당 주택(장기임대주택 등은 제외)	1년 미만 보유	'기본세율+20%' 적용세율과 40% 세율을 적용하여 계산한 산출세액 중 큰 세액
	1년 이상 보유	'기본세율+20%' 적용세율
③ 1세대 3주택 이상에 해당하는 주택 ④ 1세대가 주택과 조합원입주권 또는 분양권을 보유한 경우로서 그 수의 합이 3 이상인 경우 해당 주택(장기임대주택 등은 제외)	1년 미만 보유	'기본세율+30%' 적용세율과 40% 세율을 적용하여 계산한 산출세액 중 큰 세액
	1년 이상 보유	'기본세율+30%' 적용세율

☞ 조정대상지역에 있는 주택을 2년 이상 보유한 다주택자(1세대 2주택, 3주택 이상)가 해당 주택을 2022.5.10.부터 2026.5.9.까지 양도하는 경우에는 양도소득세 중과 대상(특례세율 적용)에서 제외함. **개정** (1년 연장)

✎ 지정지역(투기지역)에 있는 비사업용토지 등에 대한 특례세율

구 분	보유기간	양도소득세율
① 지정지역에 있는 부동산으로서 비사업용 토지. 다만, 지정지역의 공고가 있은 날 이전에 토지를 양도하기 위하여 매매계약을 체결하고 계약금을 지급받은 사실이 증빙서류에 의하여 확인되는 경우는 제외한다.	2년 미만 보유	'기본세율+20%' 적용세율과 2년 미만 보유자산의 세율*을 적용하여 계산한 산출세액 중 큰 세액
	2년 이상 보유	'기본세율+20%' 적용세율
② 그 밖에 부동산 가격이 급등하였거나 급등할 우려가 있어 부동산 가격의 안정을 위하여 필요한 경우에 대통령령으로 정하는 부동산	2년 미만 보유	'기본세율+10%' 적용세율과 2년 미만 보유자산의 세율*을 적용하여 계산한 산출세액 중 큰 세액
	2년 이상 보유	'기본세율+10%' 적용세율

* 2년 미만 보유자산의 세율 : 1년 미만 보유분 세율과 1년 이상 2년 미만 보유분 세율
☞ 2009.3.16.부터 2012.12.31.까지 취득한 비사업용토지는 양도시기와 관계없이 기본세율을 적용함

✎ 자산을 둘 이상 양도하는 경우 산출세액 계산방법

> 해당 과세기간에 토지·건물·부동산에 관한 권리 및 기타자산을 둘 이상 양도하는 경우 양도소득 산출세액은 다음의 금액 중 큰 것(소득세법 또는 다른 조세에 관한 법률에 따른 양도소득세 감면액이 있는 경우에는 해당 감면세액을 차감한 세액이 더 큰 경우의 산출세액을 말한다)으로 한다. 이 경우 ②의 금액을 계산할 때 비사업용 토지 및 비사업용 토지의 비율이 50% 이상인 특정주식은 동일한 자산으로 보고, 한 필지의 토지가 비사업용 토지와 그 외의 토지로 구분되는 경우에는 각각을 별개의 자산으로 보아 양도소득 산출세액을 계산한다.
> ① 해당 과세기간의 양도소득 과세표준 합계액에 대하여 기본세율을 적용하여 계산한 양도소득 산출세액
> ② 자산별 양도소득 산출세액 합계액*
>   * 다만, 둘 이상의 자산에 대하여 자산별 양도소득세율 중 동일한 세율이 적용되고, 그 적용세율이 둘 이상인 경우 해당 자산에 대해서는 각 자산의 양도소득과세표준을 합산한 것에 대하여 각 해당 양도소득세율을 적용하여 산출한 세액 중에서 큰 산출세액의 합계액으로 한다.

4. 비과세 및 감면의 배제

구 분	비과세와 감면배제액
(1) 미등기자산*	전액 배제
(2) 허위계약서 작성	토지, 건물 및 부동산에 관한 권리를 매매하는 거래당사자가 매매계약서의 거래가액을 실지거래가액과 다르게 적은 경우에는 해당 자산에 대하여 양도소득세의 비과세 또는 감면에 관한 규정을 적용할 때 비과세 또는 감면받았거나 받을 세액에서 다음 중 적은 금액을 뺀다. ① 비과세되지 않는 경우의 산출세액(감면은 감면규정을 적용받았거나 받을 경우의 감면세액) ② 매매계약서의 거래가액과 실지거래가액과의 차액

* 미등기자산이란 토지·건물·「부동산에 관한 권리」를 취득한 자가 취득에 관한 등기를 하지 않고 양도하는 것을 말한다. 다만, 다음의 자산은 미등기자산으로 보지 아니한다.
  ① 장기할부조건으로 취득한 자산으로서 그 계약조건에 의하여 양도 당시 그 자산의 취득에 관한 등기가 불가능한 자산
  ② 법률의 규정 또는 법원의 결정에 의하여 양도 당시 그 자산의 취득에 관한 등기가 불가능한 자산
  ③ 도시개발사업이 종료되지 아니하여 토지 취득등기를 하지 아니하고 양도하는 토지
  ④ 건설업자가 도시개발법에 따라 공사용역 대가로 취득한 체비지를 토지구획환지처분공고 전에 양도하는 토지
  ⑤ 8년 이상 자경한 농지와 교환·분합·대토한 농지
  ⑥ 1세대 1주택에 해당하는 무허가주택

5. 양도소득과세표준 예정신고 (☞ 10장 납세절차 'Ⅱ. 예정신고' 참조)

> **[정리] 고가주택의 범위**
>
> ① 1주택 및 이에 딸린 토지의 일부를 양도하거나 일부가 타인 소유(공동 소유 주택)인 경우로서 실지거래가액 합계액에 양도하는 부분(타인 소유부분 포함)의 면적이 전체주택면적에서 차지하는 비율을 나누어 계산한 금액(이하 '환산한 가액')이 12억원을 초과하는 경우에는 고가주택으로 본다(소령 156 ①).
>
> • 환산한 가액 = 실지거래가액 합계액 × $\dfrac{\text{전체 주택면적}}{\text{양도부분(타인 소유부분 포함)의 면적}}$
>
> ② 단독주택으로 보는 다가구주택의 경우에는 그 전체를 하나의 주택으로 보아 고가주택에 해당하는지를 판단한다(소령 156 ③).
> ③ 겸용주택 : 고가주택 여부를 판정할 때 하나의 건물이 주택과 주택 외의 부분으로 복합되어 있는 경우와 주택에 딸린 토지에 주택 외의 건물이 있는 경우에는 주택 외의 부분은 주택으로 보지 않는다(소령 160 ①).

> **[사례] 공동 소유 주택의 고가주택 판정**
>
> 부부 공동명의 주택(면적 180㎡)을 부부인 갑과 을에게 각각 7억원(면적 90㎡)에 양도한 경우
>
> • 7억원 × $\dfrac{180\text{m}^2}{90\text{m}^2}$ = 14억원 ← 12억원을 초과하므로 고가주택임

Ⅴ. 양도소득세의 특수문제

1. 양도차손의 공제

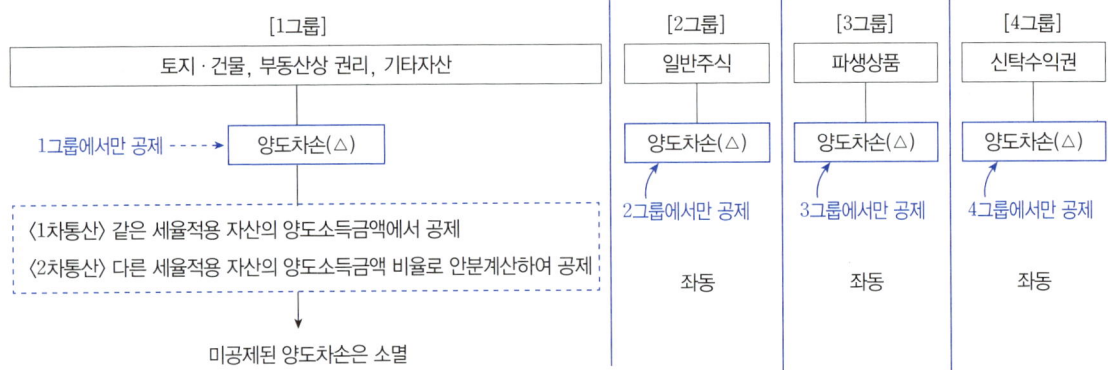

※ 감면소득금액이 있는 경우 : 양도소득금액에 감면소득금액이 포함되어 있는 경우에는 과세소득금액(감면소득금액을 제외한 양도소득금액을 말한다)과 감면소득금액의 비율로 안분하여 각각의 소득금액에서 양도차손을 공제한 것으로 본다.

2. 고가주택의 양도소득금액 계산

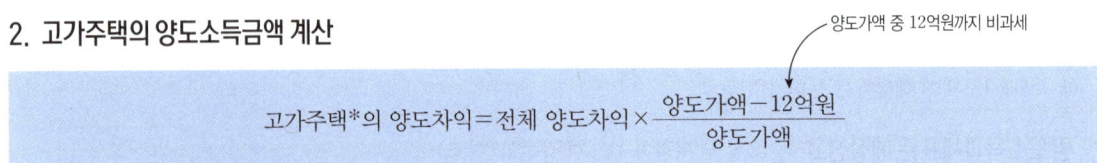

$$고가주택^*의\ 양도차익 = 전체\ 양도차익 \times \frac{양도가액 - 12억원}{양도가액}$$

(양도가액 중 12억원까지 비과세)

* 고가주택 : 비과세대상에서 제외되는 실지양도가액이 12억원을 초과하는 1세대 1주택(고가주택)과 실지양도가액이 12억원을 초과하는 1세대 1조합원입주권(고가조합원입주권)

3. 부담부증여의 양도소득금액 계산

$$양도(취득)가액 = 양도(취득)\ 당시\ 자산가액^{1),\ 2)} \times \frac{채무인수액}{증여가액^{1)}}$$

1) 양도가액·증여가액	시가(상증법상 평가액)		기준시가 (상증법상 평가액)
2) 취득가액	① 실지거래가액	② 매매사례가액 ③ 감정가액 ④ 환산취득가액	기준시가*
3) 기타필요경비	자본적지출과 양도비용		필요경비 개산공제

* 양도가액을 「상속세 및 증여세법」상 부동산의 평가 및 저당권 등이 설정된 재산 평가의 특례에 따라 평가한 경우로서 기준시가로 산정한 경우

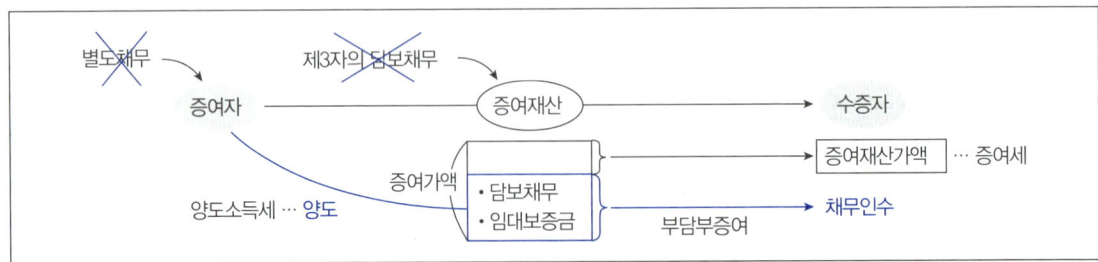

✎ 배우자 간 또는 직계존비속 간의 부담부증여(배우자등에게 양도한 재산의 증여추정 규정에 따라 증여로 추정되는 경우 포함)로서 「상증세법」에 따라 수증자에게 인수되지 아니한 것으로 추정되는 채무액은 채무인수액에서 제외한다. (단, 국가등 채무, 은행차입금등 객관적으로 인정되는 채무는 채무인수액에 포함됨)

사례1 양도차손의 통산 … (양도순서 : A → B → C → D → 갑주식 → 을주식)   (단위 : 백만원)

구 분	토지A(미등기) 70%	건물B(15년) 기본세율	건물C(1년) 40%	토지D(2년) 기본세율	갑주식(20%)	을주식(10%)
양 도 차 손 익	20	10	40	△25	30	△5
장기보유특별공제	-	3	-	-	-	-
양 도 소 득 금 액	20	7	40	△25	30	△5
1 차 통 산	-	△7	-	7	-	-
통산후양도소득	20	0	40	△18	30	△5
2 차 통 산	△6		△12	18	△5	5
통산후양도소득	14		28	0	25	0
양도소득기본공제	-		2.5		2.5	
과 세 표 준	14		25.5		22.5	

　미등기는 기본공제×

　$18 \times \dfrac{40}{20+40}$

사례2 고가주택(1세대 1주택)

보유기간 10년, 거주기간 8년, 양도가액 15억원, 취득가액 8억원, 자본적지출 4천만원, 양도비용 2천만원

```
양  도  가  액           1,500,000,000
(-) 취  득  가  액         800,000,000
(-) 기 타 필 요 경 비       60,000,000
양  도  차  익           640,000,000 × (15억원-12억원)/15억원 = 128,000,000   ← 고가주택분 양도차익
(-) 장 기 보 유 특 별 공 제  128,000,000 × (40%+32%)    92,160,000
양  도  소  득  금  액                               35,840,000
(-) 양 도 소 득 기 본 공 제                            2,500,000
과  세  표  준                                    33,340,000
```

사례3 부담부증여 … (단위 : 백만원)

(1) 등기토지증여 : 증여당시 시가 500(개별공시지가 : 400), 담보채무인수액 200
(2) 취득당시 실지거래가액 : 300(개별공시지가 : 150)
(3) 자본적 지출과 양도비용 : 50

	〈증여당시 시가가 확인되는 경우〉	〈증여당시 시가가 확인되지 않는 경우〉
양 도 가 액	$500 \times \dfrac{200}{500} = 200$	$400 \times \dfrac{200}{400} = 200$
(-) 취 득 가 액	$300 \times \dfrac{200}{500} = 120$	$150 \times \dfrac{200}{400} = 75$
(-) 기 타 필 요 경 비	$50 \times \dfrac{200}{500} = 20$	$150 \times 3\% \times \dfrac{200}{400} = 2.25$
양 도 차 익	60	122.75

4. 배우자 또는 직계존비속으로부터 증여받은 자산에 대한 이월과세

구 분	내 용
(1) 요건	양도일로부터 소급하여 10년(일반주식의 경우에는 1년, 2022.12.31. 이전 증여분은 5년) 이내에 배우자(양도 당시 혼인관계가 소멸된 경우 포함, 사망으로 혼인관계가 소멸된 경우는 제외) 또는 직계존비속으로부터 증여받은 토지, 건물, 특정시설물 이용권, 부동산을 취득할 수 있는 권리 및 일반주식(2025.1.1. 이후 증여받는 분부터 적용)의 양도에 대한 양도차익을 계산하는 경우 개정
(2) 이월과세 배제	① 사업인정고시일부터 소급하여 2년 이전에 증여받은 경우로서「공익사업을 위한 토지 등의 취득 및 보상에 관한 법률」이나 그 밖의 법률에 따라 협의매수 또는 수용된 경우 ② 이월과세 적용으로 비과세되는 1세대 1주택(비과세대상에서 제외되는 고가주택 포함)의 양도에 해당하게 되는 경우 → 부당행위계산의 부인 적용 ③ 이월과세를 적용하여 계산한 양도소득 결정세액이 이월과세를 적용하지 아니하고 계산한 양도소득 결정세액보다 적은 경우
(3) 이월과세 효과	① 양도소득세의 납세의무자 : 수증자 ② 양도소득세의 계산 : 취득가액은 당초 증여자의 취득가액으로 하며, 당초 증여자의 자본적 지출액도 필요경비에 포함한다. 장기보유 특별공제 및 세율 적용은 증여자의 취득시기를 기준으로 판단한다. ③ 증여세의 처리 : 필요경비로 공제(양도차익을 한도로 함) ← 추계시에도 적용함 양도한 자산에 대한 증여세 = 증여세 산출세액 × (양도한 자산의 증여세 과세가액 / 증여세 과세가액)

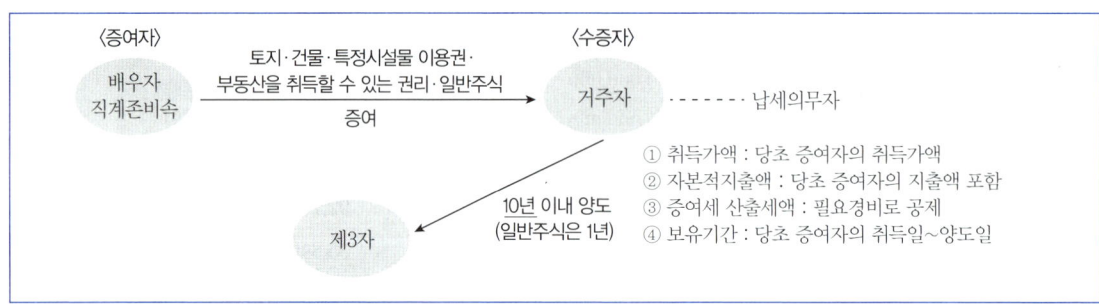

5. 가업상속공제가 적용된 자산에 대한 이월과세

구 분	내 용
(1) 취지	가업상속공제로 상속세의 부담이 경감된 후 상속인이 자산을 양도할 경우 피상속인의 보유기간 동안의 자본이득에 대한 양도소득세까지 과세되지 아니하여 과세 형평성을 저해하는 문제가 있어 가업상속공제가 적용된 자산 부분에 대해서는 피상속인의 취득가액을 적용하여 양도차익을 계산한다.(2014.1.1. 이후 상속받아 양도하는 분부터 적용)
(2) 이월과세 효과	① 양도소득세 계산 : 가업상속공제가 적용된 자산의 양도차익을 계산할 경우 피상속인의 취득시기를 기준으로 필요경비, 장기보유특별공제, 세율을 판단한다. ② 취득가액 : 피상속인의 취득가액 × 가업상속공제 적용률* + 상속개시일 현재 해당 자산가액 × (1 − 가업상속공제 적용률*) 　　* 가업상속공제 적용률 = 가업상속 공제액 ÷ 가업상속 재산가액

※ 보유기간 판단

구 분	장기보유특별공제 적용시	세율 적용시
가업상속공제받은 자산	피상속인의 취득일~양도일	피상속인의 취득일~양도일
가업상속공제받지 않은 자산	상속인의 취득일(상속개시일)~양도일	

Check

[정리] 증여받은 재산에 대한 이월과세 적용배제

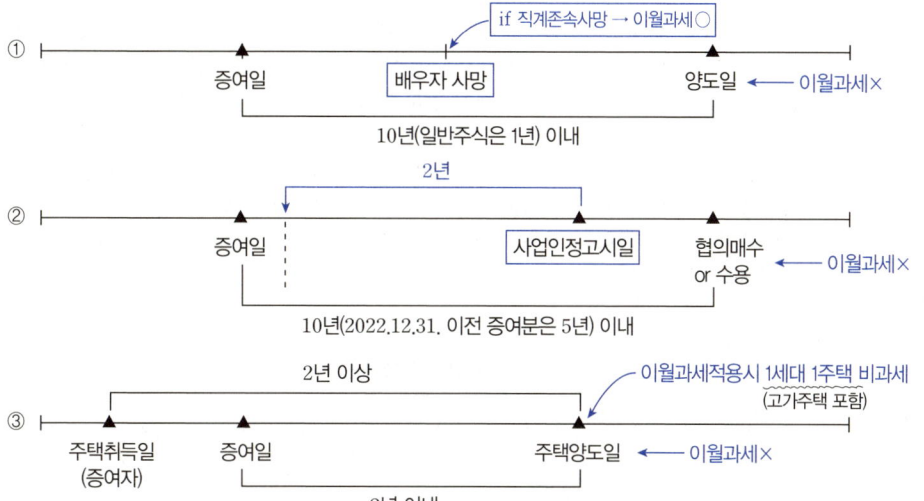

[사례1] 증여받은 자산에 대한 이월과세

(1) 배우자로부터 2021.3.1. 토지를 증여받고 2025.7.1. 9억원에 동 토지를 양도함(양도비용 2천만원)
(2) 배우자의 토지 취득가액 3억원(취득일 2010.1.1.), 증여당시의 시가 7억원(증여세 산출세액 1천만원)

	이월과세 적용시(기본t)	이월과세 미적용시(기본t)
양 도 가 액	900,000,000	900,000,000
(−) 취 득 가 액	300,000,000 ← 당초 배우자의 취득가액	700,000,000 ← 수증시 시가
(−) 기 타 필 요 경 비	20,000,000	20,000,000
(−) 증 여 세 산 출 세 액	10,000,000	−
양 도 차 익	570,000,000	180,000,000
(−) 장 기 보 유 특 별 공 제	171,000,000 (30%) … 15년 이상	14,400,000 (8%) … 4년 이상 5년 미만
양 도 소 득 금 액	399,000,000	165,600,000

☞ 이월과세를 적용함(∵ 기본세율로 산출세액(결정세액)까지 계산하면 "이월과세 적용시＞이월과세 미적용시")

[사례2] 가업상속공제를 적용받은 자산에 대한 이월과세

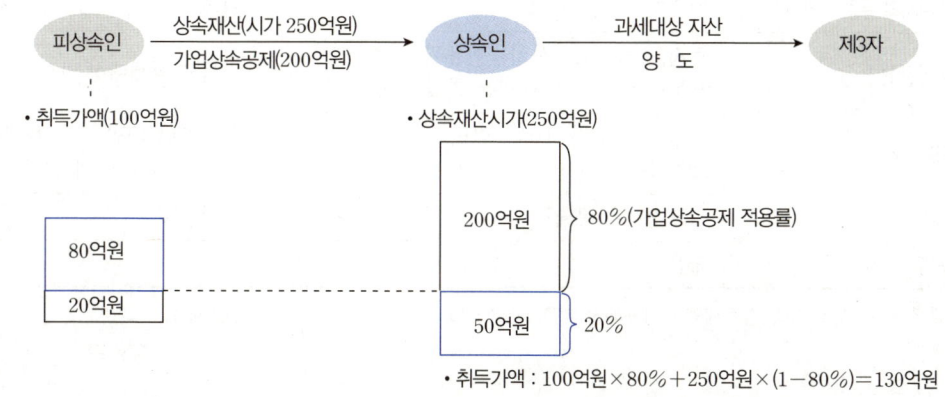

• 취득가액 : 100억원×80%＋250억원×(1−80%)＝130억원

6. 우회양도에 대한 부당행위계산의 부인

구 분	내 용
(1) 부당행위계산의 부인 요건	거주자가 특수관계인(증여받은 자산에 대한 이월과세를 적용받는 배우자 및 직계존비속의 경우 제외)에게 자산을 증여한 후 그 자산을 증여받은 자가 그 증여일부터 10년(2022.12.31. 이전 증여분은 5년) 이내에 다시 타인에게 양도한 경우로서 ①의 세액이 ②의 세액보다 적은 경우에는 증여자가 그 자산을 직접 양도한 것으로 본다. ① 증여받은 자의 증여세(증여세 산출세액에서 공제·감면세액을 뺀 세액)와 양도소득세(양도소득 산출세액에서 공제·감면세액을 뺀 결정세액)를 합한 세액 ② 증여자가 직접 양도하는 경우로 보아 계산한 양도소득세(양도소득 산출세액에서 공제·감면세액을 뺀 결정세액)
(2) 적용 배제	양도소득이 해당 수증자에게 실질적으로 귀속된 경우
(3) 부당행위계산의 부인 효과	① 양도소득세의 납세의무자 : 증여자(양도소득세는 수증자도 증여자와 함께 연대납세의무를 진다) ② 양도소득세의 계산 : 증여자의 취득시기를 기준으로 취득가액, 장기보유특별공제, 세율을 판단함 ③ 증여세의 처리 : 수증자에게 증여세를 부과하지 아니함

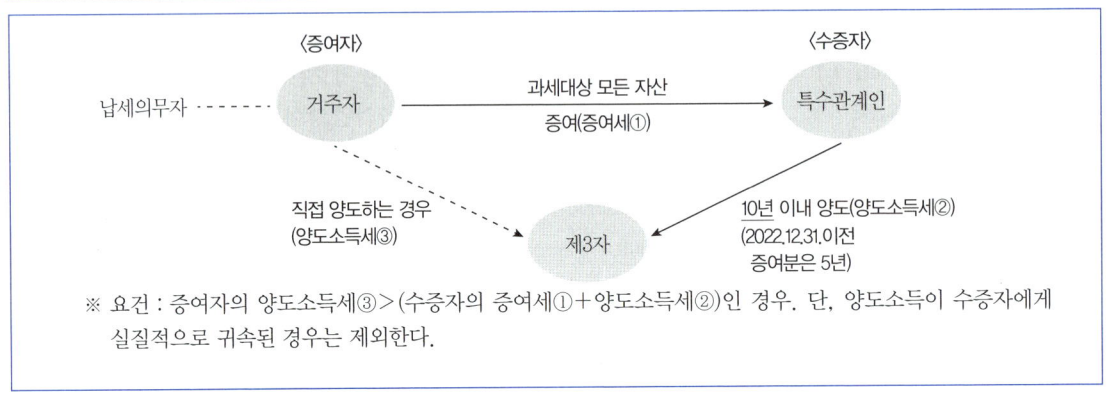

※ 요건 : 증여자의 양도소득세③ > (수증자의 증여세① + 양도소득세②)인 경우. 단, 양도소득이 수증자에게 실질적으로 귀속된 경우는 제외한다.

증여받은 자산에 대한 이월과세와 부당행위계산의 부인 비교

구 분		증여받은 자산의 이월과세	부당행위계산의 부인
납세의무자		수증자	증여자
요건	조세부담의 부당감소 여부	무관(요건충족 시 무조건 적용)*	조세 부당감소의 경우에만 적용
	증여자와 수증자와의 관계	배우자, 직계존비속	특수관계인
	대상자산	토지, 건물, 특정시설물이용권, 부동산을 취득할 수 있는 권리, 일반주식	양도소득세 과세대상 자산
	적용기간	수증일로부터 10년(일반주식은 1년, 2022.12.31. 이전 증여분은 5년) 이내 양도	수증일로부터 10년(2022.12.31. 이전 증여분은 5년) 이내 양도
증여세의 처리		필요경비로 공제	부과하지 않음
연대납세의무		없음	있음

* 이월과세 적용 시 양도소득 결정세액 < 이월과세 미적용 시 양도소득 결정세액 : 이월과세 배제

Check

사례 우회양도에 대한 부당행위계산 부인(2022.12.31. 이전 증여자산의 경우)

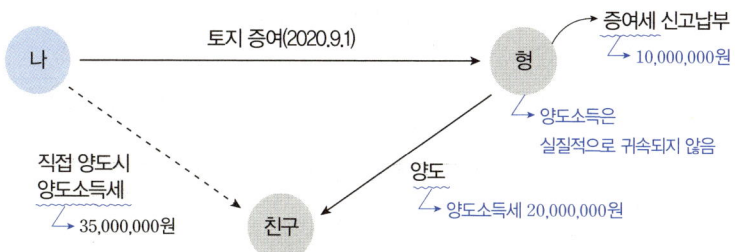

- 양도소득세 납세의무자와 그가 부담할 양도소득세

구 분	2025.9.1. 이전 양도	2025.9.2. 이후 양도
납세의무자	나	형
양도소득세	35,000,000원	20,000,000원

정리1 증여 또는 양도 당시 특수관계 여부에 따른 우회양도에 대한 부당행위계산 적용(소집행 101-167-12)

특수관계(있음○, 없음×)		부당행위계산 적용 여부
증여 당시	양도 당시	
○	○	적용
○	×(사망 등 사유)	적용 배제
×	○	적용 배제

정리2 우회양도의 증여추정 … 상증세법(44 ②)

특수관계인에게 양도한 재산을 그 특수관계인이 양수일로부터 3년 이내에 당초 양도자의 배우자 또는 직계존비속(이하 '배우자 등')에게 다시 양도한 때에는 그 특수관계인이 그 재산을 양도한 당시의 재산가액을 당초 양도자가 그의 배우자 등에게 직접 증여한 것으로 추정한다.

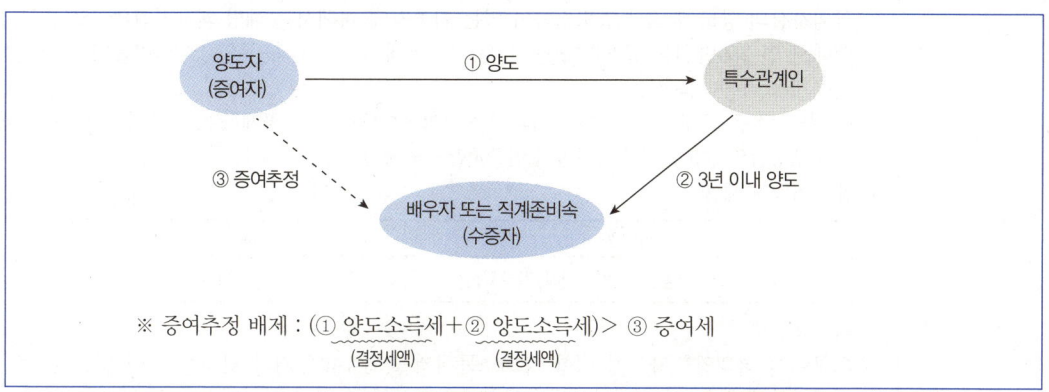

☞ 증여추정으로 증여세가 부과되는 경우 : ①과 ②의 양도소득세는 부과하지 않음

Ⅵ. 국외자산 양도소득에 대한 양도소득세

구 분	내 용
(1) 납세의무자	국외자산에 대한 양도소득세는 거주자(해당 자산의 양도일까지 계속 5년 이상 국내에 주소 또는 거소를 둔 자만 해당한다)에 한하여 납세의무를 진다(소법 118조의2).
(2) 과세대상	국외자산에 대한 양도소득은 다음의 자산을 양도함으로써 발생하는 소득으로 한다. 다만, 양도소득이 국외에서 외화를 차입하여 취득한 자산을 양도하여 발생하는 소득으로서 환율변동으로 인하여 외화차입금으로부터 발생하는 환차익을 포함하고 있는 경우에는 해당 환차익을 양도소득의 범위에서 제외한다. ｜ 구 분 ｜ 내 용 ｜ ｜---｜---｜ ｜ ① 토지와 건물 ｜ 국외에 소재한 모든 토지와 건물(부속시설물과 구축물 포함) ｜ ｜ ② 부동산에 관한 권리 ｜ 국내 양도자산의 부동산에 관한 권리와 동일하나, 부동산 임차권은 등기 여부를 불문한다는 점에서 차이가 있다. ｜ ｜ ③ 기타자산 ｜ 국내 양도자산의 기타자산과 동일하다. ｜ ☞ 해외주식과 국내주식 간에 양도손익을 통산하며, 해외파생상품과 국내파생상품 간에 양도손익도 통산하여 계산한다.
(3) 계산구조	1) 양도가액과 취득가액 　　① 실지거래가액 → ② 시가 → ③ 「상속세 및 증여세법」상 보충적 평가방법 2) 양도가액과 필요경비의 외화환산 　양도가액 및 필요경비를 수령하거나 지출한 날 현재 「외국환거래법」에 의한 기준환율 또는 재정환율에 의하여 계산한다. 즉, 다음과 같이 계산한다. 　① 양도가액 : 양도일 현재 기준환율 또는 재정환율 　② 취득가액 : 취득일 현재 기준환율 또는 재정환율 　③ 기타필요경비(자본적지출과 양도비용) : 지출일(양도일) 현재 기준환율 또는 재정환율 　※ 장기할부조건의 경우에는 양도시기 또는 취득시기 규정에 의한 양도일 또는 취득일을 양도가액 또는 취득가액을 수령하거나 지출한 날로 본다. 즉, 양도시기에 양도가액을 전액 수령한 것으로 보며, 취득시기에 취득가액을 전액 지출한 것으로 본다. 3) 장기보유 특별공제 → 적용하지 않음 4) 양도소득기본공제 　국외자산의 양도에 대한 양도소득이 있는 거주자에 대해서는 해당 과세기간의 양도소득금액에서 연 250만원을 공제한다(공제 순서는 국내 양도자산과 동일). 단, 미등기자산도 기본공제를 적용받음 　☞ 해외주식은 국내주식의 양도손익과 합산하여 연 250만원을 공제하며, 해외파생상품도 국내파생상품의 양도손익과 합산하여 연 250만원 공제한다. 5) 양도소득세 세율 ｜ 구 분 ｜ 세 율 ｜ ｜---｜---｜ ｜ 토지, 건물, 부동산에 관한 권리, 기타자산 ｜ 기본세율 ｜ 6) 외국납부세액 　외국에서 국외양도자산에 대한 양도소득세액을 납부하였거나 납부할 것이 있는 때에는 외국납부세액공제나 외국납부세액의 필요경비산입 중 하나를 선택하여 적용할 수 있다. 　　↳ 이월공제 ×

사례 국외자산의 양도

(1) 갑(국내 주소 5년)이 외국의 토지A 양도(보유기간 5년, 미등기토지임)
(2) 토지A : 실지양도가액 $300,000, 실지취득가액 $270,000, 양도비용 $5,000(양도일)
(3) 양도일과 취득일의 환율

구 분	양도일	취득일
대고객외국환매입율	1,250원/$	1,050원/$
기준환율	1,200원/$	1,000원/$
대고객외국환매도율	1,350원/$	1,150원/$

(4) 외국정부에 납부한 양도소득세 : $1,100(납부일 : 양도일)
(5) 기본세율 : 과세표준 5,000만원 초과 8,800만원 이하 '624만원＋5,000만원을 초과하는 금액의 24%'

```
    양  도  가  액 : $300,000×1,200  = 360,000,000
(−) 취  득  가  액 : $270,000×1,000  = 270,000,000
(−) 기 타 필 요 경 비 : $5,000×1,200    =   6,000,000
    양  도  차  익                        84,000,000
(−) 장기보유특별공제 (적용하지 않음)         −
    양 도 소 득 금 액                     84,000,000
(−) 양도소득기본공제 (미등기자산도 공제함)   2,500,000
    양도소득과세표준                      81,500,000
(×) 기  본  세  율                          ×t
    산  출  세  액                        13,800,000
(−) 외국납부세액공제 : $1,100×1,200   =    1,320,000
    결  정  세  액                        12,480,000
```

필요경비산입을 선택할 수 있음

정리 국외자산에 대하여 국내자산에 대한 양도소득세의 규정 중 준용하지 않는 규정(주요내용)

① 미등기 양도자산에 대한 비과세, 감면 배제(소법 91조)
② 장기보유 특별공제(소법 95조)
③ 증여자산 또는 가업상속공제 적용 자산에 대한 이월과세(소법 97조의2)
④ 기준시가의 산정(소법 99조)
⑤ 양도소득금액의 구분 계산 등(소법 102조)

Ⅶ. 거주자의 출국시 국내 주식 등에 대한 과세 특례(국외전출세)

구 분	내 용
(1) 취지	비거주자의 국내주식 양도차익은 국내에서 과세권이 없어(대부분의 조세조약에서 주식양도차익은 거주지국에서만 과세 가능함) 조세회피가 가능하다. 이에 따라 역외 조세회피 방지 및 국내재산에 대한 과세권 확보를 위하여 국내 거주자(대주주로 한정)가 이민 등으로 국외 전출하는 경우 국외전출일에 국내주식을 양도한 것으로 보아 2018.1.1.부터 양도소득세("국외전출세")를 과세한다.
(2) 과세대상	국내 일반주식, 특정주식A, 특정주식B
(3) 납세의무자	다음의 요건을 모두 갖추어 출국하는 거주자(국외전출자)는 출국 당시 소유한 국내일반주식, 특정주식A 및 특정주식B를 출국일에 양도한 것으로 보아 양도소득에 대하여 소득세를 납부할 의무가 있다. ① 출국일 10년 전부터 출국일까지의 기간 중 국내에 주소나 거소를 둔 기간의 합계가 5년 이상일 것 ② 출국일이 속하는 연도의 직전 연도 종료일 현재 대주주에 해당할 것
(4) 납세의무성립일	국외전출일
(5) 계산구조	양 도 가 액 … 출국일 당시의 시가[*1] (−) 취 득 가 액 … 거주자의 계산규정 준용 (−) 기 타 필 요 경 비 … 거주자의 계산규정 준용 양 도 소 득 금 액 … 국내주식의 평가이익 (−) 양도소득기본공제 … 연 250만원 양도소득과세표준[*2] (×) 세 율 … 20%(3억원 초과분 25%) 양도소득산출세액 (−) 감 면 공 제 세 액[*3] … 조정공제액, 외국납부세액공제, 비거주자의 국내원천소득 세액공제 (+) 가 산 세 차 감 납 부 세 액 [*1] 출국일 당시의 시가 : 출국일 당시의 해당 주식등의 거래가액으로 한다. 다만, 거래가액을 정하기 어려울 때에는 다음의 방법에 따른다. 　① 주권상장법인의 주식등 : 소득세법상 기준시가 　② 주권비상장법인의 주식등 : 다음의 방법을 순차로 적용하여 계산한 가액 　　〈1순위〉 출국일 전후 각 3개월 이내에 해당 주식등의 매매사례가 있는 경우 그 가액 　　〈2순위〉 소득세법상 기준시가 [*2] 종합소득, 퇴직소득 및 거주자의 양도소득 과세표준과 구분하여 계산한다. [*3] 국외전출자가 출국한 후 국외전출자 국내주식등을 실제 양도한 경우에 적용한다.

개정 국외전출세 개정 폐지 : 금융투자소득세를 폐지함에 따라 종전 규정대로 적용함

구 분	내 용
(6) 세액공제	다음의 세액공제를 받으려는 자는 국외전출자 국내주식등을 실제 양도한 날부터 2년 이내에 세액공제신청서를 납세지 관할 세무서장에게 제출(국세정보통신망을 통한 제출 포함)하여야 한다. 1) 조정공제 　국외전출자가 출국한 후 국외전출자 국내주식등을 실제 양도한 경우로서 실제 양도가액이 양도가액(출국일 당시의 시가)보다 낮은 때에는 다음의 계산식에 따라 계산한 세액("조정공제액")을 산출세액에서 공제한다. $$조정공제액 = [양도가액(출국일\ 당시의\ 시가) - 실제\ 양도가액] \times 세율$$ 2) 외국납부세액공제 　국외전출자가 출국한 후 국외전출자 국내주식등을 실제로 양도하여 해당 자산의 양도소득에 대하여 외국정부(지방자치단체 포함)에 세액을 납부하였거나 납부할 것이 있는 때에는 다음의 계산식에 따라 계산한 외국납부세액을 산출세액에서 공제한다. 외국납부세액공제 : Min[①, ②] ① 외국납부세액$^{*1)} \times \dfrac{Min[양도가액(출국일\ 당시의\ 시가),\ 실제양도가액]^{*2)} - 필요경비}{실제\ 양도가액 - 필요경비}$ ② (한도) 산출세액 - 조정공제액 *1) 외국납부세액 : 해당 자산의 양도소득에 대하여 외국정부에 납부한 세액 *2) 국외전출자가 출국한 후 국외전출자 국내주식등을 실제 양도한 경우로서 실제 양도가액이 양도가액(출국일 당시의 시가)보다 낮은 때에는 실제 양도가액으로 한다. 다만, 다음 중 어느 하나에 해당하는 경우에는 외국납부세액공제를 적용하지 아니한다. ① 외국정부가 산출세액에 대하여 외국납부세액공제를 허용하는 경우 ② 외국정부가 국외전출자 국내주식등의 취득가액을 양도가액(출국일 당시의 시가)으로 조정하여 주는 경우 3) 비거주자의 국내원천소득 세액공제 　국외전출자가 출국한 후 국외전출자 국내주식등을 실제로 양도하여 비거주자의 국내원천소득으로 국내에서 과세되는 경우에는 다음의 금액을 산출세액에서 공제한다. $$Min[국내원천소득에\ 대한\ 원천징수세액^{*},\ (한도)\ 산출세액 - 조정공제액]$$ * 양도가액 × 10%. 다만, 유가증권의 취득가액 및 양도비용이 확인되는 경우에는 Min[양도가액 × 10%, (양도가액 - 취득가액 - 양도비용) × 20%] 비거주자의 국내원천소득 세액공제를 하는 경우에는 외국납부세액의 공제를 적용하지 아니한다.
(7) 신고 · 납부	1) 국내주식등의 보유현황 신고 　국외전출자는 국외전출자 국내주식등의 양도소득에 대한 납세관리인과 국외전출자 국내주식등의 보유현황을 출국일 전날까지 납세지 관할 세무서장에게 신고하여야 한다. 이 경우 국외전출자 국내주식등의 보유현황은 신고일의 전날을 기준으로 작성한다. 2) 양도소득세의 신고 · 납부 　국외전출자는 양도소득 과세표준을 출국일이 속하는 달의 말일부터 3개월 이내(납세관리인을 신고한 경우에는 양도소득과세표준 확정신고 기간 내)에 납세지 관할 세무서장에게 신고하여야 한다. 양도소득 과세표준을 신고할 때에는 산출세액에서 소득세법 또는 다른 조세에 관한 법률에 따른 감면세액과 세액공제액을 공제한 금액을 납세지 관할 세무서, 한국은행 또는 체신관서에 납부하여야 한다.

구 분	내 용
(8) 국내주식등의 보유현황 신고 불성실가산세	국외전출자가 출국일 전날까지 국외전출자 국내주식등의 보유현황을 신고하지 아니하거나 누락하여 신고한 경우에는 다음의 가산세액을 산출세액에 더한다. ① 출국일 전날까지 국외전출자 국내주식등의 보유현황을 신고하지 아니한 경우 : 출국일 전날의 국외전출자 국내주식등의 액면금액* 또는 출자가액×2% ② 국내주식등의 보유현황을 누락하여 신고한 경우 : 신고일의 전날을 기준으로 신고를 누락한 국외전출자 국내주식등의 액면금액* 또는 출자가액×20% 　* 무액면주식인 경우 : 액면금액＝그 주식을 발행한 법인의 자본금÷발행주식총수
(9) 경정청구	조정공제, 외국납부세액공제 및 비거주자의 국내원천소득 세액공제를 적용받으려는 자는 국외전출자 국내주식등을 실제 양도한 날부터 2년 이내에 납세지 관할 세무서장에게 경정을 청구할 수 있다.
(10) 납부유예	① 국외전출자는 다음의 요건을 모두 갖춘 경우에는 출국일부터 국외전출자 국내주식등을 실제로 양도할 때까지 납세지 관할 세무서장에게 양도소득세 납부의 유예를 신청하여 납부를 유예받을 수 있다. 　㈎ 국세기본법에 따른 납세담보를 제공할 것 　㈏ 납세관리인을 납세지 관할 세무서장에게 신고할 것 ② 납부를 유예받은 국외전출자는 출국일부터 5년(「국외유학에 관한 규정」제2조 제1호에 따른 유학에 해당하는 경우 10년. 이하 같음) 이내에 국외전출자 국내주식등을 양도하지 아니한 경우에는 출국일부터 5년이 되는 날이 속하는 달의 말일부터 3개월 이내에 국외전출자 국내주식등에 대한 양도소득세를 납부하여야 한다. ③ 납부유예를 받은 국외전출자는 국외전출자 국내주식등을 실제 양도한 경우 양도일이 속하는 달의 말일부터 3개월 이내에 국외전출자 국내주식등에 대한 양도소득세를 납부하여야 한다. ④ 납부를 유예받은 국외전출자는 국외전출자 국내주식등에 대한 양도소득세를 납부할 때 납부유예를 받은 기간에 대한 이자상당액을 가산하여 납부하여야 한다.
(11) 재전입 등에 따른 환급 등	1) 납부한 세액의 환급(또는 납부유예세액의 취소) 신청 국외전출자(③의 경우에는 상속인을 말함)는 다음 중 어느 하나에 해당하는 사유가 발생한 경우 그 사유가 발생한 날부터 1년 이내에 납세지 관할 세무서장에게 납부한 세액의 환급을 신청하거나 납부유예 중인 세액의 취소를 신청하여야 한다. 　① 국외전출자가 출국일부터 5년 이내에 국외전출자 국내주식등을 양도하지 아니하고 국내에 다시 입국하여 거주자가 되는 경우 　② 국외전출자가 출국일부터 5년 이내에 국외전출자 국내주식등을 거주자에게 증여한 경우 　③ 국외전출자의 상속인이 국외전출자의 출국일부터 5년 이내에 국외전출자 국내주식등을 상속받은 경우 2) 납부한 세액의 환급(또는 납부유예세액의 취소) 납세지 관할 세무서장은 위 1)에 따른 신청을 받은 경우 지체 없이 국외전출자가 납부한 세액을 환급하거나 납부유예 중인 세액을 취소하여야 한다. 3) 국세환급가산금 배제 위 1)의 ② 또는 ③에 해당하여 국외전출자가 납부한 세액을 환급하는 경우에는 국세환급금에 국세환급가산금을 가산하지 아니한다. 4) 가산세 환급 배제 위 1)에 해당하여 국외전출자가 납부한 세액을 환급하는 경우 출국전 국내주식등보유현황 무신고·과소신고 가산세는 환급하지 아니한다.

> **사례1** 국외전출세 … 신고할 세액
>
> (1) 해외이주 목적으로 출국한 거주자 갑(국내에 주소를 둔 기간이 5년)의 출국일 현재 주식 보유 현황
>   ① 비상장 내국영리법인인 ㈜A(중소기업 아님)가 발행한 보통주 : 10,000주(지분율 5%)
>   ② 1주당 취득가액 : 50,000원(액면가액 5,000원)
> (2) 출국일(2025.6.1.) 현재 A주식의 시가는 불분명하여 거래가액을 정하기 어려움
>   ① 1주당 소득세법상 기준시가 : 80,000원
>   ② 2025.2.1.의 1주당 매매사례가액 : 85,000원
> (3) 갑은 2025년도에 A주식 외의 양도한 자산은 없으며, 양도소득세 납부유예를 적용받음
> (4) 양도소득세 세율 : 양도소득 과세표준×20%(3억원 초과분 25%)

```
양  도  가  액 : 10,000주×80,000=   800,000,000
(-) 취  득  가  액 : 10,000주×50,000=   500,000,000
(-) 기 타 필 요 경 비                        -
    양  도  차  익 (=양도소득금액)     300,000,000
(-) 기  본  공  제                      2,500,000
    과  세  표  준                    297,500,000
(×) 세           율                        ×20%
    산  출  세  액 (=신고할 세액)      59,500,000
```

> **사례2** 실제 양도한 경우 : 조정공제액과 외국납부세액공제액 (사례1의 자료 이용)
>
> (1) 갑은 출국 후 2025.12.2. A주식 10,000주를 1주당 75,000원에 양도함(단, 양도비용 없음)
> (2) 양도한 A주식에 대하여 외국정부에 외국납부세액 50,000,000원을 납부함(단, 외국정부가 외국납부세액공제를 허용하지 않거나, 취득가액을 출국일 당시의 양도가액으로 조정하지 않은 경우임)

(1) 조정공제액 : $\text{Min}[(80,000-75,000)\times 10,000주 \times 20\%,\ 59,500,000] = 10,000,000$

(2) 외국납부세액공제액 : $\text{Min}[①, ②] = 49,500,000$

① $50,000,000 \times \dfrac{\text{Min}[800,000,000,\ 750,000,000^*]-500,000,000}{750,000,000-500,000,000} = 50,000,000$

② (한도) $59,500,000(\text{산출세액})-10,000,000(\text{조정공제액}) = 49,500,000$

* $10,000주 \times 75,000 = 750,000,000$

> **사례3** 실제 양도한 경우 : 조정공제액과 비거주자의 국내원천소득 세액공제 (사례1의 자료 이용)
>
> (1) 갑은 출국 후 2025.12.2. A주식 10,000주를 1주당 75,000원에 양도함(단, 양도비용 없음)
> (2) 양도한 A주식에 대하여 비거주자의 원천소득으로 국내에서 납부한 원천납부세액은 49,000,000원임

(1) 조정공제액 : 10,000,000(사례2와 같음)

(2) 비거주자의 국내원천소득 세액공제
  $\text{Min}[49,000,000,\ (한도)\ 59,500,000-10,000,000(\text{조정공제액})=49,500,000] = 49,000,000$

10 납세절차

Ⅰ. 중간예납 비교

구 분		법인세법	소득세법
(1) 중간예납대상자		사업연도의 기간이 6개월을 초과하는 법인	사업소득이 있는 거주자 또는 비거주자*
(2) 중간예납 기간		사업연도 개시일로부터 6개월이 되는 날	1.1.~6.30.
(3) 중간예납세액 계산방법	원칙	직전 사업연도 실적기준과 중간예납기간 실적기준 중 선택	직전 과세기간 실적기준
	예외	• 직전 사업연도 실적기준(강제) : 중간예납의 납부기한까지 중간예납세액을 납부하지 아니한 경우 • 중간예납기간 실적기준(강제) : 전기 산출세액이 없는 경우, 중간예납기간 만료일까지 전기 법인세액의 미확정 등	• 중간예납기간 실적기준으로 신고 : - 중간예납기준액이 없는 복식부기의무자가 해당 과세기간의 중간예납기간 중 사업소득이 있는 경우(강제) - 중간예납추계액이 중간예납기준액의 30%에 미달하는 경우(선택)
(4) 중간예납 세액의 신고·납부		중간예납기간 종료일로부터 2개월 이내에 자진신고납부	11.1.부터 11.15.까지 납부고지서를 발부하여 11.30.까지 징수(단, 중간예납추계액 신고 시 11.1.부터 11.30.일까지 신고)
(5) 소액부징수 (납부의무면제)		직전 사업연도의 중소기업으로서 직전 사업연도의 실적기준이 50만원 미만인 내국법인(납부의무 면제)	50만원 미만인 경우 징수하지 않음

* 사업자 중 중간예납 제외대상 : ① 신규사업자. ② 사업소득 중 수시부과하는 소득. ③ 사업소득 중 속기·타자 등 사무지원 서비스업. ④ 분리과세 주택임대소득, ⑤ 사업소득 중 자영예술업(저술가·화가·배우·가수·영화감독·연출가·촬영사 등)과 기타 스포츠 서비스업(직업선수·코치·심판 등), ⑥ 보험모집원, ⑦ 방문판매인(직전 과세기간의 사업소득에 대한 소득세를 연말정산한 경우에 한정함), ⑧ 전환정비사업조합 또는 주택조합의 조합원이 하는 공동사업, ⑨ 납세조합이 중간예납기간 중 그 조합원의 소득세를 매월 징수하여 납부한 경우

Ⅱ. 예정신고

구 분	부동산매매업자의 토지등 매매차익예정신고	양도소득과세표준 예정신고
신고대상자	토지 또는 건물(이하 '토지등')을 매매한 부동산매매업자(토지등의 매매차익이 없거나 매매차손이 발생하였을 때에도 신고하여야 함)	양도소득세 과세대상 자산(해외주식과 파생상품은 제외)을 양도한 자(양도차익이 없거나 양도차손이 발생한 경우에도 적용함)
예정신고기한	매매일이 속하는 달의 말일부터 2개월 이내	① 양도일이 속하는 달의 말일(일반주식은 반기 말일)로부터 2개월 이내*2) ② 부담부증여의 채무액 부분으로서 양도로 보는 경우 : 양도일이 속하는 달의 말일부터 3개월 이내
세액계산구조	(매매가액 - 필요경비*1) - 장기보유 특별공제) × 양도소득세율(보유기간 2년 미만인 경우에도 기본세율 적용) ☞ 양도소득기본공제는 적용하지 않음	양도소득세 계산방식에 따라 세액계산(해당 과세기간에 누진세율 적용대상 자산에 대한 예정신고를 2회 이상 하는 경우 이미 신고한 양도소득금액과 합산하여 신고할 수 있음)
미이행시 불이익	가산세 부과	과세표준과 세액의 결정*3) 및 가산세 부과
확정신고 의무면제	—	예정신고를 한 자는 해당 소득에 대한 확정신고를 하지 아니할 수 있음(단, 누진세율 적용대상 자산에 대한 예정신고를 2회 이상 한 자가 합산하여 신고하지 아니한 경우 등*4)은 확정신고를 해야 함)

*1) 필요경비는 취득가액, 자본적 지출, 양도비용, 건설자금이자, 매도로 인한 공과금을 말한다.
*2) 토지거래계약에 관한 허가구역에 있는 토지를 양도할 때 토지거래계약허가를 받기 전에 대금을 청산한 경우에는 그 허가일(토지거래계약허가를 받기 전에 허가구역의 지정이 해제된 경우에는 그 해제일)이 속하는 달의 말일부터 2개월로 한다.
*3) 납세지 관할 세무서장 또는 지방국세청장은 예정신고를 하여야 할 자가 그 신고를 하지 아니한 경우에는 해당 거주자의 양도소득과세표준과 세액을 결정한다(소법 114 ①).
*4) 다음 중 어느 하나에 해당하는 경우에는 예정신고를 한 경우에도 확정신고를 하여야 한다.
① 해당연도에 누진세율의 적용대상 자산에 대한 예정신고를 2회 이상 한 자가 이미 신고한 양도소득금액과 합산하여 신고하지 아니한 경우
② 토지, 건물, 부동산에 관한 권리, 기타자산 및 신탁 수익권을 2회 이상 양도한 경우로서 양도소득 기본공제를 적용할 경우 당초 신고한 양도소득산출세액이 달라지는 경우
③ 토지, 건물, 부동산에 관한 권리 및 기타자산을 둘 이상 양도한 경우로서 '자산을 둘 이상의 양도하는 경우의 산출세액 계산방법'을 적용할 경우 당초 신고한 양도소득산출세액이 달라지는 경우

Ⅲ. 원천징수

1. 원천징수대상과 원천징수세율 (☞ 각 소득에서 설명한 내용 참조)

☑ 비실명자산소득에 대한 원천징수 특례 : 원천징수의무자인 금융회사등이 「금융실명거래 및 비밀보장에 관한 법률」에 따른 차등과세가 적용되는 비실명 이자 및 배당소득에 대하여 고의 또는 중대한 과실 없이 90%가 아닌 14%의 세율로 원천징수한 경우에는 해당 계좌의 실질 소유자가 소득세 원천징수 부족액(원천징수납부지연가산세 포함)을 납부하여야 한다. 이 경우 소득세 원천징수 부족액에 관하여는 해당 계좌의 실질 소유자를 원천징수의무자로 본다.

☑ (기타소득)서화·골동품 양도자의 원천징수 특례 : 서화·골동품의 양수자인 원천징수의무자가 국내사업장이 없는 비거주자 또는 외국법인인 경우로서 원천징수를 하기 곤란하여 원천징수를 하지 못하는 경우에는 서화·골동품의 양도로 발생하는 소득을 지급받는 자를 원천징수의무자로 본다. (☞ 양도자가 원천징수세액을 신고·납부하여야 함)

2. 원천징수 면제

① 비과세소득 또는 면제소득을 지급하는 경우
② 미지급 소득이 이미 종합소득에 합산되어 소득세가 과세된 후 그 미지급 소득을 지급하는 경우
③ 법인이 「채무자 회생 및 파산에 관한 법률」에 따른 회생절차에 따라 특수관계인이 아닌 다른 법인에 합병되는 등 지배주주가 변경(이하 '인수')된 이후 회생절차 개시 전에 발생한 사유로 인수된 법인의 대표자 등에 대하여 법인세법에 따라 상여로 처분되는 소득

3. 연말정산

구 분	연말정산시기
간편장부대상자인 보험모집인, 방문판매인, 음료품 배달원 사업소득*	• 다음 연도 2월분 사업소득을 지급하는 때(2월분 사업소득을 2월 말까지 지급하지 아니하거나 2월분 사업소득이 없는 경우에는 2월 말일) • 거래계약을 해지하는 달의 사업소득을 지급하는 때
근로소득	• 다음 연도 2월분의 근로소득을 지급하는 때(2월분의 근로소득을 2월 말일까지 지급하지 아니하거나 2월분의 근로소득이 없는 경우에는 2월 말일) • 퇴직자의 퇴직하는 달의 근로소득을 지급하는 때
공적연금소득	다음 연도 1월분 공적연금소득을 지급하는 때(공적연금소득을 받는 자가 해당 과세기간 중에 사망한 경우에는 사망일이 속하는 달의 다음다음 달 말일)

* 방문판매인과 음료품배달원의 사업소득은 연말정산의무자가 연말정산을 신청한 경우에만 해당한다. 원천징수의무자는 연말정산일이 속하는 달의 다음 달 말일까지 원천징수영수증을 해당 사업자에게 발급하여야 한다.
☞ 소득·세액공제신고서를 제출하지 않는 경우 본인에 대한 기본공제와 표준세액공제만 적용한다.

4. 원천징수세액의 납부

구 분	내 용
원칙	원천징수한 세액은 다음 달 10일까지 납부
반기별 납부대상자*	[원칙] 징수일이 속하는 반기의 다음 달 10일까지 납부 [예외] 반기별 납부를 할 수 없는 원천징수세액 　　① 법인세법에 따라 배당·상여·기타소득으로 처분된 금액 　　②「국제조세조정에 관한 법률」에 따라 소득처분된 금액 　　③ 비거주 연예인 등의 용역제공과 관련된 원천징수세액(소법 156조의5)

* 반기별 납부대상자 : 다음의 원천징수의무자로서 원천징수 관할 세무서장으로부터 원천징수대상 소득에 대한 원천징수세액을 매 반기별로 납부할 수 있도록 승인을 받거나 국세청장이 정하는 바에 따라 지정을 받은 자
　① 직전 과세기간(신규사업자의 경우에는 신청일이 속하는 반기)의 상시고용인원이 20명 이하인 원천징수의무자(금융 및 보험업을 경영하는 자는 제외) → 금융보험업자는 반기별 납부대상이 아님(∵ 금융보험업자는 원천징수세액이 큰 경우가 많음)
　② 종교단체 → 종교단체는 상시고용인원이 20명을 초과하더라도 반기별납부 가능

5. 원천징수시기 특례

구 분	종 류	원천징수시기
이자소득	금융회사 등이 매출 또는 중개하는 어음, 전자단기사채 등, 은행 및 상호저축은행이 매출하는 표지어음으로서 보관통장으로 거래되는 것(은행이 매출한 표지어음의 경우에는 보관통장으로 거래되지 아니하는 것도 포함한다)의 이자와 할인액	할인매출하는 날(다만, 어음 및 전자단기사채 등이 한국예탁결제원에 발행일부터 만기일까지 계속하여 예탁된 경우에는 만기일로 하되, 해당 이자와 할인액을 지급받는 자가 할인매출일에 원천징수하기를 선택한 경우에는 할인매출하는 날)
	직장공제회 반환금을 분할하여 지급하는 경우 납입금 초과이익	납입금 초과이익을 원본에 전입하는 뜻의 특약에 따라 원본에 전입된 날
	위 외의 이자소득	총수입금액의 수입시기
배당소득	의제배당	총수입금액의 수입시기
	위 외의 배당소득	배당소득 수입시기
미지급소득	연말정산대상 사업소득·근로소득·퇴직소득(공적연금 관련법에 따라 받는 일시금 제외) 미지급분	1월부터 11월까지분 : 12월 31일 12월분 : 다음 연도 2월 말
	잉여금처분에 의한 배당·상여 미지급분	처분결정일로부터 3개월이 되는 날(11월 1일부터 12월 31일까지의 기간 중 결정된 경우에는 다음 연도 2월 말)
	출자공동사업자의 배당소득 미지급분	과세기간 종료 후 3개월이 되는 날
	동업기업에서 배분받는 이자·배당소득 미지급분	동업기업의 과세기간 종료 후 3개월이 되는 날
소득처분에 의한 소득	인정배당·인정상여·기타소득	경정에 의한 경우 : 소득금액변동통지서*를 받은 날 법인이 신고하는 경우 : 신고일 또는 수정신고일

* 소득처분에 따른 소득금액변동통지서의 통지 : 법인세법에 의하여 세무서장 또는 지방국세청장이 법인소득금액을 결정 또는 경정할 때에 처분[「국제조세조정에 관한 법률 시행령」 제49조(지급이자 손금불산입액의 소득처분)에 따라 처분된 것으로 보는 경우를 포함한다]되는 배당·상여 및 기타소득은 법인소득금액을 결정 또는 경정하는 세무서장 또는 지방국세청장이 그 결정일 또는 경정일부터 15일내에 소득금액변동통지서에 따라 해당 법인에 통지해야 한다. 다만, 해당 법인의 소재지가 분명하지 않거나 그 통지서를 송달할 수 없는 경우에는 해당 주주 및 해당 상여나 기타소득의 처분을 받은 거주자에게 통지해야 한다. 세무서장 또는 지방국세청장이 해당 법인에게 소득금액변동통지서를 통지한 경우 통지하였다는 사실(소득금액 변동내용은 포함하지 아니함)을 해당 주주 및 해당 상여나 기타소득의 처분을 받은 거주자에게 알려야 한다.

> [정리] 원천징수시기 특례

1. 연말정산대상 사업소득, 근로소득, 퇴직소득 미지급분   원천징수시기

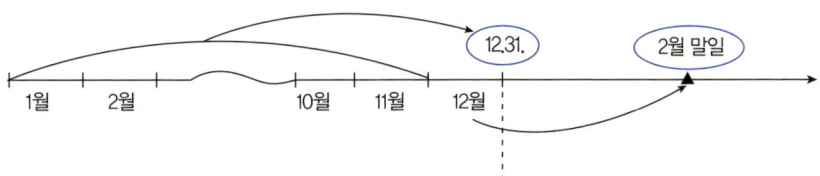

2. 잉여금처분에 의한 배당, 상여 미지급분

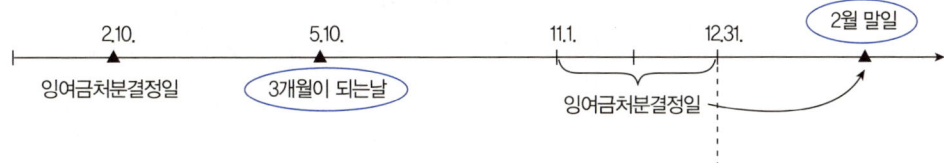

3. 출자공동사업자의 배당소득 미지급분

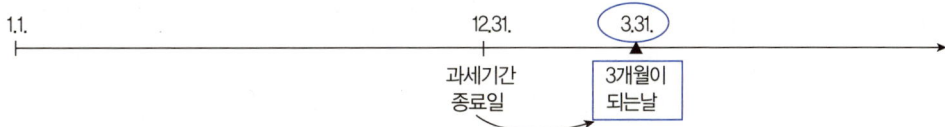

4. 인정배당, 인정상여, 기타소득

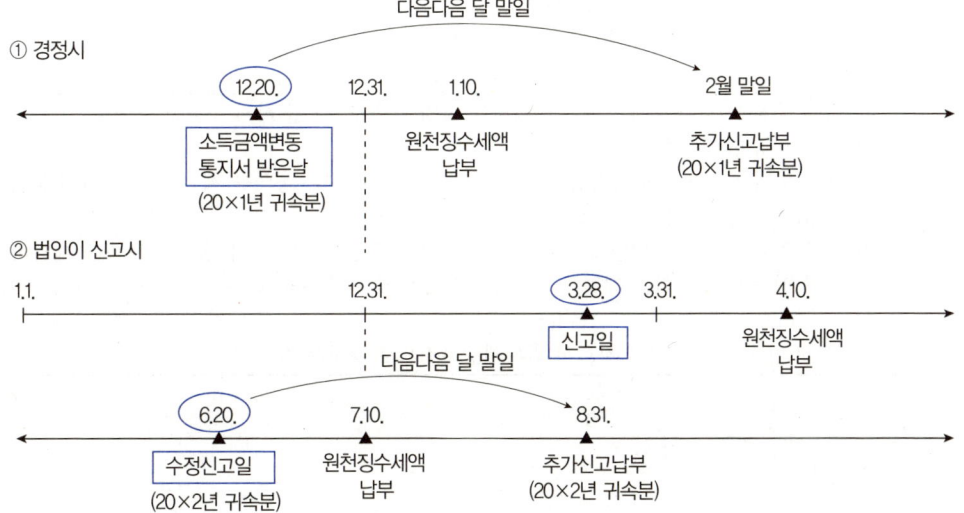

Ⅳ. 수시부과

구 분	내 용
수시부과 사유	① 조세포탈우려 : 사업부진 그 밖의 사유로 장기간 휴업 또는 폐업상태에 있는 경우 등 조세를 포탈할 우려가 있다고 인정되는 상당한 이유가 있는 경우 ② 외국군 등 군납 : 주한국제연합군 또는 외국기관으로부터 받을 수입금액을 외국환은행을 통하여 외환증서 또는 원화로 영수하는 경우
수시부과 대상기간	해당 과세기간의 사업개시일~수시부과사유 발생일 ※ 확정신고기한 이전에 수시부과사유가 발생한 경우로서 납세자가 직전 과세기간에 대하여 과세표준 확정신고를 하지 아니한 경우 : 직전 과세기간을 수시부과기간에 포함
수시부과세액 계산	① 조세포탈우려 : (종합소득금액 − 본인에 대한 기본공제) × 기본세율 ② 외국군 등 군납 : 총수입금액 × (1 − 단순경비율) × 기본세율
수시부과세액의 처리	① 수시부과소득을 확정신고하고, 수시부과세액은 기납부세액으로 공제한다. ② 수시부과 후 다른 소득이 없는 경우에는 확정신고를 하지 않아도 된다.

Ⅴ. 사업장 현황신고

구 분	내 용
의의	부가가치세 면세사업자(개인사업자)가 확정신고 전에 총수입금액을 미리 신고하는 제도 ※ 2 이상의 사업장이 있는 사업자는 각 사업장별로 사업장 현황신고를 하여야 한다.
사업장현황 신고기한	사업자(해당 과세기간 중 폐업 또는 휴업한 사업자 포함)는 해당 과세기간의 다음 연도 2월 10일까지 사업장 소재지 관할 세무서장에게 사업장 현황을 신고해야 한다.
사업장현황 신고의무 면제	다음 중 어느 하나에 해당하는 경우에는 사업장 현황신고를 한 것으로 본다. ① 사업자가 사망하거나 출국함에 따라 과세표준 확정신고의 특례가 적용되는 경우 ② 부가가치세 과세사업자가 부가가치세를 신고한 경우. 다만, 사업자가 부가가치세법상 과세사업과 면세사업등을 겸영하여 면세사업 수입금액 등을 신고하는 경우에는 그 면세사업 등에 대하여 사업장 현황신고를 한 것으로 본다.
사업장현황 신고의무 면제 사업자	다음 중 어느 하나에 해당하는 사업자는 사업장 현황신고를 하지 아니할 수 있다. ① 납세조합에 가입해 수입금액을 신고하는 자 ② 독립된 자격으로 보험가입자의 모집 및 이에 부수되는 용역을 제공하고 그 실적에 따라 모집수당 등을 받는 자 → 보험모집인 ③ 독립된 자격으로 일반 소비자를 대상으로 사업장을 개설하지 않고 음료품을 배달하는 계약배달 판매 용역을 제공하고 판매실적에 따라 판매수당 등을 받는 자 → 음료품 소매사업자 등 ④ 그 밖에 위와 유사한 자로서 기획재정부령으로 정하는 자

[정리] 신고납부절차

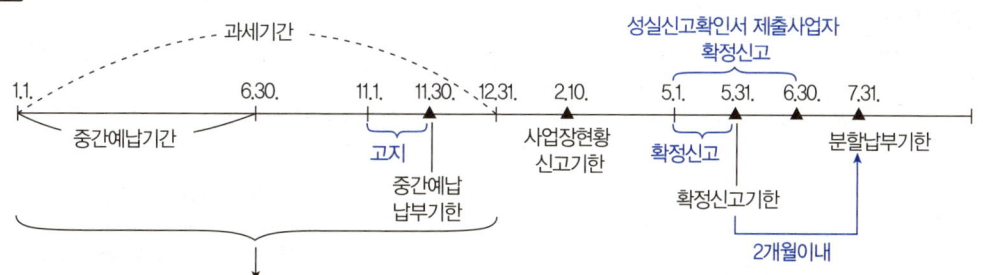

(1) 원천징수세액 : 징수일이 속하는 달의 다음 달 10일(반기납부 특례가 적용되는 경우에는 그 징수일이 속하는 반기의 마지막 달의 다음달 10일)까지 납부
(2) 예정신고 : 부동산매매업자의 토지등 매매차익 예정신고, 양도소득과세표준 예정신고

Ⅵ. 확정신고

1. 과세표준의 확정신고와 자진납부

구 분	내 용
(1) 확정신고대상자	해당 과세기간의 종합소득금액, 퇴직소득금액, 양도소득금액이 있는 거주자 ※ 과세표준이 없거나 결손금액이 있는 경우에도 확정신고를 해야 한다.
(2) 확정신고의무 면제	다음의 거주자는 해당 소득에 대하여 과세표준확정신고를 하지 아니할 수 있다. ① 연말정산대상 사업소득만 있는 자 ② 근로소득만 있는 자 ③ 공적연금소득만 있는 자 ④ 원천징수되는 기타소득으로서 종교인소득만 있는 자 ⑤ 퇴직소득만 있는 자 → 2명 이상으로부터 받는 해당 소득이 있는 자(일용근로자 제외)는 확정신고를 해야 함(단, 연말정산 및 퇴직소득에 대한 세액정산 규정에 따라 소득세를 납부함으로써 확정신고납부를 할 세액이 없는 자는 그렇지 않음) ⑥ 연말정산대상 사업소득과 퇴직소득만 있는 자 ⑦ 근로소득과 퇴직소득만 있는 자 ⑧ 공적연금소득과 퇴직소득만 있는 자 ⑨ 원천징수되는 기타소득으로서 종교인소득과 퇴직소득만 있는 자 ⑩ 분리과세대상인 이자소득·배당소득·연금소득·기타소득(원천징수되지 아니하는 소득은 제외)만이 있는 자 ⑪ 위 ①부터 ⑨까지에 해당하는 사람으로서 분리과세대상인 이자소득·배당소득·연금소득·기타소득(원천징수되지 아니하는 소득은 제외)이 있는 자 ⑫ 수시부과한 경우 수시부과 후 추가로 발생한 소득이 없는 자 ⑬ 양도소득이 있는 거주자로서 자산양도차익 예정신고를 한 자
(3) 확정신고기한	**원칙**: 해당 과세기간의 다음 연도 5월 1일부터 5월 31일까지 **특례**: ① 거주자가 사망한 경우 : 상속 개시일이 속하는 달의 말일부터 6개월이 되는 날(이 기간 중 상속인이 출국하는 경우에는 출국일 전날)까지(단, 상속인인 배우자가 연금 외수령 없이 승계한 연금계좌의 소득금액은 제외) ② 확정신고를 하여야 할 거주자가 출국하는 경우 : 출국일 전날까지
(4) 확정신고납부	확정신고기한까지 납세지 관할 세무서, 한국은행 또는 체신관서에 납부해야 함
(5) 분할납부	중간예납·예정신고납부 또는 확정신고납부시 납부할 세액이 각각 1천만원을 초과하는 자는 다음의 세액을 납부기한이 지난 후 2개월 이내에 분할납부할 수 있다. ① 납부할 세액이 2천만원 이하인 경우 : 1천만원 초과액 ② 납부할 세액이 2천만원을 초과하는 경우 : 그 세액의 50% 이하의 금액 ※ 주의 : 가산세와 소득처분으로 인한 추가납부세액은 분할납부할 수 없음

✔ **신고기한이 지난 후 소득처분에 따라 소득금액의 변동이 발생하여 추가신고하는 경우**

종합소득 과세표준 확정신고기한이 지난 후에 법인세법에 따라 신고하거나 세무서장이 결정 또는 경정하여 익금에 산입한 금액이 배당·상여 또는 기타소득으로 처분됨으로써 소득금액에 변동이 발생함에 따라 소득세를 추가 납부하여야 하는 경우 해당 법인(거주자가 통지를 받은 경우에는 그 거주자를 말한다)이 소득금액변동통지서를 받은 날(법인세법에 따라 법인이 신고함으로써 소득금액이 변동된 경우에는 그 법인의 법인세 신고기일을 말한다)이 속하는 달의 다음다음 달 말일까지 추가신고한 때에는 과세표준 확정신고기한까지 신고한 것으로 본다. → 신고 후 납부하지 않은 경우에도 확정신고로 인정

사례 확정신고의무면제

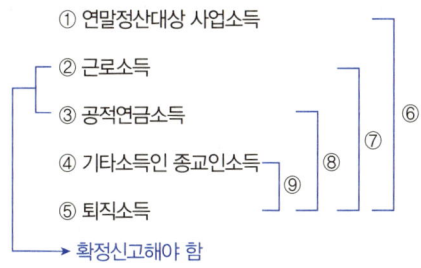

정리 소득세의 정리

소득구분		분리과세 소득	기납부세액 (예납적 원천징수)	실제 필요경비	결손금 규정	부당행위 계산부인 대상소득	과세 방법	세율
종합소득	이자소득	○	○	없음	—	—	종합과세	기본세율
	배당소득	○	○	없음	—	— (출자공동사업자 배당○)		
	사업소득	○*1)	○	○	○	○		
	근로소득	○*2)	○	없음	—	—		
	연금소득	○*3)	○	없음	—	—		
	기타소득	○*4)	○	○	—	○		
퇴직소득		—*5)	—	없음	—	—	분류과세	기본세율
양도소득		—	—	○	○	○		기본세율 별도세율

*1) 분리과세 사업소득 : 주거용 건물 임대업에서 발생한 수입금액의 합계액이 2천만원 이하인 자의 주택임대소득
*2) 분리과세 근로소득 : 일용직근로자의 근로소득
*3) 분리과세 연금소득 : 이연퇴직소득을 연금수령하는 연금소득, 의료목적이나 부득이한 사유로 인출하는 연금소득, 분리과세를 선택한 1,500만원 이하의 사적연금소득
*4) 분리과세 기타소득 : 복권당첨소득 등, 연금외수령한 소득, 서화·골동품의 양도소득, 분리과세를 선택한 300만원 이하의 조건부과세 기타소득
*5) 퇴직소득은 원천징수 및 세액 정산의 규정에 따라 퇴직소득에 대한 소득세를 납부함(분리과세 개념 아님)

2. 성실신고확인서 제출제도

구 분	내 용
성실신고확인대상사업자	성실한 납세를 위하여 필요하다고 인정되어 수입금액(사업용 유형자산을 양도함으로써 발생한 수입금액은 제외)이 업종별로 일정 규모 이상의 사업자(이하 "성실신고확인대상사업자")는 종합소득 과세표준 확정신고를 할 때에 비치·기록된 장부와 증명서류에 의하여 계산한 사업소득금액의 적정성을 세무사(세무사법에 따라 등록한 공인회계사 포함), 세무법인 또는 회계법인이 확인하고 작성한 성실신고확인서를 납세지 관할 세무서장에게 제출해야 한다.
보정요구	납세지 관할 세무서장은 제출된 성실신고확인서에 미비한 사항 또는 오류가 있을 때에는 그 보정을 요구할 수 있다.
자기확인 금지	세무사가 성실신고확인대상사업자에 해당하는 경우에는 자신의 사업소득금액의 적정성에 대하여 해당 세무사가 성실신고확인서를 작성·제출해서는 아니 된다.
성실신고확인서 제출시 혜택	① 확정신고기한의 연장 : 성실신고확인대상사업자가 성실신고확인서를 제출하는 경우에는 과세표준 확정신고를 그 과세기간의 다음 연도 5월 1일부터 6월 30일까지 하여야 한다. ② 성실신고 확인비용에 대한 세액공제(조특법 126조의6) : 다음의 금액을 사업소득(부동산임대업에서 발생하는 소득 포함)에 대한 소득세에서만 공제한다. $$세액공제액 = Min[성실신고\ 확인비용 \times 60\%,\ (한도)\ 연\ 120만원]$$ ※ 다만, 해당 과세연도의 사업소득금액을 과소신고한 경우로서 그 과소신고한 사업소득금액이 경정(수정신고 포함)된 사업소득금액의 10% 이상인 경우에는 세액공제액을 전액 추징한다. 사업소득금액이 경정된 사업자는 경정일이 속하는 과세연도의 다음 과세연도부터 3개 과세연도 동안 세액공제를 하지 아니한다. ③ 의료비세액공제, 교육비세액공제 및 월세세액공제(월세세액공제는 종합소득금액이 7천만원 이하인 경우)를 2026년까지 적용(조특법 122조의3 ①)
미제출시 제재	성실신고확인서제출 불성실 가산세 부과(☞ Ⅶ. 가산세 참조)

📖 소액 부징수 : 다음의 경우 소득세를 징수하지 아니함
① 원천징수세액(이자소득과 인적용역 사업소득* 제외)이 1천원 미만인 경우
   * 부가가치세 면세대상인 인적 용역을 계속적·반복적으로 공급하고 그 대가로 받은 소득
② 납세조합 징수세액이 1천원 미만인 경우
③ 중간예납세액이 50만원 미만인 경우

Ⅶ. 가산세

종 류	적 용 대 상	가 산 세 금 액
영수증 수취명세서 제출·작성 불성실 가산세	사업자(소규모사업자[주1]와 소득금액이 추계되는 자 제외)가 영수증수취명세서를 과세표준확정신고기한까지 제출하지 아니하거나 불분명하게 제출한 경우	미제출·불분명금액×1% ※ 종합소득산출세액이 없는 경우에도 적용
성실신고확인서 제출 불성실 가산세	성실신고확인대상사업자가 과세기간의 다음 연도 6월 30일까지 성실신고확인서를 제출하지 아니한 경우	Max[①, ②] ① 종합소득 산출세액 × $\dfrac{\text{사업소득금액}}{\text{종합소득금액}}$ × 5% ② 사업소득의 총수입금액 × 0.02% ※ 경정으로 종합소득산출세액이 0보다 크게 된 경우에는 경정된 종합소득산출세액을 기준으로 가산세를 계산함 ※ 종합소득산출세액이 없는 경우에도 적용
사업장현황 신고불성실 가산세	의료업·수의업·약사업을 하는 사업자가 사업장 현황신고를 하지 않거나 신고하여야 할 수입금액(사업장 현황신고를 한 것으로 보는 경우의 면세사업 등 수입금액)보다 미달하게 신고하는 경우	미신고·미달신고한 수입금액×0.5% ※ 종합소득산출세액이 없는 경우에도 적용
공동사업장 등록·신고 불성실가산세	① 공동사업자가 사업자등록을 하지 아니하거나 공동사업자가 아닌 자가 공동사업자로 거짓으로 등록한 경우 ② 공동사업자가 공동사업장에 대하여 신고하여야 할 내용을 신고하지 아니하거나 거짓으로 신고한 경우	① 등록하지 아니하거나 거짓 등록에 해당하는 각 과세기간 총수입금액×0.5% ② 신고하지 아니하거나 거짓 신고에 해당하는 각 과세기간 총수입금액×0.1% ※ 종합소득산출세액이 없는 경우에도 적용
장부의 기록·보관 불성실 가산세	사업자(소규모사업자[주1] 제외)가 장부를 비치·기록하지 아니하였거나 비치·기록한 장부에 따른 소득금액이 기장하여야 할 금액에 미달한 경우	산출세액 × $\dfrac{\text{기장누락소득금액}^*}{\text{종합소득금액}}$ × 20% * 기장누락비율이 1보다 크면 1로 하고, 0보다 작으면 0으로 함.
증명서류수취 불성실가산세	사업자(소규모사업자[주1]와 소득금액이 추계되는 자 제외)가 사업과 관련하여 다른 사업자(법인 포함)로부터 거래건당(부가가치세 포함) 3만원 초과인 재화 또는 용역을 공급받고 적격증명서류를 받지 아니하거나 사실과 다른 증명서류를 받은 경우	그 받지 아니하거나 사실과 다르게 받은 금액으로 필요경비에 산입하는 것이 인정되는 금액(건별로 받아야 할 금액과의 차액)×2% ※ 종합소득산출세액이 없는 경우에도 적용

주1) 소규모사업자의 범위
① 해당 과세기간에 신규로 사업을 개시한 사업자
② 직전 과세기간의 사업소득의 수입금액(결정 또는 경정에 의하여 증가된 수입금액 포함)의 합계액이 4,800만원에 미달하는 사업자
③ 연말정산대상 사업자

종 류	적용대상	가산세금액
기부금영수증 발급·작성·보관 불성실 가산세	기부금을 필요경비 또는 손금에 산입하거나, 기부금세액공제를 받기 위하여 필요한 기부금영수증(전자기부금영수증 포함)을 발급하는 거주자 또는 비거주자가 기부금영수증을 사실과 다르게 적어 발급(기부금액 또는 기부자의 인적사항 등 주요사항을 적지 아니하고 발급하는 경우 포함)하거나 기부자별 발급명세를 작성·보관하지 아니한 경우	① 기부금액을 사실과 다르게 적어 발급한 금액(실제 적힌 금액^{주2)}과 건별로 발급하여야 할 금액과의 차액)×5% ② 기부자의 인적사항 등이 사실과 다르게 적어 발급하는 등 ① 외의 경우 : 기부금영수증에 적힌 금액×5% ③ 기부자별 발급명세를 작성·보관하지 아니한 경우 : 그 작성·보관하지 아니한 금액×0.2% ※ 종합소득산출세액이 없는 경우에도 적용
사업용계좌 불성실가산세	복식부기의무자가 사업용 계좌를 사용하지 아니한 경우	사업용 계좌를 사용하지 아니한 금액×0.2%
	복식부기의무자가 복식부기의무자에 해당하는 과세기간 개시일(사업 개시와 동시에 복식부기의무자에 해당되는 경우에는 다음 과세기간 개시일)부터 6개월 이내에 사업용 계좌를 신고하지 아니한 경우(사업장별 신고를 하지 아니하고 이미 신고한 다른 사업장의 사업용계좌를 사용한 경우 제외) ※ 종합소득산출세액이 없는 경우에도 적용	Max[①, ②] ① 해당 과세기간의 수입금액 × 미신고기간*/365(윤년 366)×0.2% ② 사업용 계좌를 사용하여야 할 거래금액의 합계액×0.2% * 과세기간 중 사업용계좌를 신고하지 아니한 기간으로서 신고기한의 다음 날부터 신고일 전날까지의 일수를 말하며, 미신고기간이 2개 이상의 과세기간에 걸쳐 있으면 각 과세기간별로 미신고기간을 적용함.
신용카드 및 현금영수증 발급 불성실 가산세	신용카드가맹점이 신용카드에 의한 거래를 거부하거나 신용카드매출전표를 사실과 다르게 발급하여 납세지 관할 세무서장으로부터 통보받은 경우	세무서장으로부터 통보받은 건별 거부금액 또는 사실과 다르게 발급한 금액(건별로 발급하여야 할 금액과의 차액)×5% ※ 건별 가산세가 5천원 미만인 경우에는 5천원으로 함.
	① 현금영수증가맹점으로 가입하지 아니하거나 그 가입기한이 지나서 가입한 경우	해당 과세기간의 수입금액^{*1)} × 미가입기간^{*2)}/365(윤년 366)×1% *1) 현금영수증가맹점 가입대상인 업종의 수입금액만 해당하며, 계산서 및 세금계산서 발급분 등 법령으로 정하는 수입금액은 제외함. *2) 가입기한의 다음 날부터 가입일 전날까지의 일수를 말하며, 미가입기간이 2개 이상의 과세기간에 걸쳐 있으면 각 과세기간별로 미가입기간을 적용함

주2) 기부금영수증에 금액이 적혀 있지 아니한 경우에는 기부금영수증을 발급받은 자가 기부금을 필요경비에 산입하거나 기부금세액공제를 받은 해당 금액으로 한다.

종 류	적용대상	가산세금액
	② 현금영수증 발급을 거부하거나 사실과 다르게 발급하여 관할 세무서장으로부터 신고금액을 통보받은 경우(현금영수증의 발급대상 금액이 건당 5천원 이상인 경우만 해당하며, ③에 해당하는 경우는 제외함)	통보받은 건별 발급거부 금액 또는 사실과 다르게 발급한 금액(건별로 발급하여야 할 금액과의 차액)×5% ※ 건별로 계산한 가산세액이 5천원에 미달하는 경우에는 5천원으로 함.
	③ 현금영수증을 발급하지 아니한 경우(국민건강보험법에 따른 보험급여의 대상인 경우 등 법령으로 정하는 경우는 제외)	미발급금액×20%(또는 10%*) * 착오나 누락으로 인하여 거래대금을 받은 날부터 10일 이내에 관할 세무서에 자진 신고하거나 현금영수증을 자진 발급한 경우에는 10%로 함.
계산서등 제출불성실 가산세 (부가가치세법상 가산세가 부과되는 부분은 제외)	사업자(소규모사업자^{주3)} 제외)가 다음 중 어느 하나에 해당하는 경우	
	① 발급한 계산서(전자계산서 포함. 이하 같음)의 필요적 기재사항이 부실기재된 경우(④ 적용분 제외)	공급가액×1%
	② 매출·매입처별계산서합계표의 미제출과 부실기재 제출(착오기재와 ④ 적용분 제외) ③ 매입처별세금계산서합계표의 미제출과 부실기재 제출(착오기재와 ④ 적용분 제외)	합계표 미제출·부실기재한 공급가액×0.5%(미제출 중 제출기한이 지난 후 1개월 이내 제출시 0.3%)
	④ 다음 중 어느 하나에 해당하는 경우 ㈎ 계산서를 ㈕의 기한까지 미발급 ㈏ 계산서·신용카드매출전표·현금영수증 (이하 '계산서 등') 가공발급·가공수취 ㈐ 타인명의 계산서 등 발급·수취	공급가액×2%
	㈑ 전자계산서 의무발급대상자^{주4)}가 종이계산서 발급 ㈕ 지연발급 : 계산서의 발급시기가 지난 후 해당 재화·용역의 공급시기가 속하는 과세기간의 다음 연도 1.25.까지 계산서를 발급한 경우	공급가액×1%

주3) 소규모사업자의 범위
 ① 해당 과세기간에 신규로 사업을 개시한 사업자
 ② 간편장부대상자로서 직전 과세기간의 사업소득의 수입금액이 4천8백만원에 미달하는 사업자
 ③ 연말정산대상 사업자
주4) 전자계산서 의무발급대상자 : 부가가치세법상 전자세금계산서 의무발급대상자 또는 직전 과세기간의 사업장별 총수입금액이 8천만원 이상의 사업자(그 이후 과세기간의 사업장별 총수입금액이 8천만원 미만이 된 사업자 포함)

종 류	적 용 대 상	가 산 세 금 액
	⑤ 전자계산서 의무발급대상자^{주4)}가 전자계산서 발급명세 전송기한(발급일의 다음날)이 지난 후 재화 또는 용역의 공급시기가 속하는 과세기간 말의 다음 달 25일까지 발급명세를 전송하거나 전송하지 않은 경우 ※ ④가 적용되는 분은 제외	㈎ 발급명세를 전송하는 경우 : 공급가액 × 0.3% ㈏ 발급명세를 전송하지 아니한 경우 : 공급가액 × 0.5%
	⑥ 사업자가 아닌 자가 재화 또는 용역을 공급하지 아니하고 계산서를 발급하거나 재화 또는 용역을 공급받지 아니하고 계산서를 발급받은 경우(그 계산서를 발급하거나 발급받은 자를 사업자로 보고 적용)	그 계산서에 적힌 공급가액의 × 2% ※ 그 계산서를 발급하거나 발급받은 자에게 사업자등록증을 발급한 세무서장이 가산세로 징수한다. 이 경우 그 계산서를 발급하거나 발급받은 자의 사업소득에 대한 종합소득산출세액은 0으로 본다.
지급명세서 등 제출불성실 가산세	① 사업자가 기한 내에 지급명세서를 제출하지 않거나 지급명세서를 부실기재한 경우	제출하지 아니한 분의 지급금액 또는 제출분의 불분명금액 × 1%(제출기한이 지난 후 3개월 이내에 제출하는 경우 0.5%). 다만, 일용근로소득에 대한 지급명세서의 경우에는 0.25%(제출기한이 지난 후 1개월 이내에 제출하는 경우에는 0.125%)
	② 사업자가 기한 내에 간이지급명세서를 제출하지 않거나 간이지급명세서를 부실기재한 경우 ※ 다만, 세금우대자료 미제출 가산세(조특법 90조의2)가 부과되는 분에 대해서는 제외	제출하지 아니한 분의 지급금액 또는 제출분의 불분명금액 × 0.25%[제출기한이 지난 후 1개월 이내에 제출하는 경우 0.125%] ※ 종합소득산출세액이 없는 경우에도 적용
주택임대사업자 미등록가산세	주택임대소득이 있는 사업자가 사업개시일부터 20일 이내에 사업자등록을 신청하지 아니한 경우	사업 개시일부터 등록을 신청한 날의 직전일까지의 주택임대수입금액 × 0.2% ※ 종합소득산출세액이 없는 경우에도 적용
특정외국법인의 유보소득 계산 명세서 미제출가산세	「국제조세조정에 관한 법률」에 따른 특정외국법인의 유보소득 계산 명세서를 제출하여야 하는 거주자가 그 제출기한까지 미제출 또는 제출한 명세서가 불분명한 경우	특정외국법인의 배당 가능한 유보소득금액 × 0.5% ※ 종합소득산출세액이 없는 경우에도 적용
업무용승용차 관련 비용 명세서 제출불성실 가산세	업무용승용차 관련 비용 등을 필요경비에 산입한 복식부기의무자가 업무용승용차 관련 비용 등에 관한 명세서를 제출하지 아니하거나 사실과 다르게 제출한 경우	① 명세서 미제출 : 업무용승용차 관련 비용 등으로 필요경비에 산입한 금액 × 1% ② 명세서를 사실과 다르게 제출한 경우 : 업무용승용차 관련 비용 등으로 필요경비에 산입한 금액 중 해당 명세서에 사실과 다르게 적은 금액 × 1% ※ 종합소득산출세액이 없는 경우에도 적용
대주주의 기장 불성실 가산세	법인(중소기업 포함)의 대주주가 양도하는 주식등에 대하여 거래명세 등을 기장하지 아니하였거나 누락하였을 경우 ※단, 투자매매업자 또는 투자중개업자가 발행한 거래명세서를 갖추어 둔 경우에는 장부를 비치·기록한 것으로 본다.	산출세액 × $\dfrac{\text{기장누락소득금액}^*}{\text{양도소득금액}}$ × 10% ※ 산출세액이 없는 경우 그 거래금액 × 0.07%

Ⅷ. 비거주자에 대한 과세

1. 과세방법

국내원천소득[1]	과세방법	
	국내사업장에 귀속되는 소득	국내사업장에 귀속되지 않는 소득
(1) 국내원천 이자소득[2]	→ 종 합 과 세	→ 분 리 과 세
(2) 국내원천 배당소득		
(3) 국내원천 부동산소득		해당 사항 없음
(4) 국내원천 선박등임대소득		
(5) 국내원천 사업소득		→ 분 리 과 세
(6) 국내원천 인적용역소득[3]		
(7) 국내원천 사용료소득		
(8) 국내원천 유가증권 양도소득[2]		
(9) 국내원천 기타소득		
(10) 국내원천 근로소득[4]		거주자와 같은 방법으로 원천징수하고 분리과세
(11) 국내원천 연금소득		
(12) 국내원천 퇴직소득	거주자와 같은 방법으로 분류과세	거주자와 같은 방법으로 분류과세
(13) 국내원천 부동산등양도소득[5]		

[1] 비거주자에 대하여 과세하는 소득세는 해당 국내원천소득을 종합하여 과세하는 경우와 분류하여 과세하는 경우 및 그 국내원천소득을 분리하여 과세하는 경우로 구분하여 계산한다(소법 121 ①).
[2] 원천징수의 대상이 되는 비거주자의 소득 중 다음의 소득에 대해서는 소득세를 과세하지 아니한다.
 ① 국내원천 이자소득 중 국채, 통화안정증권 및 대통령령으로 정하는 채권에서 발생하는 소득(이하 '국채등')
 ② 국내원천 유가증권양도소득 중 국채등의 양도로 발생하는 소득
 소득세를 과세하지 아니하는 국채등에는 적격외국금융회사등을 통하여 취득·보유·양도하는 국채등을 포함한다.
[3] 분리과세되는 경우로서 국내원천 인적용역소득이 있는 비거주자가 종합소득 과세표준 확정신고를 하는 경우에는 국내원천소득(국내원천 퇴직소득 및 국내원천 부동산등양도소득은 제외)에 대하여 종합과세할 수 있다.
[4] 국내원천 근로소득은 국내에서 제공하는 근로와 다음의 근로의 대가로서 받는 소득을 말한다.
 ① 거주자 또는 내국법인이 운용하는 외국항행선박·원양어업선박 및 항공기의 승무원이 받는 급여
 ② 내국법인의 임원의 자격으로서 받는 급여
 ③ 법인세법에 따라 상여로 처분된 금액
[5] 국내원천 부동산등양도소득이 있는 비거주자에게 과세할 경우 1세대 1주택 비과세(해외이주 및 1년 이상 국외거주를 필요로 하는 취학 또는 근무상의 형편으로 세대전원이 출국하는 경우의 비과세요건을 충족하는 비거주자는 제외)와 1세대 1주택 및 1세대 1조합원입주권의 장기보유특별공제는 적용하지 아니한다.

2. 세액 계산

구 분	내 용
종합과세시 세액 계산	비거주자의 종합과세시 소득세의 과세표준과 세액의 계산에 관하여는 거주자에 대한 소득세의 과세표준과 세액의 계산에 관한 규정을 준용한다. 다만, 종합소득공제를 하는 경우에 본인에 대한 기본공제와 추가공제만 적용하고, 비거주자 본인 이외의 자에 대한 인적공제와 특별소득공제, 자녀세액공제 및 특별세액공제는 적용하지 아니한다.(소법 122 ①).
분리과세시 세액 계산	분리과세하는 경우에는 필요경비는 고려하지 아니하고 소득별 수입금액을 과세표준으로 하여, 그 금액에 법 소정의 세율을 곱하여 세액을 계산한다. 다만, 국내원천 유가증권을 양도한 경우에는 양도가액 기준(양도가액×10%)과 양도차익 기준[(양도가액−취득가액−양도비용)×20%] 중 선택할 수 있으며, 국내원천 기타소득 중 공익법인이 주무관청의 승인을 받아 시상하는 상금 및 부상과 다수가 순위 경쟁하는 대회에서 입상자가 받는 상금 및 부상은 최소 80%의 의제필요경비를 적용한다.

부록

[기장의무 적용기준 등의 비교]

구 분	간편장부 기장의무자 (소령 208⑤)	단순경비율 적용대상자 (소령 143④)	장부의 기록·보관불성실 가산세 배제대상자 (소령 132④)
(1) 신규 사업개시자 등	신규 사업개시자	신규 사업자로서 간편장부 기준수입금액에 미달하는 사업자	신규 사업개시자, 연말정산대상 사업자
(2) 직전 과세기간수입금액[*1)]이 아래의 기준금액에 미달하는 사업자	○	○[*2)]	○
① 농업·임업 및 어업, 광업, 도매 및 소매업(상품중개업 제외), 부동산매매업, 그 밖에 아래 이외의 사업	3억원	6,000만원	4,800만원
② 제조업, 숙박 및 음식점업, 전기·가스·증기 및 공기조절 공급업, 수도·하수·폐기물처리·원료재생업, 건설업(비주거용 건물 건설업 제외), 부동산 개발 및 공급업(주거용 건물 개발 및 공급업으로 한정함), 운수업 및 창고업, 정보통신업, 금융 및 보험업, 상품중개업	1억5천만원	3,600만원	4,800만원
③ 부동산임대업, 부동산업(부동산매매업 제외), 전문·과학 및 기술서비스업, 사업시설관리·사업지원 및 임대서비스업, 교육서비스업, 보건업 및 사회복지서비스업, 예술·스포츠 및 여가 관련 서비스업, 협회 및 단체, 수리 및 기타 개인서비스업, 가구 내 고용활동	7,500만원	2,400만원 (수리 및 기타 개인서비스업 중 부가가치세가 면세되는 인적용역은 3,600만원)	4,800만원
(3) 전문직사업자[*3)]	×	×	×

*1) 직전 과세기간 수입금액: 결정 또는 경정으로 증가된 수입금액을 포함하며, 사업용 유형자산을 양도함으로써 발생한 수입금액은 제외한다.
*2) 해당 과세기간의 수입금액이 간편장부대상자인 경우에 적용한다.
*3) 전문직사업자: 다음의 전문직사업자는 예외 없이 복식부기의무자에 해당한다.
변호사업, 심판변론인업, 변리사업, 법무사업, 공인회계사업, 세무사업, 경영지도사업, 기술지도사업, 감정평가사업, 손해사정인업, 통관업, 기술사업, 건축사업, 도선사업, 측량사업, 공인노무사업, 의사업, 한의사업, 약사업, 한약사업, 수의사업

주민규

■ **약력**
- 서울시립대학교 경상대학 경영학과 졸업
- 동서세무법인 서울지사 대표세무사(Partner)
  우리경영아카데미 강사(세법·세무회계)
  국세청 인트라넷 강사
  국세공무원교육원 고급연구과정 강사(세무회계)
- 국세청장 표창(2015)

■ **저서**
하루에 끝장내기 세법
세무회계연습 I, II
Final세무회계연습
공인회계사 1차 세법 최신기출문제집
세무사 1차 세법학개론 최신기출문제집
객관식 세법 I, II (공저)
세무사 기타세법(공저)

2025 세법노트북
|소득세법|

초 판 1쇄	2014년 4월 30일 발행
제2판 1쇄	2015년 4월 3일 발행
제3판 1쇄	2016년 1월 28일 발행
제4판 1쇄	2017년 1월 17일 발행
제5판 1쇄	2018년 1월 26일 발행
제6판 1쇄	2019년 2월 12일 발행
제7판 1쇄	2020년 2월 1일 발행
제8판 1쇄	2021년 3월 26일 발행
제9판 1쇄	2022년 2월 18일 발행
제10판 1쇄	2023년 2월 14일 발행
제11판 1쇄	2024년 3월 23일 발행
제12판 1쇄	2025년 2월 28일 발행

지은이 | 주 민 규
펴낸이 | 이 은 경
펴낸곳 | (주)세경북스
주　소 | 서울특별시 서초구 방배천로 26길 25 유성빌딩 2층
전　화 | 02-596-3596
팩　스 | 02-596-3597
신　고 | 제2013-000189호

저자와의 협의 하에 인지를 생략함

정가 : 15,000원

Printed in Korea
ISBN : 979-11-5973-447-2　13320